虚構の日米安保

憲法九条を棚にあげた共犯関係

古関彰一
Koseki Shoichi

筑摩選書

虚構の日米安保――憲法九条を棚にあげた共犯関係　目次

虚構の日米安保

憲法九条を棚にあげた共犯関係

序章
日米安保と日本国憲法

水と油

日米安全保障条約（＊1）と憲法九条（＊2）は、「水と油だ」とかつては、多くの人びとから見られてきた。しかし、昨今は、そうでもないように見られているが、それぞれの条文あるいは政府文書を見ると、やはり、「水と油」だと思える。

（＊1）一九五二年四月発効の「日本国とアメリカ合衆国との間の安全保障条約」（旧安保条約）と、六〇年六月発効の「日本国とアメリカ合衆国の間の相互協力及び安全保障条約」（新安保条約あるいは現行安保条約）

（＊2）日本国憲法九条「日本国民は、正義と秩序を基調とする国際平和を誠実に希求し、国権の発動たる戦争と、武力による威嚇又は武力の行使は、国際紛争を解決する手段としては、永久にこれを放棄する。

前項の目的を達するため、陸海空軍その他の戦力は、これを保持しない。

憲法九条は「陸海空軍その他の戦力は、これを保持しない」とあり、現行の日米安保条約の最重要な文書といわれる「日米ガイドライン」（日米防衛協力のための指針）の二〇一五年の再改定版では、「米国は核戦力を含む能力を通じ、日本に拡大抑止を提供する」と正反対の言葉に出会うのである。

本書は、「安全保障」と「憲法九条」を一体のものとして論を進める。さらにまた、「一体」という言葉の意味を安保と九条の相互の関連構造を日米の公文書などによって実証的に解明しようと試みている。著者の知る限り、このような著作や論文、あるいは評論はとても数少ないと思われる。もちろん、それぞれ「安全保障」、「日米安保」あるいは「憲法九条」と別々に扱った書物は、なかでも「論壇風」の書物は山のようにあることはご存じの通りであるが。

それとともに、これら多くの書物は日本からの視点で、日本の文献、史料を使って論じてきた場合が多いことに気づくのである。それに対して本書は、米国の、なかでも米国政府が憲法九条や日米安保体制をどう見てきたのか、両政府間の交渉録などを、視点の中心に据えている。なぜなら、日本にとって憲法九条も日米安保も米国政府の見解を無視することはできないと考えたからだ。

このような関心から、有事法制（＊3）も含めて戦後史全般を見渡して、八〇年もの長期間にわたって、なぜこの「水と油」の関係が良好に「共存」してこられたのかを解明する。

（＊3）二〇〇三年成立の有事関連三法、〇四年の有事関連七法の後の一五年に平和安全法制が成立した。同法制は、自衛隊法改正法など一〇件の法を平和安全法制整備法とし、また諸外国軍の支援活動法等などを一括して国際平和支援法としたものである。極めて、複雑であり、多数の法律を一括して審議しているので「束ね法」と呼称されている。本書で「有事法制」とか、「安保法制」とかと呼称している法制は、上記の法制に含まれる法律等を指している。

なにしろ米国政府は、日本政府とは異なって、日米安保条約も含めて、再軍備は憲法九条に違反すると考えていた。しかも米国政府は近代憲法を生み出した始祖の国として、憲法を国の最高法規と考える立憲主義の立場から、米国が日本に再軍備を奨励する以上、日本は憲法九条を改正する必要があると考え、日本の憲法改正に強い関心を、政府ばかりか連邦議会も、持っていたのだ。

それに対して、日本政府も日米安保体制を望むとともに、一九五〇年代はじめ頃は、憲法九条の改正は可能だと米国政府に伝えていたのだ。日米両政府は、当時の政府の公文書を読む限り、憲法九条の改正は可能だと、かなり楽観的に見ていたことがわかる。

そうはいっても、日米両政府にはかなり大きな「溝」が横たわっていた。日本政府は、米国政府が推進する再軍備は、戦前の日本軍を再興してくれるものと考えていた。それに対して米国政府は共産勢力の「膨張政策」を阻止し、アジア・太平洋諸国の安定のために、米軍の指揮下で行動する軍隊、つまり「帝国陸海軍」とは異なる日本軍の再興を考えていた。

それはまた、日米安保条約に対しても、日本は「日米」を中心に、それは今日に至るもさして変わっていないが、近隣諸国との関係は除外視して考えていたが、米国側は、太平洋協定（**Pacific Pact**）案に見られるごとく、アジアの視点から日米安保を構想してきていた。

ところが日本政府側は、五一年に日米安保条約が調印され、再軍備が本格化した時点でも憲法九条改正の具体案はできていなかった。にもかかわらず、この五〇年代前半は日本政府と米国政府との間で、できたばかりの日米安保条約や日米行政協定（＊4）という、その後七〇年間の日本の政治体制の骨格が構築されてきた。

（＊4）日米行政協定　一九五一年九月に調印された旧日米安保条約に伴い五二年二月に結ばれた米軍駐留に関する協定。六〇年の現行安保条約とともに調印された「日米地位協定」に引き継がれ、現在も有効な協定。

つまり、日米が相反《あいはん》する安保と九条の構想を持ったまま、戦後日本は出発したのである。ところが、日本国内では、国民も当然のこととして日米両政府の異なる安保構想も、異なる憲法認識も、まったく知らされることもなく、今日に至っているのである。

その矛盾を旧安保条約から約七〇年間、なぜ、そして如何に日米両政府が、同盟関係という「絆」を「見事に」構築し得てきたのか、本書はその疑問への解明に挑戦する。

米国が驚いた日本政府の「奥の手」

憲法を国の最高法規とするという立憲主義を学んできた米国の政府高官からすれば、日本政府による憲法九条を改正せずに、日米両政府が協議して日米安保体制を強化するという立憲主義なき憲法を日本政府の高官から「教えられた」時の米国政府の高官の驚きは大きかった。

日米両政府の構想の違いを超越し得た日本政府の「奥の手」、それはいかにも「日本的」方法、つまり日米の「異なる法文化《ほうぶんか》」にあるように考えられる。日本政府は、決して大上段には構えず、憲法九条の是非を論ずることは避け、憲法九条を「棚あげ」して、つまり九条改正にも、安保との矛盾にも触れず、日米の政府同士が「協議」することを提案する。「協議」(consultation)ということだから、「話し合い」ということだ。

もちろん、長時間の話し合いであるから「幕間」に、「密約」や「議事録」をつくることもあり、結論をすぐ出すわけではなく、日本の官僚が得意とする「話芸」による「協議」へと米国政府を引きずり込んでいく姿が、両政府の公文書の議事録から浮かび上がってくる。

もちろん、日本側は米国の条約案などの「理念」には賛意を示しつつ、現実の条文などの問題には理念と異なる表現(語句)を用いるように執念深く米国を引き込む。もちろん「協議」の内容の公表はしないことを条件として。

安保の「事前協議」や軍拡構想をつくる「ガイドライン」や「2+2」で知られる「日米安保協議委員会」も、これらはすべて日米の「政府間協議」だ。つまり、憲法にかかわる「国家間合意」を回避して、「政府間合意」を「協議」する手法だ。

もちろん、最終的には「結論」を出し、それが「条約」になったり、「協定」になったり、あるいは「声明」になったりしている。しかし、それはすでに私たちが山ほど経験してきたことなのだが、多くの場合は曖昧模糊《あいまいもこ》とした文章で、重大な箇所は「政府間協議」のなかに隠され、知りうる公式文書や法令は、まさに合意内容の「氷山の一角」に過ぎないことがわかる。

こうして、日米安保に関しては、憲法九条は私たちの手の届かないところに「棚あげ」されて、日米の政府間の「協議」を事実上の「最高法規」にしてきている。日本国憲法九八条一項は、

「この憲法は、国の最高法規」とあるが、日本の最高法規は、「憲法」であるにもかかわらず「政府間協議」に変化してしまったのだ。

気が付けば、日本の戦後七〇年とは憲法が目指した「立法国家」から、政府が安全保障問題のすべてを取り仕切る「行政国家」に、つまり政府の「閣議」ですべて決まる「国家」に変貌してしまった。

日米の政治体制のはじまりは、平和（講和）条約と安保条約である。その際に米国大統領の特使を務めたのはジョン・F・ダレスだが、そのダレスが日本政府に「日米政府間で協議していれば、憲法九条は改正されるのか」と冗談とも嫌味《いやみ》ともつかない鋭い問いを投げかけていたが、ダレスはその後、国務長官になり、さらにその後にラスクが就任する。ラスクは日米行政協定の交渉にあたった。この二人の国務長官で在任期間は一九五〇年から一六年間に及ぶ。

この間に岸首相は、アイゼンハワー大統領・ダレス国務長官と五八年から六〇年にかけて断続的に安保改正交渉に臨んでいる。ここで岸はダレスに対して憲法改正は「一〇年以内」に行うことにし、まず先に安保条約改正を行い、同時に改正される安保条約の制度上の組織として「日米安保協議委員会」を設置した。

その後は、後述する日米安保協議委員会の下のガイドラインで「憲法問題は、協議の対象外」と定めた。ガイドラインは二〇一五年までに二度改正され今日に至っている。一方、ダレスは岸などの日本政府の要人との接触を通じて、日本は立憲主義国ではなく、日本政府は事実上政権交代がない政府なので、日本国憲法九条を「棚あげ」して日米の政府間協議で安保体制を強化することは可能だ、と判断するに至ったと考えられる。

こうして、ダレスは岸の「憲法改正は一〇年以内」という提案を知り、日米の「協議機関」を設置することで、六〇年の現行安保条約改正に合意したのであった。

「静かな政変」

こうみてくると、岸首相は日本国内でその後も国民に向かって「憲法九条の改正」を呼号してきたにもかかわらず、米国政府と合意した安保改正と憲法改正の関係などにはまったく触れることすらせず、憲法九条と日米安保体制とを大きく変えてしまったのである。

これはいわば戦後史の「静かな政変《クーデター》」とでも言えるのではないのか。

もちろん、米国政府もいくら日本とは密約を結んでいるとはいえ、世界有数の軍備を有し、強大な戦力を持つに至ったにもかかわらず、憲法九条の存在を無視して政府同士の「協議」だけで、済ませていることに危惧を抱いているに違いない。

日本の安保法制、集団的自衛権、海外派遣等々を可能にしたのは、一九九六年の日米安保共同宣言（日米首脳の合意）であり、それは政府同士の「再定義」に過ぎず、六〇年の安保条約改正以来、六五年間も国家同士の合意はできていないのである。

いまや古色蒼然となってしまった六〇年の日米安保条約を未だに改正もせずに、日米安保体制が旧条約を含めて七〇年以上も続くことになるとは日米両政府ともども思ってもいなかったに違いない。しかし現実は、日本の経済成長政策からバブルにいたる幸運にも恵まれ、見事にしかも安定的に、「日米同盟」となって続いてきているのである。

その意味では、日本政府はこの七〇年間を「うまくやってきた」と思っているのであろうが、それは日米両政府との「協議」という阿吽の呼吸の賜物であったと筆者は見ている。ということは、日米双方の政府は「よそ者」を入れない関係、それは著者からみれば「密約」は言うまでもなく、「協議」を通じて「議事録」などの「密約なき密約関係」を構築してきたからだと見ている。日本の自衛隊の「活躍ぶり」を知っている外国人が、憲法九条を知ったならば、仰天して言葉を失うのではないのか。

同盟からネットワークの「抑止戦」へ

米国は少数の主要国を中心に「同盟関係」を構築して世界支配をしてきたが、この方法は、米国の力の限界と小国の興隆のなかで、さらには抑止戦に戦略を変えたことで、ＱＵＡＤ（クアッド）などを含めた「ネットワーク」構成国の構築へと、戦略を転換してきている。

いまや、「日米同盟」の影が薄くなってきているばかりか、それに伴い米軍基地なども勢力圏内ではなく圏外に基地を設ける「遠征前進基地作戦」（ＥＡＢＯ：Expeditionary Advanced Based Operations）が存在意義を有する時代になったと言われる。

そうした世界戦略の変化のなかで、日本政府も米国政府と協議して、集団的自衛権の法認、有事法制、海外派遣（派兵）へと舵を切ったのであったが、一九九二年のカンボジアへの自衛隊派遣（派兵）あるいは二〇〇三年のイラクへの自衛隊による多国籍軍の派遣（派兵）は、長年、自衛隊の存在理由は「自分の国は自分で守る」であったが、もはやそんな理由は崩壊し、日米のみで、日本防衛にあたる時代ではなく、基地も米国の勢力圏内に設置する時代ではなくなり、米国の指揮の下で「国際貢献」を強いられる時代になった。

換言すれば、日米での「阿吽の呼吸」が通用しなくなった、ということだ。それはまた、日本では法を「解釈」することで、日米の政治情勢まで解釈しているようだが、それは日本国内でだけ通用することにすぎず、つまり、紙と口先で通用する時代ではなく、政治の現実まで解釈していない、いわば「内弁慶」の解釈では、国際社会で通用しなくなったのだ。

今後は、米国の世界戦略もあり、また日本政府も大国志向が強いので、自衛隊の海外派遣は増すことになるであろう。その際、政府の「阿吽の呼吸」は米国政府以外の政府には通用するはずがなく、日本語による日本のためだけの法解釈は、国際社会では一顧だにされないことになるだろう。

逆に、何らかの紛争解決の国際合意ができて、すでに憲法九条を知り尽くしている米国の政府当局者も自衛隊が海外派遣された段階で、日本国憲法の九条の条文を知った諸外国の関係者は、そのあまりにも国際合意と異なる落差に卒倒すること請け合いだ。

日本だけに通用する「解釈」や「訳語」を七〇年間も積み重ねてきた日本の現実は、これぞ日本が生み出した最大の「世界遺産」だ。これこそ世界有数の軍事大国・日本の「平和憲法」の実像ではないのか。憲法九八条二項には、国際法規の誠実遵守義務が規定されている。

私たちに残された財産は、国籍・人種を超えた「類的存在」としての人間同士の「信頼関係」しかない。「国際貢献」を叫びながら、日本だけの「国際鎖国」だけはご免被りたい。昨今の政治を見渡すと、世界も日本も「国際戦国時代」が始まったような情勢だ。

本書は、従来まったく論じられてこなかった論点を中心に、新たな事実を紹介しつつ、この七〇年の「憲法九条と安保条約」の知られざる歴史と現状を、指摘し、解明する。

いまや、誰しもが自国の現状は言うに及ばず、この地球全体が地殻変動期にあることを自覚せざるを得ない時に、小書を手にして、明日への糧に、読み進んでいただければ、著者にとってこの上ない喜びである。

第一章
日米、異なる安保構想

日米安保条約の本質とは

日米安全保障条約の中心にあるのは、在日米軍基地の地位と、日本再軍備のあり方だ。

米軍基地の地位は、旧安保条約では日米行政協定で、一九六〇年の現行安保条約では日米地位協定で定められ、米軍による自由使用が続いてきた。日米安保の本質が米軍による基地の自由使用であること、在日米軍基地の地位に、日本人の生活より重要な価値をおいていることは一貫している。沖縄県などが地位協定の改正を強く迫り、日本政府に改正案を提出してきたにもかかわらず、何ら対応は変わることなく今日に及んでいる。

日本再軍備とは、具体的には自衛隊の存在だ。自衛隊は、装備（兵器など軍備）においても、財政面においても、世界に伍する強大な軍隊となった。ところがそれと反比例するように、米軍と、巨大化する自衛隊との相互関係への関心が薄くなり、日米両政府間の内部では、自衛隊のあり方を巡って様々に論じられている。

たしかに、日本国憲法は、陸海空軍ばかりか戦力そのものの放棄、不保持を明示しているわけであるから、新憲法がつくられて三、四年は再軍備など考えられず、せいぜい「警察力の強化」が叫ばれてきたにすぎなかった。それを大きく回旋させたのは、米国とソ連を中心にした冷戦の進行だった。

ヨーロッパを中心に始まった冷戦はアジアに波及し、ついに五〇年には朝鮮半島で冷戦が熱戦へと及んだ。つまり、日本の再軍備は内発的要求というより、外的要因、なかでも米国の冷戦政策から生まれたと言わざるを得ない。

当時は日本国憲法などの「戦後民主主義」政策が始まって間もない段階だったから、再軍備を推進する人々は、戦後民主主義に対する「反動勢力」と呼ばれた。戦争への反省を忘れた旧軍人や国家主義者を中心に、再軍備を渇望した「限られた人々」という認識である。

一方米国では、四七年には国家安全保障法が誕生し、軍事組織の再編、情報・諜報組織の新設が始まった。日本については、五一年にサンフランシスコ講和（平和）条約と旧安保条約が締結され、米軍部のなかでは早くも「日本の再軍備」計画がスタートしている。

最初の段階は、旧安保条約の発効の直前につくられた警察予備隊という組織だった（その後、保安隊を経て自衛隊へ）。保安隊は「頭の先から爪先まで米軍製」と言われたが、しかし、日本政府内部では、そのようには捉えられていなかった。時の首相、吉田茂は保安隊の発足にあたり、「新国軍の土台たれ」と訓示したほどに、日本のために日本を守る再軍備と世論に向かって公言してきた。

最後の陸軍大臣・下村定「新自衛軍構想」

しかし、再軍備構想が進むにつれて、「大日本帝国よ、もう一度」と言わんばかりの構想が打ち出される。たとえば、最後の陸軍大臣・下村定が「新自衛軍構想」を打ち出したのは、一九五四年であった。

下村定は戦時下で陸軍大将を務め、敗戦で自死した阿南惟幾陸軍大臣の後任として、三か月と一週間（四五年八月二三日〜一二月一日）だけ、陸軍大臣を務めた元軍人である。

下村の「新自衛軍構想」は、その目的として、「政界民間相呼応して国民精神の作興、国防意識の昂揚のため、あらゆる積極的手段を講じ以て軍の精神的基盤を確立することを必要とする」ことを挙げていた。

ここから読み取れる「新自衛軍」の性格は、誰の目にも、戦前の精神主義そのもののように見えた。しかも、米軍あっての新自衛軍であることは明白であるにもかかわらず、「駐日米軍は、前項のわが戦力の拡充に伴い、共同防衛に欠陥を生じない限度においてなるべく早期に日本の領域より撤退する」と述べた後で、「なるべく多額の米国の物的援助を期待する」と、なんとも虫のいい構想だった（自由党憲法調査会『戦争放棄と再軍備』パンフレット）。

下村の言い分からは、戦争に完敗して米軍に占領されたままで講和し、従前からの日本の統治構造を根源から覆す安保体制という政治体制を受け入れ、その上で米国に再軍備をしてもらっているという意識がまったくなかったことが読み取れる。

岸信介の改憲発言

A級戦犯容疑が不起訴になり、連合国軍の「逆コース」によって公職追放を解除された岸信介は、憲法改正案を打ち出した元祖であると一般に考えられている。岸は、「自由党憲法調査会」の会長になると、一九五四年末に憲法改正要綱を作成した。

その構想は、「戦争放棄は（日本国憲法の）前文中に（移動して）宣明する」、つまり戦争放棄を規範性が薄い前文に移すこと、「軍隊の設置」をはじめ、軍の最高指揮官を内閣総理大臣とすること、「国防会議、軍の編成、維持、戦争並びに非常事態の宣言、軍事特別裁判所、軍人の政治不関与」などであった。

岸は、この改憲構想の目的として、「国軍の基礎をつくるため」と「（憲法）九条が改正されれば国民精神作興に役立つ」と述べたという（毎日新聞、五四年三月一二日）。岸の改憲構想の目的から、奇しくも下村定と同じ「国民精神作興」という言葉に出合う。どちらも再軍備や憲法改正を、その手段と考えていたわけだ。

岸の改憲発言は知られていても、それはせいぜい米国の日本再軍備との関係に過ぎず、憲法改正の目的が「国民精神作興」のためという戦前からの日本精神に根源を持つことは、ほとんど知られていなかったのではないであろうか。改憲構想の根源に天皇の「詔書」という、岸や下村にとって最高位の命令が存在したことは、憲法改正が俎上にのぼっている今日において忘れられた事実である。

「国民精神の作興」とは、「国民精神を作興して国民に国家意識を植え付ける」ということである。敗戦の二二年前、日本が軍国主義化へと向かった頃の、大正天皇の摂政宮（つまり、昭和天皇）による「国民精神作興に関する詔書」（一九二三年一一月一〇日）に端を発する言葉である。平成から令和にかけて、日本が急速度に「右傾化」する中で「新しい戦前」などと言われるようになったが、岸からみれば「この期に及んで、何を言うか。もう遅い」と笑われてしまいそうだ。

下村と岸に共通する「国民精神の作興」

なぜ戦前の思想・制度が現在問題になるのか。その淵源を探ってみたい。

「国民精神の作興」という詔書は山本権兵衛首相、後藤新平内務大臣、岡野敬次郎文部大臣によって国民に周知徹底された。そのことでもわかるように、下村定や岸信介は、戦後の短かった「民主化時代」から脱却して、憲法改正を戦後の日本近代の文脈に位置付け、再び日本国民を「軍事化を通じて国家意識を持つ」方向へと逆流させることを目指す意図を持って再軍備や憲法改正を考えていたことに気づくのである。

それではなぜ、宣戦布告などの非常時でもない一九二三年に、国家の大事《だいじ》に発出する詔書を出すことになったのか。まず、この詔書が出される直前に、関東大震災が発生（九月一日）しているということである。詔書が関東大震災に動機づけられていたことは明白だ。それはまた「大正デモクラシー」の時代でもあった。従って、天皇制国家は、関東大震災による国民の社会不安と大正デモクラシーが結びつくことを恐れ、日本が本来培《つちか》ってきた「国民精神」を「作興」させる必要があると判断したとみることができよう。

詔書の文章は難解で長文なのだが、その核心について紹介する。
「（最近は学術研究などが進み結構である）、然《しか》れども浮《ふ》華放縦《かほうしょう》の習《ならい》漸《ようや》く萌《きざ》し、軽佻詭激《けいちょうきげき》の風も亦《また》生ず。今に及びて、時弊を革《あらた》めずんば或いは、前緒《ぜんしょ》を失墜せんことを恐る（浮《うわ》ついた風潮や、軽はずみで、激する言動も出てきている。このような悪い習慣を改めないと、先人が築いた遺業を失う恐れがある）」。そして、最後の部分で、「力を公益世務《せいむ》に竭《つく》し、以て国家の興隆と民族の安栄社会の福祉とを図るべし」との命令を出した。

当時は映画館が「悪所」と言われ、映画鑑賞すら憚られたくらいであるから、国民が従来の規範から解放されて、自由や民主主義の風潮に向かうことに、天皇制国家が危機を感じても不思議ではなかったのではないか。社会不安はある日突然訪れるから、この段階で備える必要があると判断したに違いない。

関東大震災のころ、どんな「社会的事件」があったのであろうか。

自由と民主主義を求めた「大正デモクラシー」は、一三年（大正二）に始まった藩閥政府に対する政党政治の確立を求めた憲政擁護運動（護憲運動）がもたらされたと言われている。日本社会党が設立され（〇六年）、鈴木文治が友愛会を結成し（一二年）、吉野作造が民本主義を唱え（一六年『中央公論』）、二二年には、非合法のなかで日本共産党が結成された。

女性たちは婦人の解放を求め、一一年に平塚らいてうが「青鞜社」を興し、平塚や市川房枝、奥むめおらが婦人運動組織「新婦人協会」を発足（一九年）するなど、婦人（女性）参政権運動も活発になった。鈴木三重吉らによって児童文学雑誌『赤い鳥』が創刊（一八年）されると、国家の視点ではなく、純真な子供の心を育む童話や童謡を広めることになった。羽仁もと子の「自由学園」がつくられたのは二一年のことだ。

こうした新しい社会を求めた人々を、世間は「主義者」などと呼んでいたが、詔書はこの時代の兆候を「浮華放縦」、「軽佻詭激」ととらえ、歴代天皇が培ってきた「遺業を失う恐れ」があると警戒し、天皇が率先して、首相、内務・文部大臣を従えて「国民精神の作興」を行ったとみることができる。

悪名高い治安維持法の公布と施行は二五年である。「国体を変革し、私有財産を否定する目的」の者を厳しく取り締まる治安維持法で初めて「国体」は法律用語として登場した。日本はその後、権力的・軍国主義的国家へと変貌した三〇年代を経て、四〇年代の戦争の時代に突入する。

こうした社会的事件を若き頃に経験した下村定や岸信介は、GHQ占領下の「民主改革」から生まれた平和憲法や労働組合法、農地改革、独占禁止法などの平和と民主主義の改革を「浮華放縦」とみて、平和と民主主義の時代を「国民精神の作興」に取り戻すために、再軍備を可能にする憲法改正を考えたとみることができよう。

岸信介の改憲運動に発すると言われてきた憲法改正問題だが、その思想的淵源を辿ってみると、吉野作造らによる一〇年代の護憲運動への対抗から始まったと言ってもよいだろう。ほぼ一世紀にわたる路線が今日へと続いているのだ。つまり、昨今の改憲問題は、「戦後」の視点、民主主義を考えるのではなく、「日本近代」の視点から見直す必要があると筆者は考えている。

かつての大正デモクラシーへの危機感から、大日本帝国は、「国民精神の作興」に努めた結果、目的を果たすことができた。だが軍国日本は敗戦により、占領による民主化改革が、平和と民主主義の憲法を誕生させてしまった。こうした改革に対して、戦後も生き残った戦争指導者（連合国にとっての「戦争犯罪容疑者」）たちは、民主化改革を潔しとせず、平和と民主主義に逆行した「国民精神の作興」に挑んだ。それを引き継いだ世襲政治家が首相の座について「戦後レジームからの脱却」に挑んだとみることができよう。

沖縄の犠牲の上の平和

連合国軍最高司令官マッカーサーが、戦争放棄と戦力不保持の日本国憲法案を起草したのは、日本が二度と戦争を起こせないようにするためであった。だが、マッカーサーの頭の中に日本を「平和」国家にするという意識はまったくなかったと考えられる。仮にマッカーサーが、日本の平和を考えていたとするならば、沖縄県民から選挙権を奪った上で、沖縄を「米軍の要塞」にするはずがなかったであろう。沖縄県民は、本土復帰が実現する一九七二年の直前まで、国政選挙に参加することすらできなかったのである。

もともとＧＨＱによる憲法案の九条に「平和」の文言は書かれてはいなかった。憲法制定時の衆議院の秘密議事録にあるように、九条一項に「国際平和を誠実に希求し」と「平和」の文字を盛り込んだのは、当時の社会党所属の衆議院議員・鈴木義男であった（古関彰一『日本国憲法の誕生　増補改訂版』岩波現代文庫、二〇一七年、三三二頁）。ただ残念なことに、この「秘密議事録」が公開されたのは、九五年とごく最近のことで、未だに広く知られてはいない。

幣原喜重郎首相が「戦争の放棄」を発案したという「説」もよく耳にする。実はこれは、政府の憲法案が確定した四六年三月以降、とくに五〇年代に、幣原が当時を回想する中で、知人に話した談話などによっている。しかし、憲法制定当時の幣原は、首相として臨んだ閣議で、GHQ案の九条に反対の立場であった。幣原は閣議での反対意見をマッカーサーに伝えに行った際に、「戦争の放棄などと言っても誰もついてこない」とマッカーサーに進言したところ、マッカーサーにたしなめられているほどである。

鈴木義男の名前を知っている人がほとんどいないなかで、「九条」という言葉だけが独り歩きして、「GHQに押しつけられた」とか、あるいは「幣原の発案」だとか、実証研究が進んだ今でもそういう話が蔓延している中で、その起源や意義を知ろうとすることなく、九条の賛否を論じてきたのが実情ではなかろうか。

マッカーサーは沖縄を米軍の要塞にすれば、軍備を持たなくても日本の防衛は可能だと判断していた。「沖縄を米軍基地にすることで、本土を非武装の平和国家に」したのである。

従って、「平和憲法」の前文からも、九条からも、沖縄の悲惨な地上戦の教訓などは一言も顔を出さない「平和憲法」であることを知ることができる。本土では、沖縄を米軍基地にして平和を享受してきたことに対するなんの反省もなく、長年にわたって沖縄住民の存在を無視して、本土の国民だけで「全国民の代表」（憲法四三条）を選出してきたのだった（古関、前掲書、三二九頁以下）。

しかも、そうした憲法九条認識、あるいは再軍備認識は、今日にいたるまでも指摘されることはほとんどなく、戦後史を形成してきた。憲法九条は多数の問題をはらみながらつくられているが、よく言われるように単純な「理想」ではない。そもそも憲法が理想だとするなら、それは近代憲法ではなくなってしまう。

米国のアジア・太平洋安保政策

米国政府の日本再軍備、あるいは日米安保に関しても、憲法九条同様に多くの政治勢力によってさかんに議論されてきているが、その本質にかかわる問題は論じられてこなかったと言わざるを得ない。

米国政府は、冷戦が進行する中で、早くも一九四八年（日本国憲法の施行の翌年）から、米陸軍によって日本の「限定的再軍備計画」を進め、五一年の「講和・安保条約」の起草へと進んでいる。なかでも米陸軍省がもっとも重視したのは、これから設立する「日本軍の指揮権」であった。明治憲法下では天皇が有していた「統帥権」である。

日本の再軍備にあたって米国務省が重視したのは、日本のためだけの再軍備ではなく、対ソ戦略として「アジア太平洋の中での日本再軍備」であった。下村定や岸信介、自由党、または後の自由民主党の再軍備観とは、まったく違っていたのである。戦後日本の安全保障観は、「安保といえば日米安保」と短絡的に考えられがちだが、そうではなかったのだ。

トルーマン大統領は、五一年の「講和・安保条約」交渉にあたって、対日交渉にあたるＪ・Ｆ・ダレス米大統領特使に覚書を送る。米国の対日交渉の目的は日本のためだけではなく、つぎのような目的のためであると言明していたのだ。

合衆国政府が太平洋島嶼《とうしょ》国家（オーストラリア、ニュージーランド〔ＮＺ〕、フィリピン、日本、合衆国、さらにインドネシアも）との相互援助取り決めを締結することが、合衆国の政策である。この取り決めは、締約国外からの攻撃と締約国の一国からの攻撃、たとえば日本が再び攻撃的となった場合は日本からの攻撃に対抗するために締約国の共同行動を確保するという二重の目的を持っている。（Memorandum for the President, *FRUS, 1951*, Vol. IV, Pt. 1, p. 789. ***FRUS: Foreign Relations of the United States***）

ＦＲＵＳ：**Foreign Relations of the United States**は、米国政府の公文書を収録している文書集。この文書集は、年度ごとあるいは複数年度ごとに編集されている。これから本書で引用する際には、ＦＲＵＳと表記する。

アジア・太平洋の中の日本

米国政府は当初、オーストラリア・ニュージーランド・フィリピン・日本・米国の五か国による集団安全保障条約 **Pacific Pact**（「太平洋協定」）を構想していた。前掲のトルーマン大統領からダレス特使宛の覚書にある「日本からの攻撃に対抗するため」という部分は、多くの読者にとって意外に思われたに違いない。米国によるこうした日本観について、「講和・安保条約」交渉に携わった少数の外務官僚には知らされていたと思われるが、多くの日本人には関心の外の出来事だった。現代でも、たとえば二〇〇一年の同時多発テロ事件（九月一一日）の際には、ジョージ・W・ブッシュ大統領が日本軍による「真珠湾攻撃」に言及したが、米国人にとって日本の「不意打ち」は最大の「屈辱（**infamy**）」であり、いまだに忘れることのできない歴史的事実になっているということである。

米国の予測に反して、五か国による「太平洋協定」構想は、あきらめざるを得なくなった。戦時下を英連邦軍の一員として日本軍と戦った豪とＮＺが、日本の戦争行為に強い不信感を示した。また、日本との地上戦で莫大な被害を受け占領されたにもかかわらず、賠償請求を認めない日米両政府の対日平和条約にフィリピン上院が反対した。こうして生まれたのが、豪・ＮＺと米の三か国によるＡＮＺＵＳ（アンザス）条約と米・比の二か国による米比防衛条約、そして日・米による日米安保条約という三分割された条約である。

だが、米国は太平洋協定構想をあきらめたわけではなかった。この点は後論に譲るが、最近の事態をみても明白のように、日米豪印のQUAD（クアッド）や豪英米のAUKUS（オーカス）、日豪・日比の円滑化協定、さらには、日米英豪NZの政治・経済・軍事（構想名は「青い太平洋のパートナー」）による連携の強化がなされている。

これら諸国が日本を除いてすべてが旧連合国であったことはもちろん、英米は、一九四二年から続くCCS（英米合同幕僚会議）を有する「特別な関係」にあり、日米比の三か国以外はすべて英連邦構成国であることも現時点では注目しなければならない。しかも日米安保の「日米の強い絆」だけを日本政府は強調してきたが、米国は日本の安全保障を「日米同盟」だけでみていないし、その後も一貫してアジア・太平洋の視点で「安全保障」をみてきたのである。

それに対して、日本では長年にわたって、アジア・太平洋を忘れ、日米安保だけを考えて、ワシントン詣を繰り返し、米国政府の安保戦略に口裏を合わせ、それを受け入れ、時には「密約」までも結んできたのである。その一方、日本の政府首脳はワシントンでの日米交渉が終わって、東京に戻ると、国民に向かっては「日本は平和国家である」とか「軍事大国にはならない」ことを公言し、国民の多くがその言葉に安堵して長年の虚構を受け入れ、最近ではなんと八割を超える世論が、日米安保体制支持を表明しているとメディアが報じる事態に及んでいるのである。

ところが日米の根幹に隠されてきた虚構が解明されうる時代になったのである。

イラク戦争に派遣された自衛隊は多国籍軍へ参加し、米国とともに「戦闘」に加わったことによって、「諸外国と同じ軍隊」として同一歩調をとらざるを得なくなった。そのために戦闘の実態ばかりか、自衛隊が米軍の指揮下に入っていることも、明確になったのである。

自衛隊の防衛費や装備品（兵器）、さらには戦艦や戦闘機などについては、創設以来、具体的に報じられている。防衛費の増減や装備品が多くの人々の関心を引くことは当然だ。その一方で、軍事組織中枢の「みえない動き」、たとえば「指揮権」は、まったく報じられてこなかった。従って国民の関心も薄い。

明治憲法においては、第一一条で陸海軍の指揮権（統帥権）は、天皇の権限と定められていた。天皇は「統治権の総攬者」であったから、それは当然なことであった。と同時に、明治憲法上の規定ではなかったが、統帥に関わる事項について閣議を経ずに天皇に進言（帷幄上奏《いあくじょうそう》）できるのは、現役武官である陸海軍大臣だった。軍部大臣現役武官制は、戦前の日本にとても重要で、こうした制度こそが、軍部の暴走を許し、敗戦という破滅の底に導いたことは、戦後を生きる私たちの最大の教訓である。

米軍も、戦後日本に軍隊を創設するにあたって「指揮権」を重視した。自衛隊創設前の一九五〇年のことであるが、米陸軍省が起草した「日米相互安全保障協定案」の「第一四項　日本軍」にはこう記されている。

> この協定が有効な間は、日本政府は陸海空軍を設置しない。ただし、これらの軍隊の兵力、

軍事形態、構成、軍備、その他組織上の特質に関し、合衆国政府の助言と合意がともなった場合、さらには日本政府との協議の下に合衆国政府の決定に全面的に従属する（in all respects subject to the determination）軍隊の創設計画の場合には、その限りではない。

敵対行為、もしくは差し迫った脅威をともなう敵対行為に対して、すべての日本軍は、海上保安庁を含めて、合衆国政府によって任命された最高司令官の統一指揮下（under the unified command of a Supreme Commander）に入る。（古関彰一『対米従属の構造』みすず書房、二〇二〇年。二二一頁以下。傍点は筆者）

米軍の統一指揮とは

米国政府による日本再軍備は、米国に全面的に従属する以外は、日本が「陸海空軍は設置しない」ということだった。ところが日本政府と自民党にとって、再軍備は「国民精神の作興」つまり、再軍備を通じて戦前の国体思想に基づく精神の再建を考えていたわけだから、日本再軍備はボタンの掛け違いから始まったことになる。

ともあれ、日本が再軍備して憲法を改正するということは、米国政府の決定に全面的に従属するための再軍備であり、そのための憲法改正である。こんな憲法改正に賛成する日本国民は、まずいない。仮にこれを国民が知れば、政権は持たない。

日米両政府の交渉は、米陸軍省が起草した先の「日米相互安全保障協定案」をたたき台として始まった。一九五一年一月末に始まった日米交渉で、J・F・ダレス米大統領特使（後の米国務長官）をはじめとする米国側（ダレス使節団）が提出した安保条約案には、「第八章　集団的防衛措置」という条項が含まれていた。

「敵対行為又は敵対行為の緊迫した脅威が生じた」際、つまり有事に、「日本軍は、日本政府と協議のあと合衆国政府によって任命された最高司令官の統一指揮のもとに（under the unified command of a Supreme Commander designated by the United States Government）置かれる」との条文が含まれていた。（*FRUS, 1951*, Vol. VI, part 1, p. 848）

これをみた吉田首相はじめ側近官僚は、憤激したという。外務省に残されている米国側起草の安全保障条約案の第八章には、右上から左下にかけて複数の斜線が引かれている。日本側官僚の「受け入れられない」という強い拒否の感情が読み取れる。

米国側は、日本軍が米国の指揮下に入る、という条文を諦めざるを得なくなってしまった。しかし、ダレス使節団にとっても、「従属軍」規定を削除することは不可能だった。なにしろこれは米国政府の決定であり、大統領命令だったからである。そこで米国側は、一計をめぐらす。日米安保のもとで在日米軍の基地協定を定める「日米行政協定案」（今の地位協定の前身）第二二条に、指揮権の条文を挿入することにしたのだ。

第二二条　防衛措置

1．日本区域において敵対行為又は敵対行為の緊迫した行為が生じた場合には、合衆国は、日米安全保障条約第一条の目的を遂行し、在日米軍の安全を確保するために必要な行動をとる際に、この協定に限定されないことを確認する。

2．敵対行為の際、又は日本区域において敵対行為の急迫した行為があると当事国のいずれか一方が判断した場合には、合衆国は日本国政府の同意を得て、連合司令部（combined command）を設置し、司令官（単数）を任命する。司令官はすべての在日米軍ならびに地方警察以外の日本防衛に携わりうる日本のすべての安全保障組織にたいし、作戦指揮（operational command）（＊1－1）を行使する（Draft Administrative Agreement Between the United States and Japan, *FRUS, 1952–1954*, Vol. XIV, Part 2, p.1108）

（＊1－1）ここでは、有事の際の「作戦指揮（オペレーション・コマンド）」であって、「包括指揮（フル・コマンド）」ではないことに留意する必要がある。「包括指揮」は、軍事的指揮すべてを包括する指揮権を意味するが、「作戦指揮」は所属部隊に対する指揮を意味する（米国防省刊の軍事用語辞典、Department of Defense, *Dictionary of Military & Associated Terms*, 2004）。

これでは、日本側が拒否した米陸軍省の安全保障協定案第八章の焼き直しである。しかも「日米行政協定案」の連合司令部は、combinedであるから、企業の合併のように、一つの司令部に統合されることを意味する。さらに司令官が単数ということは、日本軍が米軍に飲み込まれ、その指揮官の下に入ることになるのだ。

ところで二〇二四年、米軍の陸海空三軍が一体となる統合司令部を設置すると報じられた。自衛隊にはすでに統合司令部が設置されていたが、ここにきて、後述のように在日米軍と自衛隊の連合司令部も設置すべきだという主張がなされている。

自衛隊が米軍に飲み込まれ、その指揮官の下に入るという事態が過去のものではなく、潜行して進められていたということであり、現実になるところまで達しているのだ。二〇二三年に、「日米一体化」という報道も日常的に目にするようになったが、百戦錬磨の米軍と自衛隊が対等な連合を形成することなど、筆者のような軍事の素人からみてもあり得ないことは明白である。

日米行政協定の非公式交渉

日米行政協定交渉の米大統領特使ディーン・ラスクは、出発を前にした一九五二年一月二一日、米下院外交委員会の秘密聴聞会で、こう証言している。

「司令官を任命する責任は、日本政府の合意を得て、われわれの側にあります。それは、司令官は日本人ではなく、アメリカ人がなるであろうということを意味します」（Selected Executive Session Hearings of the Committee on Foreign Affairs, 1951–56, *U. S. Policy in the Far East, Part 1*, Vol. XVII, U. S. House of Representatives, 1980, p.52）

ラスクのこの証言は、旧安保条約三条（＊1－2）にあたるが、これこそが日米安保条約の中核にあたると言われる。旧安保条約三条を具体化したのが、「日米行政協定」であった。日米安保体制の背骨を担う重大な内容だとみてもいいだろう。

（＊1－2）旧安保条約三条　アメリカ合衆国の軍隊の日本国内及びその附近における配備を規律する条件は、両政府間の行政協定で決定する。

日米行政協定交渉の全貌は、明田川融『日米行政協定の政治史』（法政大学出版局、一九九九年、一七九―二二五頁）でその詳細を知ることができる。

この日米交渉は、一一回にわたる全体会議ばかりか、初めから「非公式会談」として行われていた。非公式会談はほぼ一か月間、一六回にわたった。米国政府の「連合司令部」問題や、安全保障、日本の軍隊のあるべき性格、さらにはどこまでその内容を公表すべきかなど、重大な課題が待ち受けていた。それは、戦後日本の国家のあり方を決定することにもなった。

幸い、外務省の「外交記録」で全体会議とともに非公式会談の「要録」も公開されているので、その核心と思われる部分を紹介する（外務省編纂『日本外交文書　サンフランシスコ平和条約調印・発効』二〇〇九年、三七七頁―五八八頁）。なお外務省の要録には、すべて「極秘」の角印が押されている。

出席者は米国側が、ラスク（日米行政協定担当）大使、ジョンソン陸軍次官補、ボンド参事官。日本側が、吉田首相の腹心でこの後、外務大臣になる岡崎勝男国務大臣、西村熊雄外務省条約局長。米国側三人、日本側二人の合計五人は、非公式会談に常時出席している。全体会議に日本側は、外務次官や国際協力局長などが数回出席している。米国側は上記の他に米軍側から数人出席しているが、毎回出席したのは上記の三人だ。

要録をもとに、会議の様子を要約、解説する。引用文には、傍点、ルビ、カッコで追記を施した。米国側の **combined command** という発言が、外務省訳では「統合司令部」となっており、それは「連合司令部」あるいは「連合指揮（権）」と訳すべきだが、原文の「統合司令部」のままにしている。またカギカッコの引用文中「わが方」は日本側、「先方」は米国側を意味する。

【第一回　全体会議】

会議の開催にあたり、日米行政協定が両国ともに重要で、高度な秘密の保持が要請されるなかで、ラスク大使は会議の冒頭から、「行政協定は、両国民に十分知らされ、理解されなければならない。なにも隠さなければならないことはない」と述べ、続く岡崎国務大臣も「なにも秘密があってはならない」と応じた。もちろん両者ともこれは建前で、この会議の終了の際には、岡崎は「われわれは、正式の発表以外には、なんらの発表もしない」と述べ、ラスクも「この協定案も極秘の取り扱いをされたい」と本音で締めくくっている。

【第一回　非公式会談】

冒頭、ラスク大使はこう発言している。「世界の現状から見て（第二二条　防衛措置は）当然置かれるべき規定であって、米国軍が外国に駐在するときに（第二二条の）第一項及び第二項に規定されているような権限をもつことは、軍隊のインヘレント（固有）なものである。本条に規定してあるような場合は、米国政府も米国民も、日本にある米国軍が日本の機関とジョイント・アクション（一体な行動）に出ることを期待している」。

たしかに、その直前に創られた北大西洋条約機構（ＮＡＴＯ）は、統一司令部の下で、米軍が指揮権を持っていたから、米国からみれば日本軍の指揮権も米軍が持つことは「固有」と考えて当然だっただろう。

【第二回　非公式会談】

日本側はラスク大使の前回発言を受けこう述べた。「わが方から二二条の内容は、当然のことながら、非常時において同条の予見するような措置が取られることに寸毫《すんごう》の異存もない。ただ国の法制上、又、国内政治上、かような明文規定をおくことは、政府として、同意困難である次第を縷述《るじゅつ》した」。つまり、米国政府の「統合司令部」設置に対しては「寸毫の異存もない」と設置を認めた上で、「法制上、政治上」「同意困難」としている。

「協定」より「協議」へ

【第四回　非公式会談】

この両者の対立はその後、平行線を続ける。「統合司令部」を日米行政協定の条文に明記するか否かだけでなく、日本に創設される「日本軍」の性格への見方の違いも含まれていた。

そこでラスク大使はこう主張している。「日本駐屯米軍と日本フォーセス（forces：軍）との関係は、米軍の配備の条件のうちにあると考える、又、軍隊は、常に、外部からの攻撃の可能性にさらされているのだから攻撃があったらどうすることができるか明らかにしておかなくてはならぬ」。ラスクは日米両軍隊の常時一体化の必要性を強調している。つまり、これこそ冷戦下の軍隊の「インヘレント（固有）」な姿である、というのであった。

これに対して日本側は、協定に条文化しなくとも、その都度、協議すればいいではないかと主張する。「政府レベルで何時でも協議（consultation）できる。（岡崎）国務大臣は、誰でも何時でも、政府の名において米軍司令官と連絡協議できる。協定には、緊急事態の場合には両政府は協議するとしておけば十分である」と「協議」を強調している。

これこそ日米安保の歴史の重大な節目であったことを示している。これ以降、日本政府は一貫して「政府間協議」を主張することになる。結果的に、その後の重要な日米の政府間合意は、国会にも国民にも知らせることなく、日米政府で「協議」することになった。もちろんその中には「密約」もある。

岡崎国務大臣は当時気づいていなかったかもしれないが、「政府間協議」は、その後の日米安保の歴史において、不滅の用語となったのである。

一九六〇年の日米安保条約改正の中で、岸信介首相は「事前協議」を提案し、同時に岸は「日米安全保障協議委員会」（SCC、現在の日米ガイドラインを協議している。「2＋2」と言われる）

を設置し、九〇年には同委員会は有事法制化を目指して改組されることになった。こうして「日米両政府の協議」こそ、日米安保の中核的概念となったが、この点はのちの第三章に譲ることにする。

この四回目の非公式会談で、ボンド参事官が岡崎大臣にこう念を押している。「日本政府は原則に異存があるのではなくして、政治的理由から二二条に反対なのであると了解してもいいか」と。鋭いダメ押し発言だった。これについて、会談要録には「（岡崎）国務大臣は肯定した」とだけある。こうして、日本政府は、米国政府案の二二条、有事の際の統合（連合）司令部、米軍の指揮官、米軍による作戦指揮という、米国政府の「日本軍完全従属化」の原則を「異存なく」「了解」することになってしまった。ここから「従属安保」の第一歩が始まったのだ。

新たな米国案

問題は、これを行政協定の条文上、どう表現するのかである。「米国政府の原則」と「日本政府が求める条文」との乖離をどう埋めるのか、ということになった。

日本側の状況を、岡崎大臣はこう説明している。「政府与党は今のような絶対多数をえぬにしても多数を占めることは確実であり、民主党にいたっては、われわれ以上に軍備論者である。社会党の力は、弱い。御心配無用であろうといい、一同笑って、会談を終わった」、そして「政府与党は多数」と述べて、政府間合意であればすべては安泰だと極めて楽観的に、政府主導を暗示した。なお、ここに「民主党」という政党名が出てくるが、もちろん一九九八年から二〇一六年に存在した民主党とはまったく別組織である。ここでの民主党は、一九五五年に自由党と合併して現在の自由民主党となる政党名である。

【第一一回　非公式会談】

その後、二二条をめぐって膠着状態が続き、やっと一一回の直前になって米国側は修正案を提出している。しかし、修正案は統合司令部規定にも、米軍司令官規定にも何ら変化はなかった。

そこで、日本側はついに「吉田総理の意向」を伝えることになる。

岡崎大臣は、「総理としても、統合司令部を受諾することは、至難と信ずる。統合司令部については、日本の法制上の問題もあって、それを、行政協定に定めうるや否やの憲法上の問題があることも忘れてはならぬ」と説明して、いよいよ議論の駆け引きは佳境を迎えた。

【第一二回　非公式会談】

この回の要録はすべて二二条問題で埋め尽くされている。ジョンソン陸軍次官補は、単刀直入に日本側に問いかけた。「(ジョンソンは)わが方のステートメントに法制の改正が云々とあるが、そのうちには憲法の改正もふくまれるかと問うた」。これに対して岡崎大臣は、「全くの私見であるが、われわれは、ゆくゆくは憲法改正も考えなければならぬと思っておる、それは、総選挙で、政府与党が多数を獲得した後にはじめて、とりあげられるものとかんがえておると答えた」と要録は印している。

この岡崎大臣の「ゆくゆくは憲法改正」発言を受けて、憲法改正が行われるので、日米行政協定の日本側条文に「統合司令部」という語句を入れないとする日本側の主張を、米国側が受け入れようと決断したかどうかは定かではないが、この第一二回の二月一八日から五日間は二二条について議論をしていない。その後に二回の非公式会談を経て、事態は急転直下することになる。

【第一五回　非公式会談】

この日の「要録」は、条約改正案の提案者の名前を出さず、「米国政府は」として、こう書かれている。「米国政府は、日本の現政府に困難な重荷を課すことはよろしくないと考えるに至った。だから、協定には、米（国の）原案にあったような、又、合意された案文にあったような具体的事項にふれることなく、ブロードな（広い）原則規定のみをおくことで満足することにした」。

そして以下のような、新たな米国案が提案された。

> 日本区域において敵対行為又は敵対行為の急迫した行為が生じた場合には、日本国政府及び合衆国政府は、日本区域の防衛のため必要な共同措置を執り、且つ、安全保障条約第一条の目的を遂行するため、直ちに協議しなければならない。

結局、この米国案が、後の日米行政協定第二四条になった。「必要な共同措置」と、日本政府が喜ぶ曖昧模糊とした条約文へと変身することになったのだ。

こうして全体会議一一回、非公式会談一六回が終幕を迎えたのであるが、その最後の一六回目で両者はこのような了解を交わしている。

「本会議を終えてから、ラスクは、議事録の取り扱いについて、これはclassify（文書の機密度による分類の「機密」扱い）とはしないが、パブリシティ（公表）を与えぬよう、又、議事録が協定の一部であるかのような印象を与えることは避けたいといい、（岡崎）国務大臣は、同感の意を表した」とある。

米国側からみれば、条約上大変な妥協をしたことになる。現場の最高責任者であるラスクは、日本とは「降伏文書」（一九四五年九月二日）作成以来、国務省で極東問題を担当してきた。第二次大戦下の軍歴を除くと、ラスクは国務省で外交一筋にアジア外交に携わってきた。いわば外交のプロが、大統領の覚書や下院聴聞会での証言を忘れているはずはない。それどころか、政府から与えられた「任務」は、片時も頭を離れなかったに違いない。

ラスクは、二月一八日から二三日の六日間に何らかの決断をしたことになる。そうであるからラスクは、突然議論が飛躍する不自然な議事録がパブリシティを与えられてはまずいと考えて、公表を秘するよう、最後の会談で念を押したと考えられる。その謎は、議事録を公表しないこととした、次の一文によく現れている。「議事録が協定の一部であるかのような印象をあたえることは、避けたい」。

つまり、議事録の中に「密約」に類する文章を盛り込んだということである。今後の本書中に

「密約なき密約」という表現が出てくるが、それはこのような場合だ。証拠になる「文書」そのものを残さないことを決断し、日本側と約束したということであり、その後の事態を勘案すると、大統領の覚書や下院聴聞会の証言との整合性をとる方法を編み出したと考えられるのだ。

吉田首相の口頭密約

行政協定交渉から六か月後の七月、マーク・クラーク米極東軍司令官は、ロバート・マーフィー駐日大使とともに（ということは、行政側の大使のみでなく軍側も加わっていたということ）、吉田茂首相と岡崎勝男外務大臣を東京のクラーク邸に招いた。この両者は、国務省と国防省を代表していると言ってもいい。そこで両者は、吉田首相からつぎのような合意を取り付けたという。

私は（一九五二年）七月二三日夕刻、吉田氏（首相）、岡崎氏（外相）、マーフィー駐日大使とともに、自邸で夕食をともにしたあと会談した。（マーフィー）氏はわが国政府が有事の際の軍隊（military forces）の投入にあたり、指揮関係に関して、日本政府との間に明確な了解が存在することが不可欠であると考える理由を（吉田・岡崎両氏に）ある程度詳細に示した。

吉田氏は、即座に有事の際に単一の司令官（a single comr）は不可欠であり、現状のもとでは、その司令官は合衆国によって任命されるべきである、ということに同意した（comrとはcommanderの省略形）。（吉田）氏は続けて、その同意は日本国民に与える政治的衝撃を考えると、当分の間、秘密にされるべきであると表明し、マーフィーと私（クラーク）はこの意見に同意した。

（七月二六日、クラークによる米統合参謀本部宛て電文。傍点とカッコ内に説明を補った。古関前掲書、一六～一七頁。初出は、筆者による『朝日ジャーナル』一九八一年五月二二日、二三頁）

こうして一連の指揮権問題は、いわゆる「口頭密約」の形で米国公文書館に所蔵されている。口頭という奥の手があったのだ。口頭だから、先の行政協定交渉の全体会議や非公式会談で約束した、「文書に残さない」ことを遵守することになる。ただし、電文という公文書で、米国側には文書が残る。日本には文書は残らないが、米国側は米政府に対して、大統領の覚書通りに義務をまっとうしたことになった、と解するべきだろう。

しかもこの口頭密約は、日米双方が単独の出席者による合意ではない。日本側は、吉田首相と岡崎外相が出席、しかも岡崎外相は行政協定交渉で、密約に携わった当事者である。米国側は駐日大使と極東軍司令官がそろった席での合意であることから、合意内容の確実性・信憑性を如実に証明している。

米国側の不安とこだわり

しかし、米国側は、この一回だけの口頭密約では安心できなかったようである。米国側は、この口頭密約の後に、日米合意を再度持ちかけている。自衛隊発足を半年後に控えた一九五四年二月八日にジョン・アリソン駐日大使が、ジョン・ハル米極東軍司令官を伴って、吉田首相を再度訪問し、同様の内容の口頭密約を迫っているのである（Committee on Foreign Affairs, U. S. House of Representatives, *U. S. Policy in the Far East, Part 1, Selected Executive Session Hearings of the Committee, 1951–56*, Volume XVII, p.79）。

なにしろ日本は憲法九条二項で、戦力の不保持を定めているばかりか、憲法九八条一項では「この憲法は、国の最高法規」と近代憲法の立憲主義まで定めているのである。だから、米国政府からみれば、憲法九条を改正しないことなど考えられなかった。米国側にとって、日本の首相が認めたという「精神的な安全弁」だけでは十分でなく、創設される「日本軍」が米軍の司令官の下に入る約束は、国際法からみても日本の法制度からみても法的整合性に欠ける、極めて不安定なことであるため、有事の際には危険を伴う賭けになるとの自覚があって当然だろう。

米国側の「指揮権（司令部）」へのこだわりはかなりしつこかったことが分かるが、軍隊にとって指揮権こそが軍隊の要の問題であると認識していたからだ。日本の国会で見る「安保・九条論議」とはまったく違って、軍事の本質はここにあることを教えられる。

米国側の執念は六〇年の安保条約改正の際にも顔を出す。「日米共同防衛」を定めた五条と米軍基地の自由使用を認めた六条は、現行安保条約の要だと言っても過言ではないが、五条一項「各締約国は、日本の施政の下にある領域における、いずれか一方に対する武力攻撃が、自国の平和及び安全を危うくするものであることを認め、自国の憲法上の規定及び手続に従つて共通の危険に対処するように行動することを宣言する」とある。

傍点を振った「共通の危険に対処」とは、旧安保条約下の日米行政協定二四条「必要な共同措置」から受け継がれた条文であるからだ。

この現行安保条約五条が米国にとってどれほど重要な条項であったかは、現在の状況からもよく分かる。二〇二四年四月一〇日の岸田・バイデン共同声明で、尖閣諸島問題と絡めて、冒頭に謳われたのだ。米国側は今でも日本との関係に一抹の不安感を持ち続けているというのが筆者の見方である。密約はたかだか政府間合意に過ぎず、国家間合意ではないということだ。もちろん、日本国内では、このことはどの分野にある論者からも問題にすらなっていない。

押しつけ安保

国務省随一の日本専門家であるジョン・アリソンが、東北アジア局から極東問題担当国務次官補に異動したのは、日米行政協定交渉の直後の一九五二年六月だった。その後、吉田首相がクラーク米極東軍司令官やマーフィー駐日大使と「口頭密約」を結ぶ直前に、アリソンは駐日大使として東京に赴任することになった。大出世である。

アリソンはまるで大手柄とばかり書いている。

「岡崎（外務大臣）と首相は、敵対行為又はその脅威の際に統一司令部を設置する必要性と合衆国が任命する司令官に関して原則同意したが、政治的重大問題であるから公表できていない。ということは（公表されれば）自由党の「弔鐘」が鳴りだすことになり、次期総選挙で政府の敗北が決定的になることを意味している」（*FRUS, 1952–1954*, op. cit. p. 1275）

たしかに当時の国民がこの事実を知れば政権が崩壊したかもしれない。しかし、密約に護られて、自由党の弔鐘が鳴ることはなかった。かく言うアリソンにとっても、日本が混乱状態になっていたら米国の対アジア政策が打撃を受けることは避けられず、日本よりもアリソンにこそ大きな弔鐘が鳴ったに違いない。

かくして、日本再軍備は少々紆余曲折があり、岸信介などの安全保障構想とは真逆の結果となったが、米国主導で、しかもかなり強引なやり方で、まさにこれぞ「押しつけ安保」の典型を生み出したのだった。外交によって、日本政府に米軍下で日本軍の指揮権を受け入れさせたアリソンらの「鬨《とき》の声」が聞こえてくるようだ。これに対して日本政府は米国政府に向かってそんな不満はおくびにも出さず、むしろ「押しつけ」といえば、「安保」ではなく、「憲法」を前面に立てて、押しつけられた再軍備を始動することになった。

自衛隊は、五四年七月一日に発足、その半年後の一二月には、鳩山一郎政権が「自衛のための必要最小限度の実力を保持することは憲法上禁じられていない」という政府統一見解を打ち出した。自衛隊は「戦力」ではなく、必要最小限度の「実力」だ、従って憲法九条に違反していないという、戦後日本で一貫する「空虚な言葉の羅列」が始まったのだった。

憲法九条が厳然として存在する日本の現実から見ると、米国側の強引さに驚くが、米国側から見ると、日本政府はすでに五〇年には警察予備隊を組織し、五二年には保安隊へと改編して、憲法九条に違反すると思われる組織を設置してきたことになる。さらにその間の政府間の交渉でも、日本政府は近いうちに九条改正が可能だと言ってきたのだ。

従って、軍事組織を設置するのであれば、「戦力」ではないとか、「自分の国は、自分で守る」などという口実は、冷戦下では空論にすぎないと、米国側はみていたことになる。日本政府のこの説明は、国内だけでしか通用しない「内向きの用語」に過ぎなかったのであった。それはまた、日本政府が憲法九条を変えることができず、「国民精神の作興」のための軍隊を米国につくってもらおうとした安易な魂胆が敗北したことの始まりでもあったのだ。

その後の自衛隊は、米軍による軍事技術で練度を上げ、自衛隊という名の軍隊に成長でき、米軍から多額の財政援助を与えられることに成功するのだが、軍隊の「管制高地（**commanding heights**）」の中枢ともいうべき指揮権は、米軍にガッチリ握られての船出であった。

米軍基地は治外法権

旧安保条約では、米軍にとって最も重要な米軍基地（施設及び区域）の配備を定めた三条に基づいて日米行政協定が定められた。その後、旧安保条約が六〇年に新安保条約（現行の安保条約）に改正されると、日米行政協定は日米地位協定にかわり、安保条約六条に置かれることになった。

日米行政協定と日米地位協定は、法手続上はまったく異なるのだが、内容的には大差はない。日米地位協定の全文はネット検索で読むことができるので、ここではいくつかの論点にかかわる概要だけを紹介する。

「第三条　合衆国は、施設及び区域内において、それらの設定、運営、警護及び管理のため必要なすべての措置を執ることができる」

これは、米軍基地の管理権はすべて米軍にあるということである。コロナの感染者が出ても、事故が多発する垂直離着陸機オスプレイが配備されても、米軍機が墜落しても、基地内に有毒ガスがでても、近隣で化学物質が検出されても日本の国内法は及ばず、日本政府も自治体も地域住民も、基地内で起こることに指一本触れることができない。沖縄の普天間基地や東京の横田基地の周辺では、発がん性が疑われる有機フッ素化合物PFAS《ピーファス》などの高濃度汚染が問題になっている。泡消火剤が基地外に漏出した横田基地では、二〇二三年七月に米軍側から防衛省に、一〇年から一二年にかけて三件の漏出があったと報告された。マスコミから説明を求められた浜田靖一防衛大臣は、「詳細は、今後（米軍と）の調整に支障を及ぼす恐れがあるため答えられない」と回答したという。東京の多摩地域の住民にとって、目にみえない健康被害に脅かされているにもかかわらず、被害住民の統治者であるという自覚はまったくないようだ。

「第四条　合衆国は、この協定の終了の際又はその前に日本国に施設及び区域を返還するに当たって、当該施設及び区域をそれらが合衆国軍隊に提供された時の状態に回復し、又はその回復の代りに日本国に補償する義務を負わない」

これは、米軍が基地を返還する際には、自ら後始末はしないという規定だ。現に、一五年六月に神奈川県横浜市の米軍上瀬谷通信施設が返還された際に、日本側が原状回復費用五億円を支払っている。米軍基地には、爆撃に耐える頑丈な格納庫があり、地中には有害物質や重油などがある。このようにみてくると、米軍にとって「基地の自由な使用」こそ日米安保だ、と考えていることがわかる。

在日「米軍人・関係者」の特権

「第九条　合衆国は、合衆国軍隊の構成員及び軍属並びにそれらの家族である者を日本国に入れることができる」

「第九条二項　合衆国軍隊の構成員及び軍属並びにそれらの家族は、外国人の登録及び管理に関する日本国の法令の適用から除外される」

「第九条四項　軍属、その家族及び合衆国軍隊の構成員の家族は、合衆国の当局が発給した適当な文書を携帯し、日本国への入国若しくは日本国からの出国に当たって又は日本国にある間のその身分を日本国の当局が確認することができるようにしなければならない」

第九条が定めるのは、米軍の構成員、軍属、家族の出入国についてである。パスポートやビザが必要なく、米軍の発行する「身分証」のみで入国可能。つまり、事実上フリー・パスといえる。

世界中で移動制限がかけられていたコロナ禍で、緊急事態宣言のさなかにも、米軍関係者がマスクをせずに基地から自由に出入りしていることが問題になった。米軍基地がある沖縄県や山口県岩国市などで地元住民の感染者が増加。松野博一官房長官は、政府の緊急事態宣言から二年近くたった二〇二二年初めに「（基地の存在がコロナ感染拡大の）一つである可能性がある」とシブシブ認めた（東京新聞、二〇二二年一月一二日、傍点は筆者）。

「第一〇条　日本国は、合衆国が合衆国軍隊の構成員及び軍属並びにそれらの家族に対して発給した運転許可証若しくは運転免許証又は軍の運転許可証を、運転者試験又は手数料を課さないで、有効なものとして承認する」

要するに、日本の運転免許証がなくとも自動車の運転ができるということである。米国のほとんどの州では一六歳から運転免許を取ることができるし、米国での生活は自動車が必須なのだから心配ないという声もある。しかし、日本の交通法規を知っているわけではない。走行方向もハンドルも左右反対。不慣れな日本の道路を走るための受講義務を課すことがあってしかるべきではないだろうか（これはジュネーブ条約にもとづく国際運転免許証の場合も同様と言える）。

さらに地位協定では、税金などで米軍特権が数多く示されている。

第一一条は、「関税及び税関検査の免除」を定めており、米軍人、軍属、家族は、私用の携帯品や輸入車は、関税その他の課徴金を課されない。また、米国軍隊の入国・出国、公用の文書、軍用貨物の税関検査は行われない。第一三条では、米軍隊が日本で所有・使用した財産上の租税は課されないとされる。

第二四条では、米軍を維持する経費は米国が負担し、基地の施設・用地は日本が提供すると分担されている。しかし、基地の施設・用地ばかりか、経費の一部までも、日本が提供しているのはご存じの通りである。この「おもいやり予算」のための条文改正はなされていないのだ。

米軍人による刑事事件

だが、何を措いても納得できない問題は、一七条の「刑事裁判権」である。とくに米兵の多い沖縄で深刻な被害を受けている。第一章で述べたように、米兵の犯罪が起きた際に、日本の検察が容疑者を裁判にかけると決めるまでは、その身柄は日本の警察署（留置場）ではなく、米軍MPの施設に置かれる。しかし、犯罪容疑者である米兵は米軍施設内にいるため、証拠の隠滅や証人との口裏合わせをするおそれがある。実際、米兵による事件のなかには、米軍施設から逃亡して帰国してしまった例もあった。なにしろ日本側でパスポート（旅券）のチェックすらできないのだ。

一九九五年に沖縄で米海兵隊などに所属する米兵三人が、小学六年生の少女を計画的に暴行する事件が起きた。もちろん沖縄県民は、日米地位協定の差別的な規定を象徴する事件だと憤激し、人口一四〇万人の沖縄県で八万五〇〇〇人が集合する抗議集会が行われた。沖縄県はドイツやイタリアなどの国々が冷戦後に行ってきた制度改革や、NATO地位協定の改正を参考にしながら、日米地位協定改正を訴えてきたが、日本政府はその要請をまったく受け入れていない。

そんな中で、日米双方が認めたのは、地位協定の改正はしないで日米で協議して、協定の運用を改善することであった。

合衆国は、殺人又は強姦という凶悪な犯罪の特定の場合に日本国が行うことがある被疑者（＝容疑者）の起訴前の拘禁の移転についてのいかなる要請に対しても好意的な配慮を払う。

（刑事裁判手続に係る日米合同委員会合意、一九九五年一〇月）

この「運用の改善」を米兵の刑事人権問題に詳しい専門家はこう見ている。

「運用が改善されても、日本側の引き渡し要請に、アメリカ側は好意的な配慮を払うにすぎない。（少女暴行事件以降）これまで日本側は六件の事件で、起訴前の身柄の引き渡しを要求している。そのうちの一件で、アメリカ側は要請に応じず、身柄の引き渡しを拒否した。」（信夫隆司『米兵はなぜ裁かれないのか』みすず書房、二〇二一年、三四頁）。

沖縄県を中心に日米地位協定の改正を求める世論がありながら改正されない大きな理由は、本土の国民が、沖縄県の米軍基地の現実に無知・無関心であることが大きい。また米軍に対する日本の従属慣れ、自発的従属というものもあるだろう。さらに、ここには日米政府間の協議を日本の最高法規としている日米安保体制の本質が顕現しているようにも思える。

二〇二四年、米兵による性暴行事件を、日本政府が沖縄県に伝えなかった事実が発覚した。同様に、山口県岩国市や青森県三沢市でも、日本政府は、米軍人の性犯罪を自治体に連絡しなかったと報道された。なぜ日本政府は、ここまで恥も外聞もなく卑屈なのであろうか。

行政協定か行政執行協定か

先に軍隊の指揮権という軍隊の中枢に横たわる問題を紹介したが、国民にそれ以上に知られず、議論もされてこなかった問題を紹介する。

米大統領が、外交と軍事に関わる重要決定をする際に、国務・国防の両長官の要請を受けて決定するという形式をとることがある。たとえば日米ガイドライン「2+2」は、その一例である。「2+2」では、国務・国防両長官が米側の最高責任者として米国側の政策決定を行っている。日米行政協定も、この手続きを経ている。先の「密約」の取りつけの際も同様だった。

以下は、アチソン(Acheson)国務長官とラヴェット(Lovett)国防長官が、日米行政協定の法的性格を説明するためトルーマン大統領へ送った覚書(米国政府の公文書、英文)である。

平和条約後の在日米軍の配備に関する国務・国防両長官による大統領への覚書(部分)

一九五二年一月一八日

日本との行政協定は、議会に該当するしかるべき委員会と全体にわたる協議の結果、行政執行協定（Executive Agreement）とすることになった。

国務・国防両省は、大統領が行政協定を行政執行協定として審議し、決定するよう（大統領に）勧告することに同意している。（*FRUS, 1952–1954*. Vol. XIV, pp. 1095–1096）

行政協定は、日本と安全保障条約を結ぶため上院に上程される。しかし、実施の方法として、それは行政執行協定とすることが適当であるというわけだ。

そう述べた後で、覚書は、「（日本の）国会が立法措置を求めているようであるが、日本政府は統治上の観点から、行政執行協定の方が好ましいとみているようだ」と日本政府の意向を伝えたのだった。

日米行政協定は「協定」という訳語を使っており、英語表記でも公的にAdministrative Agreementとなっているが、このトルーマン大統領への覚書で同意されたのは、Administrative Agreementではなく、Executive Agreementにすることであった。

Executive Agreementを、英米法学者はどう解しているのか、『英米法辞典』（田中英夫編集代表、東京大学出版会、一九九一年）を繙いてみた。それによると、行政協定（英語表記のAdministrative Agreement）と行政執行協定（英語表記のExecutive Agreement）という用語の、制度上まったく異なる意味に出会うことができた。

Executive Agreementとは、「大統領が、議会の授権または外交もしくは軍事に関する大統領の憲法上の権限に基づいて、外国の元首または政府と締結する協定。条約と異なり上院の同意を要しないとされる。国内法的効力の点では、条約と変わりはない」というのだ。長い間、日本ではまったく知られていなかったことである。

Executive Agreementとして日米行政協定を起草したダレス使節団は、日米間の協定の性格や手続きに困っていたようだ。五一年一月末、ダレスらが、対日平和条約と日米安保条約締結の準備のために来日した際の、使節団会議での討論の記録が残っている。

日本の政治事情をよく知っているシーボルト政治顧問は、「日本語にはExecutive Agreementに当たる用語はない、日本ではどんな文書（document）でも、国会の承認が必要だ」と説明した。実際には、「どんな文書でも国会の承認が必要」などということはないが、ただし日本に、Executive Agreementに該当する法令がなかったことは確かだった。これに対してダレスは「国際問題に関与する場合に、日本政府はどうしているのだ」と疑問を提出している。シーボルトは日本政府に納得できる方法を探させたが、うまくいかなかったと答えている。討論の最後に、次期駐日大使となる、日本語が達者なアリソンが、日本の法律にもある「行政協定（Administrative Agreement）という言葉を使う」ように示唆を与えた。（Memorandum Prepared by the Dulles Mission, *FRUS, 1951, Vol. VI*, pp. 856–857）

言われてみれば、この協定は内容的には米軍基地や軍隊の地位に関わる協定なのだから、日米「行政」協定などという名称にすること自体がおかしかったのだが、日本では名称についての議論をすることなく、長い戦後を送ってきたのである。

大平三原則

米国憲法では、二条五節二項で、大統領は協定などを締結する際には上院の「助言と承認を得る」と定めている。しかしExecutive Agreementの場合はその必要がない。日米行政協定は、米大統領が行政府の長として自由にその権限を行使して命令できるという「大統領令のごとき形式」だということだ。

そうはいっても、アチソン国務長官とラヴェット国防長官は事の重大性を意識していたようで、大統領への覚書で、「日本との間の行政協定は、議会に該当するしかるべき委員会と全体にかかわる協議での結果、行政執行協定（Executive Agreement）とすることになった。」と記録に残している。つまり、この協定は議会と同等の委員会と協議した結果である、と念を押しているのだ。ただし、ここまでは「米国の法制度に基づく議論」に過ぎない。それでは、日本の法制度からすれば、「協定」は、いかなる意味になるのであろうか。

協定は、「広い意味の条約」に含まれる。つまり「条約」という名称が使われる「狭い意味の条約」だけでなく、憲章、規約などと同様に「広い意味の条約」とされ、国家間における法的な合意文書のことである。ともあれ、広い意味であろうと狭い意味であろうと、国家間合意が必要であって、政府間合意ではないということだ。

つまり日米行政協定は、「政府間合意」なのだ。日米行政協定の根拠である旧日米安保条約三条には、米軍の配備条件について「両政府間の行政協定で定める」と書かれているし、さらにまた日米行政協定の本文の最後では、「日本国政府のために岡崎勝男」が、「アメリカ合衆国政府のためにディーン・ラスクとアール・ジョンソン」が署名している。この日米行政協定はあくまで「政府間」であり、「国家間」とは書かれていない。従って政府間の合意文書である日米行政協定は、「広い意味での条約」ではなかったことになる。

たしかに、日本国憲法七三条の第三号には、内閣の権限として「条約を締結すること。但し、事前に、時宜によつては事後に、国会の承認を経ることを必要とする。」とあるが、日米行政協定は「広い意味での条約」ではないとすると、「国会の承認を経る」必要はないことになる。

政府を含む国家間の約束は、とくに国際化が進む中で多種多様な広がりを示してきた。こうしたなかで、行政協定の調印から大分過ぎてのことになるが、一九七四年に大平正芳外務大臣によって、「条約」の概念規定がなされた。

「大平三原則」と呼ばれるその概念規定による、憲法上、国会の承認が必要とされる国際約束（国会承認条約）のカテゴリーとして、①法律事項を含む国際約束財政事項を含む国際約束、②日本と相手国との間の基本的な関係を法的に規定する政治的に重要な国際約束、これら広い意味での条約（国際約束）は、発効のため批准が要件となる。（中内康夫「国会の承認を要する「条約」の範囲」『立法と調査』二〇二〇年一一月、四二九号、二〇頁）

このように日米行政協定をみていくと、米国には議会を通さないExecutive Agreementという法令があったが日本にはなかったし、日本には政府間の合意でつくられる「広い意味の条約」もなかった。「日米行政協定」は、大平三原則の①にも②にも該当する「国家間」の合意を要する条約、つまり国会の承認を要する条約だったということになる。

しかし、当時の政府は、日米行政協定を国会に上程すらしなかった。その理由として、国会で承認された旧日米安保条約により委任された協定との解釈を採った。これに対して野党側は、委任内容が不明確、委任の範囲を超えている、などを理由に反対したのだが、受け入れられなかったということだ（中内康夫・同上論文、二九頁）。

当時の学者たちの見解も政府見解と同様であった。通説といわれた憲法学者の清宮四郎はこう述べている。

「行政協定について、委任協定の範囲を超えた白紙委任であるかどうかが問題となったが、条約で外国軍隊の駐留を認めれば、それに伴う「軍隊配備を規律する条件」は、当然予定されるものとして、委任協定の範囲とみなしてさしつかえないように思われる。これに対し、実質的には、軍隊配備の一切の問題を定めるものであって、条約として、国会の承認を必要とするものであるとする説もある」（清宮四郎『憲法I』（法律学全集）有斐閣、一九五七年、三五二頁）

清宮は、異論のあることを認めつつ、日米行政協定を「委任協定の範囲」とみなした。参考人として参議院に出席した憲法学者の佐藤功も同様に委任協定説を採った（第一三回国会参議院外

務委員会会議録一一号、昭和二七〔一九五二〕年三月一二日、五頁)。

ただ、条約の委任であれば国家間合意であり、国会の承認が必要であったはずだ。さらに、日米安保条約は「国のため」であり、行政協定は「政府のため」とされており、異なる目的の法令が委任されたという形になったのだった。

日米行政協定に法令番号はなかった

当時、日米行政協定が国会に上程されなかったということ、条約の委任であったということは、その後一般に公知の事実となった。しかし、その後いかなる処理がなされたのかはほとんど知られておらず、委任協定であっても法令であるのだから、まずは法令番号を手近な文献である当時の六法で調べてみることにした。我妻栄・宮沢俊義編集『六法全書』(昭和二十九年版、有斐閣、一九五四年九月一〇日発行)だ。もちろん、正式な法令名である「日本国とアメリカ合衆国との間の安全保障条約第三条に基く行政協定」を開いたのだが、この名称は日米安全保障条約のすぐ後に掲載されていた。

「協定」の場合には「広い意味の条約」として「条」と書かれるとともに、番号が付いているのが通例である。たとえば、「昭和二十七年条第〇〇号」のように。ところが驚いたことに、日米行政協定は、名称のすぐ後に、「昭和二十七年」とあるのみであり、「条」も、法令番号も記載されておらず、空白だった。

いかに条約の委任協定とは言え、法令番号のない「法令」が六法に収録され、「昭和二十七年」としか書かれていない、そんな六法を実際に目にするとは思ってもみなかった。外務省の官僚はじめ毎日のように『六法』と格闘していた法律の専門家は、どうしていたのであろうか。しかもその「六法」には、なんらの「断り書き」もなかったのだ。

しかし、法令番号のない日米行政協定を、最高裁はさらりと認めていた。「行政協定は、既に国会の承認を経た安全保障条約三条の委任の範囲内のものであると認められ、これにつき特に国会の承認を経なかったからといって、違憲無効であるとは認められない」と判示していた。これは、旧安保条約を事実上合憲と判示した「砂川事件最高裁大法廷判決」(『判例時報』一九六〇年一月一日、二〇八号)だ。判決がなされた日は五九年一二月一六日であるから、そのわずか一か月後の六〇年一月一九日には、ワシントンで岸首相とD・アイゼンハワー大統領との間で、現行の日米安保条約が調印されていた。

仮に最高裁の旧安保条約、日米行政協定が法的には問題がなかったとしても、あるいはまた六〇年の現行の安保条約が法律に反していなかったとしても、この間に問題にすらならず、時を過ごしてきたのだから、あらためて歴史の検証の下に晒されて、再検討されなければならないのではないのか。

日米地位協定は国会の承認を受けたが、そのルーツである日米行政協定は国会の承認すら受けておらず、米国の大統領命令に他ならなかった。沖縄などの米軍基地の近傍に住む住民から、

「これでは米国の植民地だ」と言われても致し方ないのではないのか。国は沖縄の植民地状況が批判されると、遠慮がちにおずおずと、あるいは居丈高に「(発言は)控えさせていただきます」などと言わざるをえず、沖縄県民との対話が成立しなくなっている。

沖縄の新聞『琉球新報』の論説委員長を務めた前泊博盛が『本当は憲法より大切な「日米地位協定入門」』(創元社)というユニークな表題の著書を上梓したのは、だいぶ後の二〇一三年のことであったし、あるいはまた六〇年の日米安保条約改正の際に「国会の議論は日米安保条約ばかりで、日米地位協定はほとんど議論されず、新聞紙上でもほぼ取り上げられてこなかった」と明確に指摘した山本章子の『日米地位協定』(中公新書)が上梓されたのは一九年、つまりほんの最近のことであった。

日米行政協定、日米地位協定は、締結から通算すると七〇年を超える年月が経った。その間に日米安保条約が批判・反対されたことはあっても、その下にある行政協定・地位協定が表立って批判の対象になったことはなかった。基地被害者の抱える現実の問題を取り上げた人は、ほんの一握りの少数の人々に限られてきたのは、日本政府、なかでも外務省が「アメリカの顔色」ばかりをうかがい、基地被害に苦しむ地域住民の苦悩を無視してきたことによっているが、それに加えて日本国民全体の人権意識の低さに支えられてきたとも言えよう。

憲法改正は可能か

日本国憲法の施行（一九四七年五月）からわずか二か月後に、米国では国家安全保障法が制定された。またCIA（米中央情報局）という諜報（Intelligence）組織を新たに設置（一九四七年九月）したのは、日本のパールハーバーへの「不意討ち」を教訓に、「諜報」の重要な意義を自覚したためと言われている。

日米安保条約は、米国政府からみれば冷戦を勝ち抜くための軍事力を前提にした法体制であると同時に、日本の軍事力が独り歩きしないために、重石の蓋をするための、上からの政治体制だったということである。

しかし当時の日本では、米国の国家安全保障法を日本国憲法との関係でみていなかった。第四章で紹介するように、多々ある「安全保障」のなかで、米国は「国家安全保障」という軍事による安全保障を選択したという自覚を、日本も持つべきだったのである。

ところが、日本政府は「安全保障」の概念も、いわんや「国家安全保障」の概念も考えず、戦前同様の「軍事」と「軍隊」の再興ばかりを考えていた。「日米密約」の際に、米国政府が日本政府に要求する中心は、緊急事態が発生した際に日本は協力してほしい、あるいは自衛隊は米軍の指揮下に入ってほしいということであった。しかし、日本には平和憲法が存在しているから、米国の要求とは明らかに矛盾している。

しかし、日米安保条約を成立させた、つまり、承認したのであるから、米国から憲法九条の改正を迫られることは論理の必然であった。そこで、米国側は、講和（平和）条約と日米安全保障条約について、日本側と交渉に入る以前から、あるいは交渉にあたっている最中も、その後の交渉のなかでも、日本政府や与党の関係者に憲法改正の可能性を質し、強い関心を持って「憲法九条の改正は可能である」という言質をとっていたのである。

新・旧の日米安全保障条約の法的解釈に尽力したアリソン駐日大使は、日本の憲法改正の可能性について、米下院外交問題秘密聴聞会でこう答えていた。

カーナハン議員　軍事面での憲法改正に向けて進む（日米）共同の努力について何か考えていることがありますか。

アリソン　われわれはこの問題に絶対に関わってきませんでした。それは日本人自らが決定しなければならない問題であると考えたからです。かりにわれわれがなんらかの圧力をかけようとすれば、得るものよりも失うものの方が多くなるでしょう。

カーナハン議員　私は圧力をかけることを求めているのではありません。しかし何かそのような雰囲気があれば……

アリソン　その点について考慮に入れるべき見方があります。こうした（再軍備に関する）交渉の結果、日本の官僚たちはわれわれに対し（講和並びに安保）条約が発効した後で世論が好転するであろうと判断したときに憲法を修正（amend）する努力をすることを明確に示しました。

カーナハン議員　憲法を改正（revise）するであろうとの感触はあるのですね？

アリソン　はい。

マックラーキン（国務省極東問題課長代理）　少数与党の自由党はそうすることにきわめて好意的であり、指導者は自らそのように表明しております。

（Committee on Foreign Affairs, U. S. House of Representatives, *U. S. Policy in the Far East, Part I*, Selected Executive Session Hearings of the Committee, 1951–56, Volume XVII, p. 69）

そこで、講和（平和）条約、日米安保条約、さらには行政協定を調印する段階で、米国政府は日本政府との間に、憲法九条が近い将来に改正されることは可能だということを、織り込み済みで交渉を始めていたのだ。ところが、一九五四年から与党の自由党やその後身となる自民党が憲法改正を掲げながら、ときの鳩山一郎政権は五六年の参議院選挙でも憲法改正に必要な議席を確保できなかった。

日本政府に対する国民の支持は絶対的なものではなかったが、かなり強固であった。五五年に保守合同も成し遂げたこともあり、米国政府は、先の日米行政協定交渉で見てきたように、政府与党が「早晩に憲法改正は可能」と答えてきたことを、かなり信用していたのではないかと思われる。つまり、米国政府は多数の日本国民が自民党を支持していたことから、即、憲法改正を支持していると判断したのであろう。結果的に見るならば、米国政府は日本国民の政治意識を十分理解できていなかったと見ることができる。

米国政府がこのような判断をした理由の一つは、日本人の戦争体験を米国政府が理解していなかったことにあるように思われる。それは敗戦経験に打ちひしがれていた日本人、選挙権はないが、地上戦を三か月近く経験した沖縄の住民と、敗戦経験を持たなかった米国人との違いだ。なにしろ米国が、国内戦であるが敗戦を経験したのは、遠い昔の「南北戦争」（一八六一年に始まった内戦）まで遡る。多くの米国人にとって戦場とは常に外国で、戦争は常に勝利するものと、アメリカ人は確信してきた。米国は第二次大戦で、欧州のナチス・ドイツと、アジア・太平洋で日本帝国軍と戦い、勝利した。それは歴史的に、英国が、それ以前はスペインが成し遂げたことを超えた、本来の「世界制覇」を意味する勝利であった。第二次大戦は南北戦争の悲惨な地上戦経験を忘れさせるほどの勝利であったばかりか、アメリカ大陸を超えて、全世界の人々から歓呼を持って迎えられたのであった。

米国が中心になり豪州、ニュージーランド、フィリピン、日本による太平洋協定案を提案した際に、それらの国が対日戦で莫大な被害を受け多くの人身を失ったことを米国政府が理解していなかったことはすでに紹介した。その後のベトナム戦争後もイラク戦争後も、それぞれの国民の戦争体験を、米国政府は理解できていなかったように見える。つまり、米国政府は、当時の日本政府が米国の対日安保政策に理解を示したのと同様に、政府与党を支持する多数の日本国民も、米国の対日安保政策に理解を示し、賛成するだろうと読んでいたのだった。

それとともに、米国政府は日本とは法文化が違うことに気づいていなかったと言えそうだ。それは立憲主義への理解の違いだ。

ダレスの皮肉

鳩山一郎政権の重光葵外相は、一九五五年、河野一郎農林大臣、岸信介民主党幹事長を伴って訪米した。会談の相手はかつて日米安保条約交渉の際に大統領特使として東京で交渉にあたったジョン・F・ダレスであった。しかし会談の時のダレスは、アイゼンハワー政権の国務長官になっていた。会談は日米安保条約の改正のためで、日本側はいわゆる「重光提案」を携えていた。米国との相互性をより強くした防衛条約に日米安保を改正することを目的としていた。

防衛範囲を拡大する条約改正は、ダレスから見ると、日本の最高法規である憲法九条を改正することなしに不可能だと考えていた。そうであったから、会談後に発表した「共同声明」（八月三一日）の文言は、「日本の防衛能力増強に関する諸計画を説明した」「戦略上の要請に照らして随時再検討されるべきことに意見が一致した」に過ぎないものとなった。さらに、日本側が強く意図していた、「西太平洋の平和と安全の維持」に関しても、「これが実現された場合には」「現行の安全保障をより相互性の強い条約に置き代える」としたに過ぎず、共同声明には「条約を改正する」という言葉は、どこにも見出せない。

実は、この共同宣言の裏で、ダレスは「西太平洋の平和と安全」に関わって、「日本は（憲法上）海外派兵できないのだから、共同防衛の責任は負えないのではないか」と重光に質していたという。それを受けて重光は「（そのような場合は）日米双方が協議すればよい」と答えたというのだ。このやりとりから本書の読者は、「協議」こそ行政協定交渉での岡崎大臣の十八番《おはこ》であったことを思い起こされたに違いない。条文上で矛盾・対立が明確になってしまう難局を「協議」という一言で切り抜けたのであった。

今日の日本の内閣も、なにかと「明確な法律による合意」を避けて、政府による「要綱」や「あいまいな協議による口頭合意」を好むことを考えると、この重光発言は日本側にとってさして驚くには値しない「日本政治を象徴する発言」であったのかもしれない。

ところが、ダレスにとってはこのような法的合理性に基づかない、あいまいな発言は驚き以外の何ものでもなかった。外務省の記録から引用する（丸カッコ内と傍点は筆者）。

重光（葵外務大臣）　日本の自衛力は既に組織されている。日本が既に自衛力を有することに応じて現在の機構を改めるべきであると考える。

ダレス（国務長官）　自衛力が完備し憲法が改正されれば初めて新事態ということが出来る。現憲法下において相互防衛条約が可能であるか。

重光　しかり、日本は自らを守ることが出来る。
ダレス　日本は米国を守ることが出来るか。たとえばグアムが攻撃された場合はどうか。
重光　その様な場合は協議をすればよい。
ダレス　自分は日本の憲法は日本自体を守るためにのみ防衛力を保持出来るというのがその最も広い解釈だと考えていた。
重光　しかり。自衛が目的でなければならないが兵力の使用につき協議できる。
ダレス　憲法がこれを許さなければ意味がないと思うが如何。
重光　自衛である限り協議が出来るとの（考えが）我々の解釈である。
ダレス　それは全く新しい話である。日本が協議に依って海外派兵出来ると云う事は知らなかった。
重光　米国の場合協議を要するのか。
ダレス　要しない。
重光　日本は海外出兵についても自衛である限り協議することはできる。
（「外務大臣国務長官会談メモ（第二回）」、外務省『外交記録』に収録。一九五五年八月三〇日）

ダレスは弟のアレン（W・ダレス、CIA長官）とともに「反共の闘士」として、世界にその名を馳せていた。「日本が協議に依って海外派兵出来ると云う事は知らなかった」というダレスの

「驚きの発言」は、別の記録では「協議すれば憲法が変わるとは知らなかった！」（I don't know that the consultation can change your constitution!）ともある。この会話は、当時会議に陪席していた外務省欧亜局第二課長の安川壮の記録であり、安川にインタビューした政治学者の原彬久の聞き取りである（原彬久『戦後日本と国際政治』中央公論社、一九八八年、八三頁）。

いずれにしてもダレスの「最高の皮肉」であろう。いかにも大学で米国憲法の立憲主義を学んできた国際法の専門家で弁護士でもあったダレスらしい指摘に感じられる。ダレスからみれば、「そんな防衛構想を開陳する前に、日本にとっては憲法九条を改正することが先決ではないか！」と言いたかったに違いない。同じテーブルには、吉田の「口頭密約」にも立ち会ったマーフィー（元駐日大使）が国務次官として座っており、アリソン駐日大使も同席していた。

先に日米行政協定交渉にあたったラスク大使は、記録を見る限り同席していなかったが、すでに紹介したように、ラスクこそ日本との交渉で最初に「非公式な協議」を通じて「協定」をつくることを日本政府から教えられていたのであった。日本側には、憲法を「国の最高法規」（日本国憲法九八条一項）と考える法文化は一般化していなかったと解せられる。

憲法九条を棚あげして、政府間協議を

ここまで見てきた米国側の交渉相手は、日本を含むアジア一筋に勤務してきた外交官である。ダレスはアイゼンハワー政権下で国務長官（一九五三年―五九年）を、アリソンは三二年から駐

日大使館に勤務し、戦後は国務省北東アジア部長、駐日大使（五三年―五七年）を務めた。ラスクはJ・F・ケネディ、リンドン・ジョンソン両政権下で国務長官（六一年―六九年）となった。

米国政府のなかで対日安全保障体制の基礎を構築した彼らは、日本側は、米国とは異なり、立憲主義国ではなく、憲法九条を「棚にあげて」、日米安保条約を改正することは可能であるということを深く実感したに違いない。

日米安保条約改正へ向けた一九五五年のダレスとの会談で、重光外相の隣に同席していた河野一郎農林大臣と岸信介民主党幹事長のどちらも、次の首相を意識して聴いていたであろう。ただ彼ら日本の政治家にとって、「立憲主義（Constitutionalism）＝直訳すれば憲法主義」という考え方は、知ってはいても近代憲法全体に関わって、強い重みをもった基本的かつ原則的な憲法理念であると考えてはいなかったに違いない。

米国側から見ても、岡崎や重光、さらには岸の戦前の経歴を見れば、ポツダム宣言から生まれた「戦後民主主義」の担い手とは思えない旧態依然の政治家であることは疑うべくもなかった。

重光は東條内閣の外務大臣の後東京湾岸の米戦艦・ミズーリでの降伏文書の調印式に、大日本帝国の首席代表として臨んだ昭和天皇の名代でもあった。敗戦とともにA級戦犯として禁固刑を受けていた。岡崎は外務官僚として降伏文書調印式で重光に随伴して式典に列席していた。

岸は戦前の日本の傀儡国家「満州国」の官僚であり、東條内閣の閣僚でもあり、戦後はA級戦犯容疑で逮捕された経歴を持つ。これらの面々が旧枢軸国・日本を代表する政治家として、旧連合国のワシントンに現れたのである。日本人は、彼らをそうは見ていなかったと思われるが、それは日本国内だけで通用したにすぎない。旧連合国から見れば、元敵国を代表する政治家であった。新しい憲法をつくった際の首相、幣原喜重郎、片山哲、吉田茂らとは経歴が違っていたことは明白だ。

岸の「二段構え」提案は本当か

岸は、日米安保条約の改正を前に、憲法改正より安保条約改正を考えていた。一九五五年一一月に保守合同を経て自由民主党の結成に成功し、幹事長に就任した岸は、五七年二月二五日に首相に就任した。それから二か月も経たない四月一三日に、岸はマッカーサー二世駐日米国大使と会談を持っている。その際、岸は外務省アジア局の中川融局長を同道させて、中川に岸の改正安保条約案の存続期間などを説明させている。

対応に当たったG・A・モーガン（**Morgan**）米大使館参事官によれば、中川は改正する安保条約の存続期間を、「二〇世紀において世界情勢が変化している度合いを考えると、一〇年あれば十分だと思う」と語ったという。その上で、中川は「岸の提案は、将来さらに長期間にわたり互いに満足し得る取極めにするとの考えの下で、一〇年間の存続期間に向けて協議する」ことだと言った後で、憲法改正問題に触れた。「日本国内の状況から考えて、たとえば、憲法は一〇年以内に首尾よく改正されると確信している」と述べたという。（*Documents on United States Policy* *toward Japan, IV, Documents Related to Diplomatic and Military Matters 1957, Vol. 3*を編集・復刻した石井修・小野直樹監修『アメリカ合衆国対日政策文書集成　Ⅳ（日米防衛外交問題）一九五七年　第3巻』柏書房、一九九八年、一九一―一九三頁の復刻版から引用。訳は筆者）

マッカーサー二世大使との会談を終えた二か月後の五七年六月一九日、岸は訪米し、ダレス国務長官と九時間にわたる会談を持ち、二一日にはアイゼンハワー大統領との「共同コミュニケ」を出している。なかでも、ダレスとの「九時間にわたる会談」の内容は知られておらず、後述のように筆者も未見である。この点に関しては後に譲るが、この段階でダレスと岸の安保と憲法への考え方を管見しておきたい。

まず、先述のごとく岡崎外相も重光外相も、憲法九条に触れることを避け、両国政府間で協議することをラスクやダレスに主張してきた。それに対してダレスは、軍備強化や安保改正には、まず憲法九条の改正が必要であり、安保改正より先に憲法改正をすることが立憲主義との関係で必要だと主張しており、「協議すれば憲法が変わるとは知らなかった」と皮肉を述べていたほどだった。

さらに両者は、憲法改正については、楽観的に見ていた。また保守合同から生まれた自由民主党は、五五年の結党時に「党の政綱」のなかで「現行憲法の自主的改正」を掲げていた。

ところが、先に示したように岸首相自身が、マッカーサー二世大使に「憲法改正は一〇年以内」と述べていたのだ。これをダレスが、岸が「一〇年以内」と言ったことは、岸自身の政権内では憲法改正はしない、と解したに違いない。

それとともにダレスが立憲主義を重視していたことは、重光との会談からもはっきりしたが、岸との会談では立憲主義に触れていない。また、日本では帝国憲法でも、さらにはその影響を受けたドイツのプロシャ憲法にも含まれていないことに気づいたであろう。

従って、岡崎も重光も主張してきたように、憲法九条を棚にあげて、日米両国政府で協議して、再軍備や安全保障問題を決定してゆくこと、しかもその協議を制度化するために、岸が「日米安保協議委員会」を設置するように提案したのだ、とダレスは見ていたのではないのか。

岸の提案は、外務省公開文書では、安保協議委員会をまず設置し、しかる後に憲法を改正するという「二段階」とされ、大方の研究者もそれを踏襲してきているが、実際は安保改正を第一段階としただけで、憲法改正の二段階目はすでに「霧の中に霞んでいた」のではないのか。

砂川事件と最高裁判決

朝鮮戦争が停戦したなかで、日本国内では米軍基地の新設・拡張が進んでいた。東京の郊外にあった米軍立川基地では拡張工事が砂川町で始まった。それに伴い多くの労働者・学生の反対闘争が盛り上がり、警察ともみ合うなかで、七人が基地内に踏み込んだとして刑事特別法違反で起訴された。

係属された東京地裁では、安保条約は違憲であり、全員無罪との判決が出た（一九五九年三月三〇日）。これに対し米国側は日本側に圧力をかけ、翌日、マッカーサー二世駐日大使が藤山愛一郎外相に、東京高裁への控訴を飛び越えて最高裁への跳躍上告を促したという。（共同通信、47NEWS、二〇〇八年四月二九日）

砂川裁判が米国大使の介入を受けていたという事実は、長年にわたってまったく知られてこなかったが、〇八年に毎日新聞が米公文書の発見者、新原昭治が入手した文書を紹介している（毎日新聞、二〇〇八年四月三〇日）。それによると、マッカーサー二世は田中耕太郎最高裁長官と密談し、最高裁大法廷の開催時期や判決時期の予測までしていたという。

こうした外国の大使が、日本の裁判所の最高の地位にある長官に面会し、司法行政にかかわる行為に口を差し挟むこと自体ありえないことであるが、米国側にとっては、東京地裁が米軍の駐留を憲法九条二項に定める「戦力の不保持」に違反すると判示したことに、強い衝撃を受けたと思われる。

ここでは、裁判の推移や判決の全体像に触れることは避けて、判決が日米安保条約の立憲主義思想に関わる点だけを紹介したい。

最高裁判決は「（日米安保条約は）高度の政治性を有する。（条約が）違憲なりや否やの法的判断は、純司法的機能をその使命とする司法裁判所の審査には、原則としてなじまない性質のものであり、（略）裁判所の司法審査権の範囲外のもの（だ）」と述べ、さらに「（安保条約の合違憲の判断は）右条約の締結権を有する内閣およびこれに対して承認権を有する国会の判断に従うべく、終局的には、主権を有する国民の政治的批判に委ねられるべきものである」としている。

マッカーサー二世大使が安保条約改正に向けて、岸政権と交渉を持ってきた経緯すら日本では知られていないが、最高裁長官との関係も知られないままに、「安保」といえば「安保闘争」ばかりが喧伝されてきた。従って、マッカーサー二世の司法への介入が判決にいかなる影響を与えたかなど、その解明には、かなりの時間を要するであろう。

安保問題に関して、岡崎や重光、岸などが米国側の憲法問題を躱《かわ》してきた論法も本書が初めて触れたと思われるが、この点と判決との関係を考えてみたい。それは何度も紹介してきたように、「憲法九条を棚にあげて、日米両国政府の協議を国の最高法規と見做して日米安保体制を構築していく」というものであった。つまり、憲法を抜きにして、政府同士で国家のあり方を決定するということだ。

砂川・最高裁判決は、日米安保条約は「裁判所の司法審査権の範囲外」だと言う。このような判断は「統治行為論」とされ、米国法では「政治問題」（Political Questions）と言われる周知の概念であるが、こうして日本の政治文脈にのせてみると、「国家統治のための責任逃れ」の何物でもなく、結局は国家抜きの「政府」に収斂されてしまう。

その後、統治行為論は日米安保条約ばかりか、自衛隊の合違憲判断にも現れる。かくして、統治行為は、昨今の「政府一強」に至る。政治的に憲法九条を棚にあげたのと同様に、憲法九条という憲法の最大関心事を裁判所の審査の範囲外に置くための出発点になったことになる。

日米の共同犯罪

そもそも岸にとって憲法改正は、憲法改正自体が目的であったわけではなく、「憲法改正を日本で提案すれば、国民精神の作興に役立つ」ことが最終目的であったことに思い当たるのである。それはまたダレスにとっても、同様であった。ダレスは、憲法九条を改正して、近代憲法に欠かせない立憲主義を維持することを主張してきたのだ。ところがその逆に憲法九条はそのままに、立憲主義を定める憲法九八条一項に違反して、日米安保条約に調印することになったのであった。とは言え、岸もダレスも憲法九条改正の必要性を忘れてはいなかった。そもそも米国側で起草した日米行政協定案の二二条は、本章の岡崎・ラスクの【第一五回　非公式会談】で、難航の末に二四条に変わったことを思い出していただきたい。その行政協定二四条が、安保条約の改正で安保条約の五条に格上げされたのだ。

日米行政協定二四条は、岡崎の要求を入れて、軍事上の行動を示す表現を避けるために、あいまいな表現に徹し、「(両国政府は) 必要な共同措置を執る」ことになっていたが、現行安保条約の五条は、岸・ダレスの合意で「共通の危険に対処」と軍事行動を想定しうる表現にしている。

しかも日米行政協定二四条と現行安保条約五条との最大の違いは、協定が両国の政府間の協定にすぎなかったが、安保条約五条では、「各締約国」に変わり、国と国との関係という安定かつ強固な関係になったのである。

安保五条は、武力攻撃があった際には、「自国の憲法上の規定及び手続に従つて共通の危険に対処する」と定めている。ところが日本国憲法にそんな「規定」も「手続」もない。この問題は六五年間を経て、バイデン大統領が二〇二四年四月の岸田首相との会談で問題提起しているので、第五章で触れることにする。

ともあれ憲法九条の改正に目途すら立たず「棚にあげ」、立憲主義に反する条約を結んだ岸とダレスは鬼籍に入っても未だに国民に知られてはいないことは「幸い」であるが、「共同犯罪者」になったことを意識していたのではないのか。

非公開文書、一三・五％

外交関係の公文書を編集した米国のＦＲＵＳを調べていると、編集委員会によるこんな断り書きが、日本関係の巻の冒頭に掲げられていた。

日本に関する編集は、公刊するために選択した文書の一三・五％が非公開とされた。歴史編纂室（Office of the Historian）は、一九五八―六〇年の三文書、一九六一―六三年の六二文書、合わせて六五文書の日本関係の編集に携わった。九文書が開示を拒否された。そのうち三文書は不服申し立てのあらゆる手段を講じたにもかかわらず拒否された。非公開文書は、一九六〇年の相互安全保障条約のある側面から生ずる結果と取極、一九五八―六〇年の日本の政治状況にたいする合衆国政府の関心と行動に関するものである。歴史・外交記録諮問委員会（The Advisory Committee on Historical Diplomatic Documentation）は、非公開文書を精査し、この公刊された編書は、公法第一〇二―一三八号、一九九一年一〇月二八日（合衆国法典二二編四三五一条以下）によって定められた「合衆国の主要な対外政策決定の完全、正確かつ信頼しうる記録」の基準を満たしていないとの結論に達した。（*FRUS, 1961–1963*, Vol. XXIIXII（Northeast Asia）, 1996. Preface pp. IX&X）

指摘されている該当年は、まさに現行安保条約の岸とダレスの交渉時期そのものではないか。日本関連の対象文書の「一三・五％が非公開」、「九文書が開示拒否」であり、これでは米国の法律に定める「完全、正確かつ信頼しうる記録」に該当しないというのである。

公開を妨げているのは日本政府としか考えられないため、政府への怒りとともに、不名誉かつ、屈辱感すら覚えた。筆者は近代憲法の下で生きているという「小さな自負心」を持ってきたが、思いもよらないところで、その小さな自負心を圧し折られてしまった。きつい言葉を使えば、ＦＲＵＳの編集委員から私たちは「恥を知れ」と言われているようだ。現行日米安保条約の成立から、六五年になるというのに、取り決めの詳細は国民は「目隠し」のままなのだ。愕然とさせられ、なんとも言い難い不甲斐なさを覚えた。これでは中国古代の「焚書坑儒」と変わらないではないか。

それにしても、岸は憲法改正に向けて、既に指摘したごとく「国民精神の作興」という民族主義的な「日本精神」を「こっそり」投げ捨てて、ワシントンに向かって日米安保推進の旗頭になり、一方、日本国民に向かっては「憲法改正」を、「一〇年以内」などと言うことはおくびにも出さず、国民を扇動し続けてきたのである。

日本国憲法九条と日米安保条約が「水と油の関係」にあることを米国政府は十分わかっていたが故に、安保や再軍備に当たって日本政府に「憲法改正は可能ですね」と念を押してきたのである。だが、日本国憲法が立憲主義に基づいていることを日本政府は解していないことを知り、また「九条を棚にあげて、政府間協議」という奥の手を日本政府から教えられて、米国政府も積極的に、「日米政府間協議を日本の最高法規とする」ことに乗り換えたと見ることができよう。

それにしても、米国政府も立憲主義を無視せざるをえなくなったのには、どのような事情があったのだろうか。

そもそも米政府は、一九六〇年改正の現行日米安保条約について、その限界点を意識していた。上院外交委員会で日米安保条約の承認を求めて陳述したクリスチァン・A・ハーター国務長官（共和党）は、日本国憲法九条を引用し、その二項「陸海空軍その他の戦力は、これを保持しない」という規定が、日本の自衛行動をその限界と考えている、と述べた。従って、日米安保条約五条に定める「領域」とは、日本国の施政の下にある領域であると明言した（「ハーター国務長官の上院外交委員会での安全保障条約についての陳述（英文）」一九六〇年六月七日。鹿島平和研究所編

『日本外交主要文書・年表、第一巻』原書房、一九八三年）。

また、この外交委員会の委員長であったJ・ウィリアム・フルブライト（民主党）は、「審査報告書」のなかで現行の日米安保条約五条「共通の危険に対処する」の意味をこう述べている。「「憲法上の規定」という言葉は、日本が海外にその軍隊を派兵することを禁止している日本国憲法の戦争放棄条項（第九条）の承認を意味するもの」（『アメリカ上院における新安保条約の審議』日本国際問題研究所、一九六〇年、五四頁）。つまり、日米安保条約は、日本国憲法第九条（戦争放棄条項）によって海外派兵はしないことが条件であることを確認していた。

この考え方は、六〇年代に入って、日本で海外派兵が政治家の間で主張された際に、内閣法制局が、「集団的自衛権の本質は海外派兵である」と主張してきたこととも通じている。日本の内閣法制局が八一年に打ち出した「集団的自衛権に関する公式見解」を読んでみよう。

集団的自衛権とは、自国と密接な関係にある外国に対する武力攻撃を、自国が直接攻撃を受けていないにもかかわらず、実力を持って阻止する権利を意味する。憲法上許される自衛権の行使は、わが国を防衛するため必要最小限度にとどまるべきものである。集団的自衛権の行使は、その範囲を超えていて憲法上許されない。（衆議院、内閣衆質九四第三二号、昭和五六［一九八一］年五月二九日）

米国の議会も日本の内閣法制局も、共通して憲法九条の限界を「海外派兵の禁止」に求めていたことがわかる。日本では日米安保体制以降、批判勢力は憲法違反を唱えてきたが、安保条約違反でもあったのだ。

現行安保条約が締結された後、しかし、六〇年代の半ばに入ると、米国はベトナム戦争で勝利できない状況が生まれ、戦費もかさみ、反戦運動も盛んになって、「世界の警察官」としての立場が難しくなった。そうしたなかで、「ベトナム戦争のベトナム化」を進めると同時に、アジアでさまざまな「肩代わり」を進めざるを得なくなった。

七一年は、米海軍による環太平洋合同演習（米国、カナダ、オーストラリア、ニュージーランド）が始まった年だが、八一年からは海上自衛隊がこれに加わる。日本政府は、米国の指揮下ではなく海自の判断で参加しており、個別的自衛権の行使だと主張したが、いまから考えると、集団的自衛権と海外派兵の嚆矢と見るしかないであろう。

八〇年の鈴木善幸首相の「一〇〇〇海里シーレーン防衛構想」や、その翌々年に政権を握った中曾根康弘首相の施政方針演説「戦後政治の総決算」、さらには「不沈空母」発言（八一年一月）が、日本中の耳目を集めた頃から、現行の日米安保条約の「違反」状態が始まった。それはまた、日米安保体制への知的緊張関係が失われ始めた時期でもあった。そして冷戦終結を経て、九六年の日米安保共同宣言において、日米安保条約は「再定義」されることになった。

条約を改正することなく単なる「政府間協議」に過ぎない「再定義」で、安保条約を超える権限を持つことはできないことは、米国政府はよくわかっていたに違いない。

　このようにみてくると、六〇年の日米安保条約改正の時点で、日米政府間では、日米安保協議委員会も発足し、両政府間協議が「国の最高法規」となってしまった。かくして憲法九条どころか、安保条約にも違反する現実を迎え、政治道徳は地に落ち、奈落の底が見え始めることになる。

　そして八〇年に至る時点になると、改正された六〇年安保条約が限界に達し、それを超えて集団的自衛権を有し、自衛隊が海外派兵すると、安保条約に違反する域に達するとみていたと考えられる。

日本の「ない、ない」政策

　米国人で日本政治史を専攻するケネス・B・パイル・ワシントン大学名誉教授は、著書『アメリカの世紀と日本』（山岡由美訳）のなかで冷戦から緊張緩和《デタント》、そして冷戦終結へと向かう七〇、八〇年代の日本の政治的特徴を「日本の国家戦略」ととらえて、こう述べている。

　レーガン時代に入り、冷戦が極限に達した頃には、米国の世界秩序内で日本がしめる特殊な位置を利用するという吉田と後継者たちの考えた政策は、本格的な国家戦略になっていた。冷戦の政治的・軍事的領域に日本が関与させられる事態を避けるための自己否定的な政策を、後継者たちは手にしていたのだった。この政策を簡単にまとめるなら、「九つの〈ない《ノー》〉」といったところだろうか。

自衛隊は海外に派遣しない
集団的自衛活動には参加しない
攻撃能力は装備しない
核兵器は持たない
武器は輸出しない
防衛関連技術は他国と共有しない
年間防衛費はＧＮＰの一パーセントを超過しない
宇宙の軍事利用はしない
軍事目的の海外援助はしない

冷戦末に至るまで、日本はこの政策を貫き、国際社会で起きた政治・軍事的問題にもかかわらず、国防を米国に任せ、あたかも商人国家のように――あるいは一部論者の表現を借りると国際商社のように――振る舞った。（ケネス・Ｂ・パイル『アメリカの世紀と日本』みすず書房、二〇二〇年、二七三―二七四頁）

これは日本では注視されてこなかった点であるが、たしかに八〇年代まで、米国の冷戦政策に対して、日本は「ない、ない政策」の時代であったことに気づく。ベトナム戦後（七五年）からプラザ合意（八五年）までの「ない、ない政策」から、バブルをはさんで、その後の日本は、長期の不況期に入る。バブル崩壊後の「失われた三〇年」を振り返ると、「戦後日本」の一大転換期であった。「ない、ない」が「ある、ある」に激変してしまった。「ある、ある政策」になった日本の軍事化は凄まじい。

一九七〇年代の経済成長の中で日本では、「平和と人権」が叫ばれた。統治より自治に関心が持たれ、その実現に向けて「シビルミニマム」などの地域自治やそのための運動が持続していた。マスメディアが、「日本人の人権意識の定着」を持ち上げる一方で、政権政党の自民党は選挙に大勝。八〇年代に入ると、豊かな生活が政治の安定ひいては保守化をもたらす。選挙では「平和と人権」とともに「生活保守主義」が謳われ始める。「中の上」（自分の生活は「中流の上方《じょうほう》」にある）という自意識は「憲法九条も安保も」という考え方を招来した。政権政党にとっては、安全保障のあり方が問われたのだった。

「ない、ない政策」の裏で進んだ軍事力強化

一九七七年、福田赳夫首相によるASEAN諸国歴訪の最後の訪問地、フィリピン・マニラで発表された「福田ドクトリン」は広く知られている。ドクトリン（基本原則）と聴いて、世界史の教科書にも載っている有名な「トルーマン・ドクトリン（共産圏「封じ込め」政策）」を連想した人も多かったわけだが、福田ドクトリンは閣議決定すらしていない底の浅い、形だけの「基本

原則」に過ぎなかった。

マニラでの福田演説では、こんな一節が飛び出していた。

「我が国は、諸国民の公正と信義に信頼してその安全と生存を保持しようという歴史上かつて例をみない理想を掲げ、軍事大国の道を選ばないことを決意致しました」

読者はどこかで聴いたことのある文言だと気づかれたに違いない。そう、日本国憲法の前文の一節である。国を代表する首相が、外国人に向かって誇りをもって日本国憲法の一節を披露することは当然であり、国民にとっても誇らしいことであろう。もっとも、福田首相は、これが憲法に定める前文の一節だということに言及していない。

ところが、である。マニラで「日本は、軍事大国の道を選ばない」と表明する前年の七六年に、「防衛計画の大綱」が決定されていたのだ（同「大綱」は、二〇二二年末から「国家防衛戦略」と改称）。なんと米国の下で軍事大国を目指しながらの「福田ドクトリン」であったのだ。

そうとは言え、世界が軍事力強化に向かう冷戦時代に、日本国の総理大臣なりに当時の日本のあるべき政治選択を考慮に入れていたことは確かであろう。それほどまでに、七〇年代後半から八〇年代にかけての世界情勢は不透明さを増し、日本の行く手にも不確実な未来が影を落としていたのであった。ちなみに、経済学者のジョン・K・ガルブレイス『不確実性の時代』の邦訳（都留重人監訳、TBSブリタニカ）が発売されたのは、七八年。わずか半年間で五〇万部を売りつくしたという。

福田政権の後継は七八年末に就任した大平正芳政権であった。大平は、「田園都市構想」で「東京の一極集中化から住民生活を重視した都市構想」や「総合安全保障研究グループ」に「安全保障政策の総合的政策」などのいくつかの構想を打ち出し、日本の政治的転換を予感させた。「総合安全保障」の「総合」という言葉からもわかるように、外交・経済・食料など「軍事だけではない」という意味を含んでいた。大平は不幸にして衆参同日選挙期間中の八〇年六月に急逝したが、在任中に大平の委嘱を受けた「総合安全保障研究グループ」（議長は猪木正道、報告書の起草者は高坂正堯と言われている）」によって「報告書」が出されている。「データ・ベース「世界と日本」」からの引用である（引用文中の傍点は筆者）。

まず、報告書冒頭の「安全保障政策の総合的性格」では、安全保障をきわめて広く、かつ深い視点からみていたことがわかる。

安全保障とは、抽象的には、自国の国民生活をさまざまな脅威から守ることと定義できる。そこから、直ちに二つの努力が出てくる。その一つは、脅威そのものをなくする努力、すなわち環境に関する努力である。他の一つは脅威に対処する努力、すなわち自助努力である。やや具体的に言えば、平和な世界の造出こそが真の安全保障政策である。

さらにまた「日米関係」の項では、

「一九八〇年代においては、日米両国の緊張関係が、軍事、経済、文化などの領域によって甚だしい不整合を生じていることから、両国関係は大きな試練を迎えるであろう。その中で日本は、防衛努力の強化を含む軍事的協力についてはより具体的な、全体としてはより総合的な、日米同盟関係を構築していく必要がある。

特に、その自主的判断によりアメリカの支持を必要と考えるときは、積極的かつ強力に支持することが肝要である」

と、通常にみられる政府見解を述べた後で、日米関係の現状をこうみていた。

「日本はこれまで、アメリカの行動をほとんどいつも、しかし微温的に、支持してきた。それは、一方では対米追随の批判を招くとともに、他方ではアメリカに頼りがいのない同盟国という印象を与えるものであった。日本としては、この姿勢を改め、主張すべき利益は主張し、批判すべきことは批判するが、アメリカを支持すべきときは、積極的かつ強力に支持するようにしなくてはならない」

さらにまた、「自衛力の強化」の項では、冷戦下での戦略の、なかでも核戦略の一つに抑止力、あるいは核抑止という考え方があるが、日本は、「必要最小限度の自衛力を「拒否力」として保有する」と述べている。それは米国が推進してきた「抑止力」に対するものとして理解できるが、従来は使われてこなかった概念である。

最後に、自衛隊の指揮権問題にも及んでいる。報告書では、「自衛隊は三軍を総合的に指揮・

統制するシステムを持っていない」と、率直に指摘している。それは自衛隊の最高司令官としての首相以下が、「三軍を総合的に指揮・統制するシステムを持っていない」ことを意味していると読むことができる。

日本政府筋が自衛隊の指揮権問題に言及したことは、再軍備以来一度もないと思われるが、これこそ日米両軍の脊柱にかかわる大問題であり、勇気ある指摘であった。こうした報告書の論旨は、諮問した大平の意を受けていると当然考えられるが、そこには日米安保が抱えてきた積年の課題が横たわっていたと見ることができよう。

密約を背負った大平首相の苦悩

大平と核密約の関係については、本書の第二章でも紹介するが、大平は、池田政権下の外務大臣在任中（一九六三年）にライシャワー駐日米国大使から密かに大使公邸での会見を請われ、そこで岸信介政権下で核兵器の密約が結ばれていたことを知らされていた。それは、大平にとって日本政治の奥深く漆黒の闇が存在することを垣間みた瞬間であったであろう。

岸首相とハーター米国務長官との間での交換公文（六〇年）のなかで、日本政府が米国政府と秘密の合意を結んでいたことが明かされている。それは核を搭載した米軍機が日本へ飛来した際に、あるいは米艦船が日本の港湾に進入した際には、日米の事前協議の対象としないということであった。大平は、首相就任（七八年一二月）を前にして、五〇年代の米国の公文書が、「三〇年後の一九八〇年代には原則全面公開」を迎えることになることを、かつての外務大臣として意識していたに違いない。三〇年前の講和（平和）条約はじめ吉田茂政権下の安全保障にかかわる公文書が米国で公開時期を迎えるのだ。

首相在任中からワンマンぶりを批判された吉田は、さらにまた「向米一辺倒」「アメリカのイエス・マン」であると、世間の評価は散々《さんざん》であった。しかし、死後その対外政策は「軽武装と経済外交」を中心とするものとして「吉田ドクトリン」の名で評され、在職当時とは打って変わって、政治学者を中心に高い再評価を受けるようになり、今日でも評価は高い（高坂正尭『宰相 吉田茂』中央公論社、一九六八年）。

しかしそれは、事のほんの一面からの評価に過ぎず、本書ですでに指摘したように、裏側では自衛隊の指揮権や米軍の核兵器導入といった、冷戦時代の「密約」が隠匿されていた。そうであるから、大平はそれを解決するためには対米従属的でない、新たな総合安全保障政策を構想する必要があると考えていたに違いないと筆者は見ている。

大平首相が、池田政権下で外務大臣を務めていた六二年から二年間、大平外相の秘書官であった森田一は、六三年の太平・ライシャワー会談を知っていた。大平・ライシャワー会談は、通常とは異なる会談場所であった。森田は、会談後の大平が「核持ち込み」（イントロダクション）にこだわっていたことを、回想録で証言している。

「ライシャワーとの会談の後から、車の中でしょっちゅう「イントロダクション、イントロダクション」と言っていました。一回目の外相から総理になるまで言っていました。（中略）何回も言っていましたよ。一回や二回ではない。死ぬまでずっと言っていましたから。ライシャワーさんは、大平に話したということで一丁上がりという感じなのだけど、大平の方は国民にどう説明するかということをずっと考えていた」（森田一『心の一燈――回想の大平正芳　その人と外交』第一法規、二〇一〇年、二六一頁）

残念ながらこの回想は、大平が「核持ち込み」について四六時中考えていたこと以外の具体的な内容を残していないのであるが、それでも大平が日米核密約の苦悩を抱えていたことは伝わってくる。そして不幸にも、大平は首相在任中の八〇年六月に急逝した。

その直後に、足元からの「逆風」が吹く。先に紹介した総合安全保障研究グループから、「（総合安全保障は）真実の意味で総合的であるとは言えない」との批判が出されたのだ。猪木政道と高坂正堯という大平のかつてのブレーンたちであった。高坂は、総合安全保障は軍事を軽視するものとして、大平と、後継首相となった鈴木善幸を以下のように強く批判した。

大平前首相は「総合安全保障」を唱えたし、鈴木首相は、日本の軍事力によって世界に貢献することはできないとし、したがって、日本の経済力、技術力によるものである、という立場をとっている。

それは抽象的にはかなり正しい立場である。しかしそこには日本的歪みも存在する。その結果日本の安全保障政策は真実の意味で総合的であるとは言えない。その歪みとは、安全保障の軍事的側面の軽視、または嫌悪ということである。（猪木正道・高坂正堯編著『日本の安全保障と防衛への緊急提言』講談社、一九八二年、二二五頁）

この『日本の安全保障と防衛への緊急提言』は、大手の出版社から公刊されたが、しかしどうしたわけか、その後もさして話題になることはなかった。

日米安保体制からの脱却案

大平正芳の死によって、講和（平和）条約・旧安保条約以来の「憲法九条を棚あげして、日米政府間協議を国の最高法規」とした日本の米軍従属体制を見直す絶好の機会が失われたと筆者は見ている。大平は自民党のなかでも高級官僚出身者が多く集まった宏池会に属し、吉田―池田の直系の首相として、密約の存在を知り尽くしていたばかりか、それを支える体制内の法制・政治構造も、さらには新たな構想も持ち合わせていたのではなかったのか。

その大平政権時代に、防衛事務次官（一九七五年七月～七六年七月）を務めた久保卓也が開陳した、「基盤的防衛力」構想というものがある。これは、日本に必要な防衛力を自主的に構想した、たぶん最初だったのではなかろうか。

その構想は「国際環境」の分析において、日米関係を前提とせず、日本が「アジアの一国である」ことを念頭に置き、「島国という地政学上の特徴」を指摘した。また「平和外交の推進」に関して「善隣友好関係を進め、隣国との経済、技術、文化その他各分野での相互に入りくんだ協力、依存関係を樹立していく」としていた。そして、久保にとってこれは当然なことではあるが、「非武装」とか「中立政策」にはきわめて批判的であった。「日米安保体制なしに日本の信頼性ある防衛構想を考えることはできない」と述べて、防衛のための戦闘を維持するために、「勝たないまでも少なくとも負けないものであることが必要」と説いた(古関彰一『対米従属の構造』みすず書房、二〇二〇年、一五二―一五四頁)。

しかし、このような自主防衛構想は、一部からは経済的成功にともなうナショナリズムの反映であり、反米主義と受けとられた(豊田祐基子『日米安保と事前協議制度』吉川弘文館、二〇一五年、二一八頁)。米国政府にとっても歓迎できるものではなかったために、こうした自主防衛構想や一連の密約の解明はあっという間に頓挫してしまった。そしてあまりにも偶然なことに、久保は大平の死からわずか半年後の一九八〇年一二月に世を去ったのであった。

八九年に冷戦が終結すると翌々年の九一年には湾岸戦争が始まった。その際に日本政府は従前どおり、「ない、ない」政策を踏襲して、相変わらずの財政のみの拠出で、一三〇億ドルという巨額の金銭的援助のみを行っていた。

日本の「ない、ない」政策による国際協力には、米国政府をはじめとする国際的な批判を浴びることになった。従来の日本政府の政策は国際社会、なかでも米国政府からは、人的援助の欠如だと解されてきた。これは日本が、日米安保条約との関係でのみ再軍備や自衛隊を考えてきた結果であった。

旧安保条約における日米行政協定交渉で、日本は米国案にあった条文には強く反対したが、その後は、閉鎖的な協議機関をつくって米国政府の要求に受動的に応え、重光外務大臣の訪米の際の発言のごとく、憲法九条を「棚あげ」して、「日米政府間で協議すれば憲法は変わる」と言ってきたのであった。それはまた、日本政府が憲法九条の存在を事実上無視し、「内弁慶」ぶりを発揮して、大平が垣間見た「密約」の存在を忘れて、「国防を米国に任せ」て、「自己否定的な「ない、ない」政策」を堅持してきた帰結であった。

小林直樹の「違憲合法論」

小学館から刊行された『日本国憲法』がベストセラーになったのは一九八二年である。憲法条文を一条ごと、大きな文字で見開きページに配し、つぎの見開きには文字を配さず、自然の景色や一面の緑に彩られる、ただそれだけの構成だ。それは、これまで出合った「憲法」のイメージとはまったく違って、ただ、眺めているだけで心が安らいだ。あるいは、そこから「希望」を感じ、憲法の条文を声に出して朗読した人もいたという。ほかの法律とは違って憲法は「口語体」で書かれ、読み易く、心和む文体であったことに気づいた読者もいたに違いない。

八〇年代は、まだ戦前・戦中派の諸先輩方も多かったので「新憲法」という呼び方には違和感がなく、日本国憲法を再読する機運も少数ながらあったわけだが、その同じ時期にも軍事化が進んでいた時代である。

北海道の航空自衛隊「ナイキ地対空ミサイル基地」建設反対の行政訴訟「長沼ナイキ基地訴訟」は、七三年九月に札幌地裁の違憲判決が出たものの、七六年八月の札幌高裁では、一審判決を破棄する逆転判決が出て、日本国憲法が平和憲法であり続けることを願う国民に衝撃が走った。こうなると、自衛隊を単に「違憲」とだけ唱えていては済まなくなった。二十数万を超える隊員ばかりか、関連法規や組織、施設が現実に存在しているのである。

そうした時代を背景に上梓されたのが、護憲派学者として名高い東大教授の小林直樹による『憲法第九条』であった。同書でとくに注目を浴びたのは、「自衛隊の法的地位」を論じた部分だった。小林の「自衛隊の「合法＝違憲」性」は後に「違憲合法論」として論じられたので、本書も「違憲合法論」という言葉を用いることにする。

「違憲」で「合法」とは、いかにも矛盾している。「違憲」ならば、その下の法律はすべて無効なはずだ。小林の「合法＝違憲」性は、多くの読者に戸惑いを与えたようだ。しかし小林はこの矛盾に真っ向から挑んで、自衛隊の合法性を主張した。

まっとうな解釈論からすれば、それ（自衛隊）は依然として〝憲法上あるべからざる存在〟である。現実には、しかし、それは事実上も形式上もいちおう「合法的」に存在し、機能している特殊な組織である。

こうした自衛隊存在の現実は、まさに「違憲かつ合法」の矛盾を内包したものと捉えることが、最も正確で客観的な認識であろう。（中略）自衛隊が「合法」的存在だということは、第一にそれが法律（自衛隊法、一九五四年）によって、その任務・組織・編成・権限等を定められており、その管理・運営にたずさわる防衛庁も、権限や所管事務の範囲を法律（防衛庁設置法、同年）で定められていることにもとづく。これらの法律は、制定過程で多くの混乱を生じ、国会内外での厳しい批判を受けたが、いちおう正規の手続きを踏んで制定・公布されたものであり、また現に法律として実効的に行われている。この現実面に即するかぎり、自衛隊の「合法」性を否認することはできないであろう。（小林直樹『憲法第九条』岩波新書、一九八二年、一五〇頁以下。傍点は同書ママ）

自衛隊の法的に矛盾した現実をさらけ出して「合法」性を説いた小林の主張に耳を傾けてみると、憲法九条の「棚あげ論」が思い起こされる。

日米両政府が、日米安保条約を違憲としないために憲法九条を否定せず、そのまま非公開の場で「棚あげ」し、「この憲法は、国の最高法規」（憲法九八条）を、「日米両政府による政府間協議は、国の最高法規」と言い換えて、日米安保条約と憲法九条を両立させてきた。小林は筆者が解明してきた「秘められた歴史構造」と同様のことを、その情報が公開される前に、法的な視点から鋭く抉り出したのだ。小林にとって秘められた歴史的事実を知る由もなかったにもかかわらず、まさに画期的な問題提起をしていたことに気づくのである。

上記の叙述に「「違憲かつ合法」の矛盾を内包したものと捉えることが、最も正確」とあるが、その自信に満ちた叙述がそのことをよく表している。しかし、当時は「違憲かつ合法」などということを憲法学者が、しかも日本を代表する九条擁護の憲法学者が公言することに疑問が呈され、揶揄する論者もいた。たしかに小林の「違憲合法論」は一見したところ矛盾していた。だが小林にとって岸の「政変《クーデター》」が二〇年も前に起きていたとは知り様もなかったことに気づくのである。

小林は違憲合法論への批判が出るであろうことを覚悟して、「自衛隊存在の現実」に傍点を付してまで、「九条」と言えば「擁護」ではなく、「現実」を凝視する勇気を持つべき時代だと考えたのであろう（実際のところ小林がその覚悟を持って『憲法第九条』を執筆したかどうか正確にはわからないが）。

小林は、一九二一年生まれ。二〇二〇年に一〇〇歳を目前に世を去っている。戦時下で学徒出陣、帝国陸軍の二等兵などの辛苦の戦争体験をしてきたことが、脊柱を貫いていたことは間違いない。同書の「あとがき」で、小林は「この小著がどれだけ役に立つかは分かりませんが、崩れようとする平和憲法の堤防に一つの土嚢を積みあげる思いで、本書を世に送り出すことにした」と、現状への悲痛な思いを吐露していた。小林の積み上げた土嚢は、四〇年以上を経たいま、何処にあるのかと考えると、暗澹たる思いにさせられる。

国民的関心の低下が進行させた違憲合法

小林は、『憲法第九条』のなかで日米安保への批判的視点を堅持していたが、問題は、有事法制や治安法制を論ずるにあたって、憲法体系の法制度が中心で、日米の法的・政治的な相互の内的関係性に切り込まなかったことである。「日米安保協議委員会」が「日米防衛協力のための指針」（日米ガイドライン）を発したのは、小林が『憲法第九条』を上梓する四年前だったが、同書では触れられていない。そのガイドラインが、日本の安全保障体制の事実上の「最高法規」となり、その後二度の改正を経て、今日に至るまで、軍事化の推進力となっているのである。

小林の著書が刊行される前に、日本社会党委員長の石橋政嗣が上梓した『非武装中立論』（一九八〇年）は、当時、発行部数三〇万部のベストセラーになった（現在は復刻版が、大塚英志の解説で刊行されている）。この石橋の『非武装中立論』も、ガイドラインに触れていなかった。

こうして一般書籍における八〇年代の日本国憲法ブームを振り返ると、「憲法九条」と「日米安保」の、法的・政治的な相互の関連性は意識されていなかったことがよくわかる。そして、米国側が安保と憲法の矛盾をどう見ていたかへの関心も薄かった。

高度経済成長の波に乗った日本政府は、経済力という渡りに船で、「日米安保で日本は繁栄した」などと、およそ論理性のないズブズブで安易かつ無責任な甘言を振りまき、「憲法九条と安保の両立」という矛盾した政治の虚構を是認することになったのであった。

「密約なき密約」や、日米の協議と合意、ガイドラインの冒頭に堂々と書かれた「憲法問題は協議の対象外（＊1－3）」という「前提条件」、大平正芳の「苦悩」などは、その場だけの遠い過去の紙片の一片ではなく、今日にあっても地下水のごとく政治の底流に流れているのである。

（＊1－3）「日米防衛協力のための指針（旧）」（一九七八年一一月二七日）はその冒頭に「1　前提条件(1)事前協議に関する諸問題、日本の憲法上の制約に関する諸問題及び非核三原則は、（ガイドラインの）研究・協議の対象としない」とある。

ダレスが発した皮肉、「日米両政府が協議すれば憲法は変わるのか」という、日本の「反立憲主義」を的確に衝いた疑問は、国会で「違憲合法」の法律がつくられ、札幌高裁が「長沼ナイキ基地訴訟」で憲法九条を棚あげする実質合憲の判決を出したことで実現してきたのである。

第二章
被爆国にとっての核の安全保障

核開発の栄光と不安

いつの時代にあっても、新兵器に携わる科学者は、その完成によって祖国が勝利し、その後の平和と国民の歓喜を夢に描きながら、その恵まれた能力を兵器開発に傾けてきたに違いない。原爆開発計画「マンハッタン・プロジェクト」を担った科学者集団も、まったく同じ気持ちで、開発に臨んだのだった。米国の歴史家・ジョン・W・ダワーは彼らをこう評している。

「高い目標と人並外れた知的能力をもつ人々の集団に参加しているという自負は、広く共有されていた。知的にやりがいがあるうえに、社会的大義もあるという感覚は非常に魅力的であったため、一九四五年、原爆投下に心を痛ませた科学者の多くは、戦争が終わってからも、「スーパー」と呼ばれた水爆・熱核兵器の開発に従事し続けた」

マンハッタン計画の中心にいたオッペンハイマーは、五四年の政府の聴聞会で、原爆開発を目の前にした研究者の姿をこう証言している。

「ほとんど全員が、これ（原爆の開発）は偉大な事業だと認識していました。ほとんど全員が、もし完成が間にあえば、これが戦争の行方を決定づけることを知っていました。ほとんど全員が、これは自分たちが科学的知識や技術を自国の利益のために注ぎ込める貴重な機会であることを知っていました。ほとんど全員が、もしこの事業が達成できたなら、それは歴史の一部になることを知っていました。結局、この高揚感、情熱、愛国の感情が物を言ったのです」（ジョン・W・ダ

ワー『戦争の文化（下）』岩波書店、二〇二一年、四五頁）

原爆の開発の後には、一瞬にして世界が一変し、祖国と自身に栄光が訪れ、戦争が終わり、平和が訪れる。そう信じていたに違いなかった。たしかに、広島と長崎に「新型爆弾」を投下し、世界は一変した。最後の枢軸国であった日本は降伏し、戦争は終わった。

しかし平和は、世界にも米国にも、オッペンハイマー自身にも訪れなかった。米国が原爆開発に成功したわずか四年後には、ソ連も開発に成功したのだ。原爆の危険性を自覚したオッペンハイマーは、深い苦悩の中で「核」に疑念を抱き、従来の立場を変える。そのため一時期は米国政府の監視下に置かれるようになった。その後は核開発に携わったことを後悔し、苦悩の半生を送ることになった。

悲惨な世界戦争は終局したが、新たな戦争を生み出した。「米ソ冷戦」は、核兵器という「ダモクレスの剣」を喉元に突きつけ合いながら陣営を奪い合い、安全保障条約や相互防衛条約による敵味方の峻別が、世界を網の目のように覆うことになった。

大量破壊兵器の不安と苦悩は科学者ばかりでなく、鋭い感性を持った芸術家にも及んだ。英国生まれの米国の詩人、W・H・オーデンは、時代の風を敏感に受け止めて、『不安の時代――バロック風田園詩』（四七年）を上梓し、多くの読者にも恵まれて、ピューリッツァー賞を受賞した。オーデンの詩に影響されたニューヨーク・フィルハーモニーの指揮者、レナード・バーンスタインが作曲を試み、交響曲二番「不安の時代」を四七年から四八年にかけて完成している。

核に対する不信感・不安感は、被爆国の日本でも当然のこととして、敏感に受け取られた。静岡県焼津市の漁船「第五福竜丸」が、ビキニ環礁沖で水爆実験中に被曝するという事件が起きたのは五四年三月一日である。その翌年から東京・杉並の主婦が署名運動を始め、三〇〇〇万筆の署名を集めた。これが日本の反核運動の嚆矢となったのだった。つまり米国の原爆投下から一〇年近く経っていたのだったが、この段階から日本ではやっと核にたいする「不安」は、「原水爆反対」、「核廃絶」へと向かい、原水協が五五年に、被団協が翌年に設立された。

湯川秀樹（四九年にノーベル物理学賞受賞）は、拡散を続ける核兵器に警鐘を鳴らした。核を「猛獣」にたとえた湯川は、こう述べて、冷戦下で拡散を続ける核の持つ狂暴性を訴えた。

「核兵器をつくる側にある人々はこの猛獣を制御しているのだという自信を持っていた。被害者にとっては、それは残忍凶暴な野獣以外の何ものでもなかったが、飼主にとっては定められた役目だけを忠実に履行する番犬のようにみえたかもしれない。しかし原子力の狂暴性は日増しにつのっていった。水素爆弾の破壊力は関係者の予想をさえ上回った」（『毎日新聞』一九五四年三月三〇日）

朝永振一郎（六五年にノーベル物理学賞受賞）は、湯川とともに核軍縮に取り組んだ。広島・長崎が被爆三〇年を迎えた七五年には、湯川・朝永連名で「核抑止という考え方を捨て、私たちの発想を根本的に転換することが必要」との共同宣言を発した（『世界』一九七五年一一月）。それはまた、朝鮮戦争が停戦して、米国の対日政策が再軍備へと向かい、自衛隊が設置され、憲法改正が叫ばれ始めた頃に当たる。核兵器に対する反対行動を、日米の為政者は「核アレルギー」と、病気にたとえて揶揄、批判した。

核兵器を持っても日本国憲法に違反しない、と首相になった岸信介が公言しはじめたのは、一九五七年と早い。「(核兵器であれば)すべて憲法違反になるという解釈をすることは、憲法の解釈としては行き過ぎではないか、(中略)憲法九条の解釈としての本質というものは自衛権であり、そういう範囲のものは、今申したようにただ原子力を何らかの形において用いられている兵器は一切いかぬ、というように解釈することは行き過ぎじゃないか」(第二六回国会参議院内閣委員会会議録第二八号、一九五七年五月七日、五頁)。

そして、冷戦が終結してだいぶ過ぎた現代も、軍事的な緊張が高まるたびに、核兵器に関心が集まり、いつからか被爆国・日本でも核が安全保障議論になり、「核共有」という主張まで俎上に載るようになった。好戦主義者はどこにもいる。ロシアのプーチン大統領がウクライナ侵攻で、「核の共同保有」と言えば、被爆国・日本でも理解を示す政治家が出てくるほど、核が身近になってしまった。

本章では、世界最大の核保有国であり、日本への原爆投下国である米国の政治家は、核使用をどう考えてきたのかを検証することから始めることにする。

揺らぐ原爆投下の正当性

ジョン・W・ダワーは、著作『戦争の文化』（二〇一〇年、邦訳は二〇二一年）で、広島・長崎への原爆投下の時期をこう紹介している。

一九四五年の八月、九月、そして一〇月にも、日本への（米国の原爆投下計画の）予定はなかった。このことが戦後になって明るみに出ると、米兵の生命を救うという原爆投下の論拠に新たな疑問がもちあがった。アメリカ軍部の計画では、九州南端に最初の上陸作戦（暗号名「オリンピック」）を行うのは一一月一日頃以降、続いて東京と横浜をふくむ関東に大規模な上陸作戦（暗号名「コロネット」）を展開するのは、一九四六年三月一日頃からとなった（日本侵攻上陸作戦全体の暗号名は「ダウンフォール（終局）」であった）。日本本土侵攻は計り知れない数の米兵を危険にさらすといわれたが、それが実行されるまでには、たとえば原爆を使用すると日本政府に警告して降伏を促す時間がかなりあったのである（ジョン・W・ダワー『戦争の文化下』岩波書店、六頁）。

これは研究者の間では知られていた事実だが、一般にはさして知られていないことだろう。米国の教育現場で教えられてきたことは、日本上陸作戦を敢行する前に広島・長崎に原爆を投下したから多くの若い米兵の命が救われたという、これが原爆投下の時期の正当性であった。

米国では、広島・長崎の被爆の実相、つまり甚大な破壊と、被爆者が生涯にわたって放射線障害などの後遺症に苦しんだという核兵器の残虐性は知られてこなかった。連合国の戦争観の根本には、「民主主義のため」という大義名分があり、さらに日本本土上陸前に原爆を投下することで、戦争の終結を早め、米国の若い兵士の命を救うことができたと教えられてきた。

米国政府が長年にわたって米国民に対して主張してきた投下の正当性は、先のダワーの指摘によって失われたことになる。後述するように、米国政府内や科学者からは、投下に先立って日本側に警告を発し、警告が受け入れられなかった場合に投下する、との請願が大統領に出されていたのだから、投下の時期を遅らせる余裕は十分にあったのだ。

大統領への警告

米ワシントンのスミソニアン航空宇宙博物館は、原爆投下五〇年にあたる一九九五年に、悲惨な原爆被害の写真や資料を公開する「原爆展」を企画したのだが、退役米軍人や米国保守派議員の苛烈な反対にあって、中止に追い込まれ、広島への原爆投下をおこなった「エノラ・ゲイ」を展示するだけに切り替えられた。原爆展は、当時新たに公開された公文書に基づいて展示するという意欲的な企画であった。

そのなかには日本への原爆投下以前の米国の指導者的立場にあった政治家の知られざる事実も

含まれていた。

ヘンリー・スティムソンは、すでに陸軍長官、国務長官を務めていたが、ルーズベルト大統領死去にともないトルーマンが大統領に就任したことで、再び陸軍長官に着くことになった。四代の大統領に仕え、そのうち三度の長官就任は、米国の政治家として稀有な記念すべき存在だった。長官就任から五年後の一九四五年四月二五日、つまり原爆投下の約三か月前のことであったが、原爆が開発されたことを知ったスティムソンは大統領に覚書を送る。


四か月以内にわれわれが人類史上最も恐ろしい兵器を完成することは、ほぼ確実である。すなわち、一発で一つの都市全体を破壊させる爆弾である。

この結果、将来には、野心を持つ国またはグループがこのような兵器を秘密裏に製造し、突如としてそれを、はるかに大きな規模と物質力をもちながらも警戒を欠いた国またはグループに対して使用し、壊滅的な打撃をもたらすこともありえよう。この兵器の威力をもってすれば、きわめて強大な国といえども警戒心を欠く場合には、わずか数日にして、はるかな小さな国に征服されてしまうであろう。ただし、今後数か年内に生産を開始しうるようになる国は、おそらくロシアだけであろう。

技術の進歩に対する道徳的進歩の現状からすると、世界は究極的にこのような兵器によって意のままにされることになるであろう。つまり、近代文明は完全に破壊されてしまいかねないのである。

　これから検討されることになる世界平和機構がどのような形態のものになるにせよ、わが国の指導者たちが、この新しい兵器の威力を認識することなしに、この問題に取り組むことは、およそ非現実的なことになるであろう。これまで考えられてきたいかなる管理体制も、この脅威を制御するには十分ではない。この兵器の管理が、一国内においても国家間においても、最も困難な問題になることは疑いないところであり、従来まったく考えられなかったような徹底的な査察権と国内管理とが必要になるであろう。（マーティン・ハーウィット『拒絶された原爆展　歴史のなかの「エノラ・ゲイ」』みすず書房、一九九七年、二五三―二五五頁）

　近代文明が完全に破壊されかねないという、人類史上最も恐ろしい兵器が投下後に生み出すであろう現実を、実に冷静に分析して大統領に警告を発していたのだ。

　原爆を開発して、「高揚感、情熱、愛国の感情」に駆られていた科学者たちも、投下が近づくなかで大統領に請願書を出し、「日本国民に対し、自国において平和的生活を営むことを期待しうるとの保証を与えた上で、しかもなお降伏を拒否するならば、わが国は、情勢によっては原子爆弾の使用に訴えざるをえなくなることもありましょう。（中略）日本側に対して課される条件が詳細に公表され、日本側がそれを知った上で、なおも降伏を拒んだ場合以外には、今次戦争において合衆国が原子爆弾の使用に訴えないことを、閣下が最高司令官としての権限を行使して決定されること」を請願した。

政治の中の原子爆弾

こうした新しい事実を加えて、スミソニアン航空宇宙博物館「原爆展」の準備は進められたのだが、米国内で「政治の壁」にぶち当たる。退役軍人や保守系政治家からの激しい攻撃である。たとえば「博物館当局は、展示計画が政治的に偏向している」として、退役軍人団体は展示内容に対して攻撃した。米軍は、日本への上陸作戦開始から三〇日間で、推定死傷者を三万人から五万人と見込んでいた。ところが退役軍人たちによる推定死者数は、五〇万人から一〇〇万人であった。この数は、トルーマン大統領が演説等で挙げた人数とほぼ同数であった。これに対して、広島と長崎両市の死者数は約三〇万人なのだから、原爆が投下されたことで、より多くの命が救われたという結論へ導くというものである。

展示が近づくなかで、議会の幹部からも博物館長あてに、連名で書簡が送られた。「展示は原爆投下の決定などきわめて特殊な問題に焦点を絞る一方、他の事実の扱いを避け、投下の決定とそれに先立つ出来事をアメリカの兵士男女二九万人の生命を犠牲にした三年にわたる戦争の文脈の中に位置づけていないということです。われわれが深く憂慮することは、およそ原爆投下を分析することは、戦時にわが国が困難な決定を行なうにいたった出来事に対する見方の修正をもたらしかねないということであります」（マーティン・ハーウィット、前掲書、二六八―二

八〇頁）
原爆の開発や投下に直接かかわり、原爆を我が事と考えざるを得なかった、多くの政治家や軍部・退役軍人は、自国兵士が受ける可能性があった犠牲者数（しかもきわめて大きな見積もり）から、原爆投下を擁護したのであった。結果として、スミソニアン航空宇宙博物館での「原爆展」は中止に追い込まれたが、この騒動が広げた波紋によって、政治家や科学者の煩悶する声が明らかになり、米国が、多面的な視点から原爆投下を見直す機会を得たのは明らかだった。

佐藤栄作「核四原則」

佐藤栄作首相の代表的な功績としてよく語られるのは「非核三原則（＊2―1）」である。なにしろ一九七四年には、ノーベル平和賞も受賞したのであるから、非核三原則が、佐藤による発案であるかのように伝えられても不思議ではない。

（＊2―1）核兵器を持たず、作らず、持ち込ませずの三原則。

しかし、国会の議事録を繙いてみると、だいぶ異なった姿が浮かび上がってくる。

六七年一二月、竹入義勝公明党委員長は、委員長就任直後に、衆議院本会議で当時米軍の施政権下にあった小笠原が返還される際に、核兵器を「製造せず、装備せず、持ち込まず」という「原則」について質問している（第五七回国会衆議院会議録第四号、一九六七年一二月八日、一五頁）。「非核三原則」という言葉が、国会議事録に記録された最初ではないのか。その後の「非核三原則」といくらか異なっているが、その言葉そのものは、当時野党であった公明党によるものだったのだ。

この竹入発言の三日後、成田知巳社会党委員長が、「総理は非核三原則で核を保有していない、と言ったが、ついに沖縄に至っては、持ち込みはありうるということがはっきりしたわけですね」と質問する。成田委員長のこの念押しに、佐藤首相は、「これからいろいろ折衝する」と、ほぼ成田の追及を認めた（第五七回国会衆議院予算委員会議録第二号、一九六七年一二月一一日）。

この時系列だけみても、とても佐藤栄作が「非核三原則」の発案者だとは言えないのだが、そればかりか、野党の質問に対して答弁した首相の「非核三原則」は紆余曲折し、その内容は「非核三原則」とは異なっていた。

実は、六八年一月の衆議院本会議で、佐藤首相が打ち出したのは、「非核」ではなく、「核四原則」であった。

「第一は、核兵器の開発、これは行わない。またこれを保持しない。非核三原則であります」と述べ、続けて「第二に、核兵器の廃棄、絶滅を祈願」し、「第三に、日米安保条約に基づくアメリカの核抑止力に依存する。これが第三の決定であります」と述べた後、「第四に、核エネルギーの平和利用、われわれは、核エネルギーの平和利用についてはどん欲に立ち向かわなければなりません」（第五八回国会衆議院本会議録第三号、一九六八年一月三〇日、三七頁）。

佐藤首相が答弁した「核四原則」は、「非核三原則」とともに「アメリカの核抑止力への依存」が含まれていた。社会党などの「非核」を否定したくとも当時の世論ではとてもできず、かといって「アメリカの核抑止力」を否定することは、日米安保条約を否定することにもつながりかねないという、佐藤の考えを汲み取ることができよう。

非核三原則の詭弁

一九六〇年代は核戦争の脅威が現実になりそうな時代であった。六二年一〇月に、米国の隣国キューバにソ連が核ミサイル基地を設置しようとしていることがわかり、ケネディ大統領が海上封鎖に踏み切った（キューバ危機）。六四年、中国が核実験に成功。ベトナム戦争はますます泥沼化していく。

こうした安全保障の緊張状態のなかで、六七年には、米国統治下にあった沖縄では核兵器が一三〇〇発配備されていたと言われていた（松岡哲平『沖縄と核』新潮社、二〇一九年、二九六頁）。

岸信介政権下で改正された現行安保条約であるが、改正の際に「岸・ハーター交換公文」（一九六〇年一月一九日）が交わされ、「事前協議制」が導入された。第一章の繰り返しになるが、日米両政府による「協議」の制度化の発端は、行政協定交渉の際に日本政府が発明したものである。

岸首相は、「事前協議制」よって日米が「対等のパートナー」になったと正当性を主張したが、国会や国民に伝えられた交換公文は、ほんの一部に過ぎなかった。米国の情報公開制度によって後にわかった「密約」には、核兵器持ち込みを実質的に容認するものがあった。

「「事前協議」は、合衆国軍隊の日本国への配備における重要な変更の場合を除き、（中略）合衆国軍用機の飛来や合衆国海軍艦船による日本国領海及び同港湾への進入に関する現行の手続きに影響を与えると解釈されない」（太田昌克『日米「核密約」の全貌』筑摩選書、二〇一一年、一二三頁）との密約が存在したのである。

米軍に「重要な配備の変更」がなければ、事前協議も行わないということである。ここに米艦船が核を積載しているか否かの記載はなかったが、核も対象になっていることは明白だ。つまり、核を積んだ米国の艦船が入港するとしても黙認する、という密約である。結果的に、今日まで一度も日米間で「事前協議」はされていない。

岸の後継の池田勇人首相は、国会での野党の追及に対して、「核兵器は一切持ち込まれていない」と答弁していた。この時期、ライシャワー駐日米大使は、本書第一章の「大平首相の苦悩」で紹介したように、池田政権の大平正芳外務大臣を大使公邸に招き、日米間に秘密の合意があることを説明したという。それに対する大平の回答を、ライシャワーは、ワシントンの国務長官にこう報告している。「大平の反応は見事だった。大平は彼（と恐らく池田）が、米国が言うところの「イントロデュース」の意味を理解していなかったことを認めた」（太田昌克・前掲書、二〇八頁）。ライシャワーは、日本政府に対し密約の履行を迫ったのだ。

それればかりではない。池田政権のつぎに佐藤栄作が首相に就任（一九六四年一一月九日）すると、一二月二九日には、佐藤首相自身が大使邸を訪ねることになったようだ。ここでライシャワーは、佐藤との会談直後に本国の国務省に宛てて、つぎのような覚書を送っている。

「彼（佐藤）の率直かつ情熱的な（話の内容は）心地よいが、極めて危険だと思う。彼は独立した立場で日本の核をみている（his implied independent Japanese nuclear stand）。このような危険な道に踏み込ませないように、われわれが池田（勇人前首相）以上に導きかつ教育する必要がある（*FRUS, 1964–1968*, Vol. XXIX, p.56. 傍点は筆者）

そもそも米国政府は、日本が「独立した立場」で核兵器を導入することに、強く警戒していたことがわかる。

先の佐藤の「核四原則」は、このライシャワー会談の後だが、佐藤がライシャワーに「導きかつ教育」されたからであろうか、「核四原則」に「（核を）持ち込ませず」は入っていない。一方現在では、「非核三原則」に含まれていない「核抑止力に依存」が、佐藤の「核四原則」の通りになった。かくして「非核三原則」の「（核を）持ち込ませない」は、ほど遠い彼方に遊離した空文と化した。米国の艦船や飛行機が核を搭載して入港・飛来したとしても「核持ち込み」と解されない、米国の対日政策そのものになったのだった。

沖縄返還と核密約

本書ではすでにいくつかの密約を紹介してきた。従来の「密約」は、いずれも米国側が日本の首相や外相に署名を迫るというものであり、密約とはいえ、交渉は統一的、一体的に進められてきた。「外交は、国益につながるものであり、政策実施は政府全体の統一的決定のもとで一体的に進められるべきものである」。この考え方が「外交一元化」である。一元化がいいか否かはともかくとして、日米交渉において密使を送るということは、一般的ではない。

しかし、沖縄返還交渉にあたって、佐藤栄作首相は外務省がまったく知らないルートで、「代理人」を米国に送っていた。外務省に秘密のまま、京都産業大学の若泉敬教授を、キッシンジャー米大統領補佐官（ニクソン政権）と協議させたのだ。

佐藤栄作首相の死後二〇年近く経った一九九四年に、若泉が上梓した著書で、その顚末が詳らかに公表された。キッシンジャーと若泉は両者の関係を完全に秘密にしておくために、「ミスター・ヨシダ」「ドクター・ジョーンズ」と偽名で呼び合っていたという。（若泉敬『他策ナカリシヲ信ゼムト欲ス　新装版』文藝春秋、二〇〇九年）

この密使が、外務省との関係でどう扱われ、政府文書のどの部分にその成果が表れているのかはわからなかったが、まず沖縄返還と核との関連を公式に見ることができたのは、六九年一一月二一日に公表された佐藤とニクソンの日米共同声明の第八項であった。

8　総理大臣は、核兵器に対する日本国民の特殊な感情およびこれを背景とする日本政府の政策について詳細に説明した。これに対し、大統領は、深い理解を示し、日米安保条約の事前協議制度に関する米国政府の立場を害することなく、沖縄の返還を、右の日本政府の政策に背馳しないよう実施する旨を総理大臣に確約した。

米大統領は、日本国民の反核感情を、深く理解していること。そして、六〇年の安保改正の際に岸信介が認めた「密約」（緊急事態の際は、日米安保条約の事前協議に関する米国政府の立場を害することなく、核積載の米軍機・艦船の飛来・入港を認めること）を、弟の佐藤栄作首相が沖縄の返還後も引き続き、（岸が合意した）合意に背馳しないことを確約したこと。この二点が含意された声明である。

ただ、岸の密約では、沖縄のどの基地に、どのような形で核を認めたのかはわからない。ここをさらに具体的に、核の再持ち込みの際の保管場所をはっきりさせたのが、ニクソンと佐藤の「密約」であった。

一九六九年一一月二一日発表のニクソン米合衆国大統領と佐藤日本国総理大臣との間の共同声明についての合意議事録

米合衆国大統領

（略）日本を含む極東諸国の防衛のため、米国が負っている国際的義務を効果的に遂行するために、米国政府は、きわめて重大な緊急事態が生じた際、日本政府との事前協議を経て、核兵器の沖縄への再持ち込みと、沖縄を通過させる権利を必要とするであろう。

米国政府は、その場合に好意的な回答を期待する。米国政府は、沖縄に現存する核兵器貯蔵地である、嘉手納、那覇、辺野古、並びにナイキ・ハーキュリーズ基地を、何時でも活用できる状態に維持しておき、極めて重大な緊急事態が生じた時には活用できるよう求める。

日本国総理大臣

日本国政府は、大統領が述べた前記の極めて重大な緊急事態の際の米国政府の諸要件を理解して、かかる事前協議が行われた場合には、遅滞なくそれらの要件を満たすであろう。

大統領と総理大臣は、この合意議事録を二通作成し、一通ずつ大統領官邸と総理大臣官邸にのみ保管し、かつ、米合衆国大統領と日本国総理大臣との間でのみ最高の機密のうちに取り扱うべきものとする、ということに合意した。

一九六九年一一月一九日　　ワシントンDCにて

（外務省「いわゆる「密約」問題に関する有識者委員会報告書」二〇一〇年三月九日、七三―七五頁）

ニクソンは、緊急事態の際に、核を従来の港湾内だけではなく、領土内にある沖縄の「嘉手納、那覇、辺野古、並びにナイキ・ハーキュリーズ基地」の貯蔵地に、核を外から「再持ち込み」することを要求し、佐藤は「遅滞なくそれらの要求を満たす」ことを認めたのであった。

共同声明の発表は、ホワイトハウスのオーバル・オフィスで行われ、佐藤・ニクソン両首脳ばかりでなく、日本側は愛知揆一外相はじめ随員が何人も居並ぶ前で発表したが、「密約」の署名は、場所を移したようである。若泉はこの密約のシナリオをこう書き残した。「この（日米首脳）会談の最後に、ニクソン大統領は佐藤総理大臣に対して、オーバル・オフィスに隣接する小部屋にある美術品を鑑賞することを提案する。両首脳だけがその小部屋に入り、ドアを閉め、そこで二人は核問題に関する秘密の合意議事録（同文二通）に署名する」と書いてある（若泉敬、前掲書、四四六頁）。

沖縄の住民にとってはとくに重要な、核の保管という「命にかかわる脅威」を、首相の一存でこっそり決めて、日本国民にも知らせないという、まさに背信行為を行ったことになる。これが当時の首相が国民に約束してきた「核抜き、本土並み」の現実だったのである。

密約を軽視する危うい政治

ところが、この「背信行為」は、署名から四〇年後に大問題となる。二〇〇九年一二月二三日付の朝日新聞が一面で、「核密約文書が現存」と報じたのだ。密約の原文は、佐藤栄作の私邸で発見され、佐藤の次男によって公表された。それによると、「密約」は佐藤が死去（一九七五年）した後、机の中から見つかった。その机は、首相退任後に自宅に持ち帰った執務机だったのだという（『朝日新聞』二〇〇九年一二月二三日）。

若泉が書き残したように、合意議事録は二通あり、両首脳がそれぞれ一通ずつ持つものだから、日本側の「密約」文は、総理大臣官邸のみにあるはずである。ところがその「密約」文が、総理大臣官邸に保管されておらず、私邸から出てきたのだ。おそらく米国では、国立公文書館か「ニクソン大統領図書館」に制度として保管・管理しているに違いない。そこには日米が協調する「共通の価値」とは裏腹に、異なる民主主義観が、はっきりと浮き彫りになっている。日本側が、元総理の私物のような形で密約を保管してきたということは、帰国後の閣議で報告されていないばかりか、後任の政権に密約内容を引き継いでさえいなかったに違いない。

こんな具合に、公的な報告もない、公文書も残していない、そのための制度もないのだから、日本には国家権力を縛るための法の支配など、期待しようもない。「密約は、私邸にあった」というニュースは、当然、世界中に届いているから、「記録の管理がずさんすぎる国」「どんな密約でも結びながら、その重要さも理解できない国」と思われているのではないか。こうした現実の中で、日本は法治主義国家とは掛け声だけで、実は「法治主義」ならぬ人治主義国家であるとの印象を、世界中に与えているに違いない。

米国から見れば、「日米同盟の絆」が地に落ちたばかりか、行政文書を持ち出しても、行政罰も刑事罰も科されない「無責任な国」と思っているだろう。ドナルド・トランプ米大統領が二〇二一年一月に退任した後で公文書を自宅に私蔵していたことが明るみになると、米国国立公文書記録管理局（ＮＡＲＡ）は、司法省に機密文書の持ち出しを報告して、連邦捜査局（ＦＢＩ）の手続きを経て、約七〇〇頁にのぼる機密文書の返還を得た上で、法令違反で裁判にもなっている。

こういった点に、欧米と日本の落差を感じるが、そもそも日本と欧米では、公文書の保管も管理も、法制度も根本的に違うことにあらためて気づかされる。佐藤密約とその後の行為によって、日本が国際的な信頼を失ったことは間違いない。それとともに、これは佐藤だけの問題ではなく、日本の政治土壌そのものを象徴しているように思えてくるのである。

それは、鳩山由紀夫首相も首相退任直前に、公文書の大半を廃棄したと、インタビューに答えたからだ。鳩山首相は沖縄の宜野湾飛行場の移設をめぐって「県外移設」を提案し、その件に関する多数の公文書を保管していたが、自身の公文書は所管する政府機関も保管していると考えたのだそうだ。「作成元の省庁が保存していると思い捨てた」のだが、その後、外務省でも見つからなかった。

それ以前の政権では、「内密な協議」をもとに沖縄統治を続け、住民軽視の米軍基地政策を受け入れてきたのに対して、鳩山首相はめずらしく「最低でも県外移設」を提案した。そうした新提案の紆余曲折の過程を保存することは、歴史的に重要である。また政治学や行政学などの学問上からも「政策決定過程」を示す文書として重要な意味があった。鳩山は、「後悔は尽きない」と悔恨しつつ、「保存ルールが必要ではないか」と語ったという。その鳩山の言葉を引き出した記者は、「首相が退任する際に公文書を保存するルールはなく、廃棄や散逸の危険にさらされている」と指摘している(『毎日新聞』二〇一八年一二月三〇日)。

なんとも寒々しい「民主国家」の姿である。「密約」という公文書を歴史に記録する制度が存在していないという根源的な問題は、日本の政治家だけでなく国民一般が、この深刻な問題に立ち向かわない「世間の風潮」に支えられている。

政府の報告書は「密使」が書いたか?

佐藤栄作首相の次男が発見した「密約」を公表したのは、鳩山由紀夫政権の時で、岡田克也外相が密約に関する有識者委員会に、その存否の検証を依頼する一か月前のことであった。これは、次男は政権の動きを知って、検証される前に公表することにしたのではないかと推測されている。逆に言えば、民主党政権が密約検証の決断をしなければ、「密約」の発見はなく、そのまま佐藤栄作邸の机のなかで眠り続けていただろうということだ。

佐藤首相の密使を務めた若泉の存在にも考えさせられる。沖縄返還から、五〇年目にあたる二〇二二年に、若泉文書を再考した朝日新聞は、新たな文書から重要な新事実を指摘している。先に示した日米共同宣言第8項には、日本側の第一案と第二案の二つの案があったのだという。

米国側との交渉を終えた佐藤首相は、宿舎で待つ外務省の訪米団のもとに戻った際に、「大統領の側に於いても我方第8項案文を仔細に研究しており、第二案を採ったものとみられる」と述べたと、東郷文彦・外務省アメリカ局長の「報告書」に書かれていた。その報告書の原文を調べた朝日新聞の記者は、「佐藤首相から会談後に東郷局長に渡されたとみられる日本側第一案と第二案の手書きの日本語版が報告書に付されており、筆跡は(密使の)若泉氏のものに酷似」していたという(藤田直央『徹底検証　沖縄密約』朝日新聞出版、二〇二三年、九一頁)。これが事実であるとすれば、日米共同声明の一部分は若泉の原案そのものであることになり、外務省の唱える「外交一元化」ではなくなってしまう。

こうした日本の、「あいまいさ、いい加減さ、無責任さ」は、先に指摘したように、むしろ米国側から鋭く指摘されている。ＦＲＵＳ（*FRUS, 1961–1963*, Vol. XXII, 1996, pp. IX, X）では、本書第一章で触れてきたが、日本関係の文書公開が拒まれている実態を厳しく指摘している。「日本に関する（米国政府の公文書の）編集は、公刊するために選択した文書の一三・五％が非公開にされ、それに該当する「非公開文書は、一九六〇年の相互安全保障条約のある側面から生ずる結果と取決」としたうえで、「合衆国の主要な対外政策決定の完全、正確かつ信頼し得る記録」の基準を満たしていないとの結論に達した」（傍点は筆者）。日本にとって実に面目のない指摘である。

あるいはまた、第一章で紹介した六三年の大平外相とライシャワー駐日大使の会談の際の約束が二〇年経っても守られていないと、ライシャワーは『毎日新聞』紙上でこう述べた。「日本政府と知的な国民は核通過の事実を前から完全に知っていた。日本の「核持ち込み」解釈は理屈に合わない。政府はウソをついている」とまで断言したのである（八一年五月一八日）。

しかし、このような事実の公表を、日本政府は深刻に受け止めているとは思えない。八一年当時の園田直外務大臣は、その日の『朝日新聞』夕刊で、「（ライシャワー）発言は米政府の公式発言ではなく個人によるもの」（八一年五月一八日）と答えている。

小国からの非核化

「日本は唯一の被爆国」という言葉は幾度となく聞かされてきたが、しかし政府筋から発せられるその言葉にはまったく深みがなく、なんら内実を伴うものではない。そればかりか、広島出身の総理大臣・岸田文雄の地元で開かれたG7広島サミット（二〇二三年五月）において、被爆者の前で「核抑止力」を肯定する有様だ。核抑止力を認めることなど被爆者に対する非礼の極みだ。

非核化問題は「被爆国・日本」こそ先頭に立つべきという掛け声も空しく、日本は常に「大国」の主張を支持してきた。米国という核大国の「核の傘」に入り、「密約」を結んで米国の核を受け入れてきたのである。実に矛盾した他に例をみない「ヤヌス（双面神）」の国でもある。

歴史的にみて、反核や非核の努力は、被爆国日本からではなく、もちろん核保有国からでもなく、南太平洋諸国から始まったことに思い至る。南太平洋の国々は、米国や日本と軍事的な敵対関係にあるわけでない小国ばかりである。核保有国はすべて北半球に存在（南アフリカは一九九〇年に核兵器を放棄し、二〇一九年NPT条約批准）し、南半球では核実験が多く行われ、核のゴミ捨て場状態にされてきたことを忘れてはならない。日本は安全保障政策において、太平洋側の国々には関心を持ってこなかったが、核問題については南太平洋の小国の視点から考えることが必要だと痛感する。

六六年以降、フランスが南太平洋で核実験を行ったことから、オーストラリアとニュージーランド（ＮＺ）は、実験の差し止めを求めて国際司法裁判所（ＩＣＪ）に提訴した。ベトナム戦争が苛烈さを極めた七〇年代、ＮＺの国民が米艦船の入港に強く反対し、ＮＺ労働党は七八年以降、核搭載艦船および核推進艦船の寄港禁止を公約とすることになった。ＮＺでは、「八四年までに実に（当時の）総人口の六五％にあたる二〇〇万人以上が九四の非核自治体に住むようになっていた」という（上村直樹「ニュージーランドの非核政策と対米同盟」、山田浩・吉川元編『なぜ核はなくならないのか』法律文化社、二〇〇〇年、一二六頁）。

南太平洋諸国の核を拒否する政策は、多くの市民が、長い年月をかけて支えてきたからこそ可能になった。南太平洋非核地帯の設置を求める決議案が国連総会で成立（七五年）すると、八五年には南太平洋フォーラム（ＳＰＦ）総会で南太平洋非核地帯条約（ラロトンガ条約）が採択された。

非核化と相互安全保障条約

ＮＺとオーストラリアは、米国とともに三か国でつくるＡＮＺＵＳ（アンザス）条約という相互安全保障条約を締結している。すでに第一章で紹介したように、一九五一年に結ばれ、現在も存続しているのだが、ＮＺは、反核とＡＮＺＵＳ条約をどのように両立してきたのだろうか。

八五年に米駆逐艦ブキャナンの寄港に対して、ＮＺ政府は寄港を拒否し、米国との対立が公然化した。ところがこの時、ＮＺ側は米駆逐艦ブキャナンが核を搭載していないと判断するのに十分な状況証拠を持っていたという。だが、米軍は核搭載を肯定も否定もしない（ＮＣＮＤ）ため、一〇〇％確実な判断はできない。つまり、ＮＺ政府の対応は、入港する同盟国艦船に対しても可能な限り検証し、責任ある判断を行おうとする態度である。

「（ＮＺの）外務国防当局は、アンザス同盟の維持を最優先していたものの、「核搭載艦船」を受け入れて労働党政権の非核政策の原則を放棄する意図はなかった点であり、「非核三原則がある から核搭載艦船の入港はない」として「持ち込ませず」に関する独自の判断を放棄していた冷戦期の日本政府の立場との違いである」（上村直樹、前掲書、一三〇頁）。日本とはまったくちがって、市民ばかりか、国政を支える官僚までが、市民の反核志向を支えてきたのである。ＮＺの〝闘い〟には、思慮深く責任ある態度がうかがえる。

憲法学者の浦田賢治は、ＮＺが「防衛外交問題について、政府は国民の声を良く聞く、情報公開を徹底する、そして国民的討議を進める」点に注目して、ＮＺ労働党政権が発表した「国防問題」と題する討議資料（八五年）を紹介している。

その資料では、米軍艦船の入港をめぐり対立が生じた場合、「政府は核兵器禁止を堅持しながら、同時にアメリカとの間に建設的な関係を修復するための解決策を引き続き探求する」という。さらにまた、摩擦が生じた際の基本にあるのは国家主権の維持であるとして、こう述べる。「この法案はニュージーランドに対する核兵器の持ち込みを禁止する船舶の種類を自ら決定するという国家主権について規定しているものである。だからアメリカに対して、その船舶上の兵器について公表するよう求めているものではない」（浦田賢治「非核政策と非核立法――ニュージーランドの場合」『比較法学』早稲田大学、二三巻二号、一九八九年、一六九頁）と断言する法的判断は傾聴に値する。NZ非核法は第九条で、首相が「入手可能なすべての関連する情報及び助言を考慮しなければならない」としつつ、「首相は、いかなる核爆発装置をも積載していないという十分な証拠がある場合、立ち入りを認めることができる」（同条二項）と定めている（訳出は、藤田久一・浅田正彦編『軍縮条約・資料集』第三版、有信堂高文社、二〇〇九年に拠る）。

大国政治に対峙するNZと日本の構えの違いを感じる。なかでも国防官僚の公務員としての責任感と勇気である。一歩間違えば大変な責任を負うことになる決断を、事実を調査して勇気をもって閣僚とともに大国と対等に渡り合う責任感は、国民の信頼感も含めて、日本の官僚とはまったく異なる。米軍とコッソリ「協議」して、事実を公にしない日本の官僚とは、そもそも法制度が違い、民主主義観も、人間存在の違いすら感じる。

読者のなかには「こうなると、NZと米国は友好関係が悪化しているに違いない」と考えるかもしれない。NZと米国は、ANZUS条約による同盟国であるにもかかわらず、異なる核政策を推進してきたのだ。NZは非核法を制定し、南太平洋の非核地帯条約の中心的存在となり、さらに核兵器禁止条約に批准した。NZが非核法を制定した際に、日本では米国と対立関係になるとか、酪農産物が輸出できなくなるといった、「対米恐怖」が指摘され、「日米安保こそ安全地帯」との見方が大勢だった。

ところが、両国は核政策の違いを超えて共同歩調を取り始めている。NZの若き女性のアーダーン（Jacinda Ardern）首相は、二〇二二年五月三一日に訪米し、バイデン大統領と会見。その際バイデンは、「米国が太平洋地域に指図する気はない」「われわれと価値観や安全保障上の利益を共有しない国家が太平洋に永続的な軍事プレゼンスを確立することは、両国にとって国家安全保障上の懸念となる」との共同声明を発した。

中国が南太平洋の国々との安全保障上の関係を深めるなどの背景があるとはいえ、もはや冷戦期ではない。NZから、私たち日本が学ぶ意義はますます大きくなっている。

連帯すすむ非核化――ASEAN、南太平洋諸国

一九八二年に広島市の荒木武市長らが中心になって呼びかけた「平和首長会議」には、全世界八四五九都市が参加している（二〇二四年一二月一日現在、同会議のホームページ）。アジア三三六二都市（日本の自治体を含む）、ヨーロッパ三四三五都市、オセアニア一三七都市、北アメリカ三四三都市、ラテンアメリカ・カリブ海地域七四三都市、アフリカ四三九都市の首長が、「核兵器廃絶」に向けて参集、首長がこの会議へ参加することで、参加自治体の議会が「非核決議（宣言）」をするとか、立候補する議員が「核兵器禁止条約批准」を公約に加えるとか、その方法はさまざまだ。平和首長会議が国際法上の法的効力を持つわけではないが、同会議への参加以降、平和教育のための啓蒙・啓発の取り組みに力を入れるようになった外国の自治体もあ

る。ロシアによるウクライナ侵攻が始まった二二年二月から一か月のうちに、欧州などの七〇都市が、平和首長会議に新たに加盟したという（『毎日新聞』二〇二二年四月一日夕刊）。

国際条約や国連の宣言について、国家を超える連帯の試みは、七〇年代からアジア・太平洋の国々でなされてきた。

七一年一一月にマレーシアのクアラルンプールで、東南アジア諸国連合（ＡＳＥＡＮ）が、域内の安定化と団結を目指して、平和・自由・中立地帯（ＺＯＰＦＡＮ：Zone of Peace, Freedom and Neutrality）を宣言した。この段階のＡＳＥＡＮは、原加盟国のインドネシア、マレーシア、フィリピン、シンガポールの四か国に、タイを加えた五か国に過ぎなかったが、冷戦終結の前後から、ブルネイ、ベトナム、ラオス、ミャンマー、カンボジアが加わって一〇か国となり、国際的発言権も大きくなっている。

九三年七月にシンガポールで開かれたＡＳＥＡＮ外相会議ではＺＯＰＦＡＮに関する行動計画がつくられた。これを受けて、「ＡＳＥＡＮ非核兵器地帯条約」（ＮＷＦＺ、通称：バンコク条約）が採択、二〇〇一年にはすべてのＡＳＥＡＮ加盟国が批准している。同条約は、締約国の領域、大陸棚及び排他的経済水域（ＥＥＺ）に適応され、「核兵器の開発、製造、取得、保有、管理、配置、運搬、実験及び使用、また締約国は自国領域内で他国がこれらの行為（運搬を除く）を行うこと」の禁止を定めている。

その一方、原子力の平和目的については、「締約国が原子力を、特にその経済的発展及び社会的進歩のために利用する権利を害しない」と定め、「専ら平和的目的のために利用すること」とともに、「国際原子力機関（ＩＡＥＡ）によって勧告されたガイドラインに従うこと」を条件にした。

こうしたＡＳＥＡＮの動きと並行して、先のＮＺなどが推進力になって、南太平洋の広大な地域でも、核兵器に限らず、核全般を対象にした非核条約がつくられた。クック諸島のラロトンガで八五年に署名された「南太平洋非核地帯条約（ラロトンガ条約）」だ。

ラロトンガ条約は、前文で、太平洋の美しい島々であることを強調する。「地域の陸地及び海洋の恵みと美しさは永遠にすべてのものによって平和のうちに享有されるため、その人民および子孫の遺産でなければならない」。そして海の汚染に注目して「この地域を放射性廃棄物及び他の放射性物質による環境汚染から守る」ことを掲げた。それは、南太平洋では、ムルロア環礁、ファンガタウファ環礁、エニウェトク環礁、ビキニ環礁で米国やフランスが核実験を行い、被曝に苦しむ多数の住民を生み出してきたことに対する苦い経験が反映されている。

「平和的な原子力活動」は認めるものの極めて限定的だ。ＩＡＥＡとの保障措置協定に従わない限り、平和的目的のためであっても供給しないとされるほどである。

中央アジアの非核化

中央アジアでは、中央アジア非核兵器地帯条約（セミパラチンスク条約）が、二〇〇九年に発効している。現在はセメイと改称されたセミパラチンスクはカザフスタンの都市である。かつてソ連の一部だった同地は、ソ連最大の核実験場とされた。四七〇件にも及ぶ核実験で、多くの被曝者を出し、放射能汚染がいまも広がっているとされる。

セミパラチンスク条約締結国は、カザフスタン、キルギス、タジキスタン、トルクメニスタン、ウズベキスタンの五か国。すでにソ連の核実験場は閉鎖されているが、核実験を押しつけられた歴史から、同条約は「自国の領域において他国の放射性廃棄物の処分を認めない」「核兵器その他の核爆発装置の開発、生産又は保管に関する過去の活動の結果として汚染された地域、とりわけウラン廃石の保管所及び核実験場の環境面での修復」の援助をするといった、核実験で生じる問題に対する独自の規定を掲げているのが特徴的である。

このようにアジア・太平洋の非核地帯条約を瞥見してみると、核兵器不拡散条約（NPT）上の核保有国の中国や、現実には核保有国であるインド、パキスタン、北朝鮮のほか、米国と安保条約や防衛条約を締結している日本、韓国などの国々が非核（兵器）地帯条約に加盟していないことがわかる。

日本の場合、日米安保条約で「核の傘」の下にあることは確かだが、被爆・被曝国であり、「非核三原則」を「国是」としていると公言しつつ、その一方で、最大の障害は、緊急事態時には、核兵器の「再持ち込み」を密約で認めていることである。日米両国軍はシームレス（縫い目のない）で、緊密な米軍の指揮下にあるので、非核地帯条約に加盟することは、そもそもできない。そればかりか、日本が米国の下で事実上の「核保有国」であることは、近隣国で周知のこととなってしまった。

米国との安保条約や防衛条約を結んでいても、非核地帯条約に加盟している国は、すでに紹介したNZや、米比条約を結んでいながらASEAN非核兵器地帯条約に加盟しているフィリピンの例もある。だが、日本の場合、こうした国々とはやや異なる。米国と「強い絆」で結ばれたと公言しているが、実際は「密約」に縛られた、日米同盟の下にあることを忘れてはならないだろう。

広島・長崎で二〇万人を超える住民が瞬時に命を奪われ、人間としての尊厳を傷つけられながら生きてきたという、自らの生存をかけた被爆者の重い訴えを、私たちはまず受け止めなければならないのではないのか。私たちは自らの問題として考え、教えられてこなかったのみならず、「密約」が公表されても、さしたる怒りも示さず、政府首脳部の「核共有」などという言葉を小耳にはさみながら、通り過ぎてきている現実があることを考え直す必要があるのではないか。

核の倫理的批判から違法化へ

非核を求める最大の理由は、一発でひとつの都市を破壊する核は、人道に反するという主張である。広島・長崎の被爆者、核実験の被曝者の証言を知れば、誰も否定できまい。

人道の罪ということで言えば、広島・長崎への原爆投下を認めたトルーマン大統領でさえ五年後の朝鮮戦争下での記者会見では「原爆は侵略に何のかかわりもない人々、女性や子どもに対して使ってはならない」と述べているし、レーガン大統領もソ連を核軍拡で抑え込もうとしてきたにもかかわらず、「対ソ核戦争計画の説明を聞いて「核戦争には勝者はない」ことを知り、「ハルマゲドン（最終戦争）」の恐怖にとりつかれて核廃絶をめざした」そうである（金子敦郎『核と反核の70年』リベルタ出版、二〇一五年、七四頁、二七八頁）。

核の必要性を声高に称揚する政治家や軍人は、そこここで見受けられるが、それは自分が核戦争の当事者になる可能性がないと思っているか、現時点での利害を考えて反倫理性に目をつむっているに過ぎない。

こうしたなかにあって、核兵器の反倫理性への批判を一歩進めて新たな枠組みを生み出したのが、国連の国際司法裁判所（ＩＣＪ）による「勧告的意見」（一九九六年）である。「勧告的意見」に法的拘束力はないが、裁判所の決定として尊重される。「核兵器による威嚇またはその使用の合法性」についての国際司法裁判所の勧告的意見は、後に国連総会における「核兵器禁止条約」（二〇一七年七月採択、二一年一月二二日発効）へと結実した。じつは、この「勧告的意見」には、民間団体の働きかけが大きい。

国連憲章「第一四章　国際司法裁判所」第九六条二項（＊2－2）を読んだ国際ＮＧＯ「核兵器に反対する国際法律家協会」の幹部が、国連機関の総会で、核兵器問題を取り上げてもらい、「許可」（決議）を得れば、国際司法裁判所に「勧告的意見」を要請することができるのではないか、と考えたのだという。

（＊2−2）「国際連合のその他の機関及び専門機関でいずれかの時に総会の許可を得るものは、また、その活動の範囲内で生ずる法律問題について裁判所の勧告的意見を要請することができる」（傍点は筆者）

そこで、そういう組織を探し、国際ＮＧＯの「核戦争防止医師の会」から、世界保健機関（ＷＨＯ）を通じて、ＷＨＯ総会に働きかけ、つぎの決議を得たのだという。

「一国による核兵器の使用は、ＷＨＯ憲章を含む国際法のもとでその国の義務違反になるのではないかにつき、世界法廷（国際司法裁判所）に意見を求める」

こうしてＷＨＯ総会で採択されたこの「決議」によって、国際司法裁判所の勧告的意見を要請することができたのだった。「核兵器に反対する国際法律家協会」や「核戦争防止医師の会」とともに国際ＮＧＯの「国際平和ビューロー」を加えて、九二年につくられたのが「世界法廷プロジェクト（ＷＣＰ）」（「世界法廷運動」）だった。

九六年に出された国際司法裁判所の「勧告的意見」の注目点は二つある。

「核兵器の威嚇または使用は、武力紛争に適用される国際法の諸原則、とくに人道法の原則および規則に、一般に違反するであろう」としつつ、「核兵器の威嚇または使用が、国家の存亡そのものがかかった自衛の極端な事情のもとで、合法であるか違法であるかをはっきりと結論しえない」と述べたこと。そしてもう一つは、「厳格かつ効果的な国際管理の下において、すべての側面での核軍縮に導く交渉を誠実に行いかつ完結させる義務が存在する」と勧告したことである（藤田久一『核に立ち向かう国際法』法律文化社、二〇一一年、一七七頁、傍点は筆者）。

つまり、核兵器は一般的に国際法に違反するが有事の際には結論を保留する。また、核軍縮（国際司法裁判所は「軍縮」［disarmament］と表記している）交渉は完成させる義務がある、ということだ。

日本語の軍縮は「軍備を縮小する」という字が当てられているが、disarmament（軍備の否定）であるから、終局的に核という軍備を否定する義務がある、と定めたと理解できる。国際司法裁判所の「勧告的意見」は、非核を願う有志国や、ＮＧＯの人々を大いに勇気づけ、核兵器の禁止条約の作成に向かわせることになったのである。

個人や非政府組織から国際的法規制へ

核兵器禁止条約は、一個の孤立した条約ではない。すでに紹介したように、ＮＺのような個別の禁止法、あるいは非核地帯条約や平和首長会議などまるで非核網のごとき「核規制網」のなかにあって、その中核にある。

なかでも核兵器禁止条約は、現代の国際法が制定される経過を象徴するような成立過程をたどっている。先ほど、核兵器が国際法に違反するとの勧告的意見を国際司法裁判所から得るための努力を国際ＮＧＯの世界法廷プロジェクトが可能にしたと指摘したが、核兵器禁止条約はまさにそうした過程のなかからつくられたのである。

世界法廷プロジェクトがつくられた一九九二年には、地雷禁止国際キャンペーン（ＩＣＢＬ）が設立された。ＩＣＢＬは、対人地雷条約を成立するために、カナダ政府が提唱したので、カナダ条約とも言われている。それは国連中心ではないことの象徴として、本部のあるジュネーブではなくカナダのオタワで会議を始めたことを意味し、加えて「国」を単位とした国連（**United Nations**）ではなく、人権監視団体「ヒューマン・ライツ・ウォッチ」や「国境なき医師団」などの国際ＮＧＯが中心団体となったことを意味していた。

「地雷の使用、貯蔵、生産、移譲の全面禁止」を掲げたキャンペーン（ＩＣＢＬ）は上首尾で進み、九九年にはカナダ条約を発効することができた。キャンペーン事務局の報道官の元教師ジョディ・ウィリアムズは、報道官としてわずか六年間で一〇〇〇を超える団体を束ねて、キャンペーンを世界に広げ、条約発効に大きく貢献した。ＩＣＢＬとジョディ・ウィリアムズは、九七年のノーベル平和賞を共同で受賞した。

このカナダ条約に引き続き、非政府組織が主導するキャンペーンは、クラスター爆弾（＊２－３）禁止条約（オスロ条約）を生み出すことになった。二〇〇八年一二月にノルウェーで調印されたオスロ条約も、約二〇〇近いＮＧＯの団体が連合をつくり、調印からわずか二年にすぎない二〇一〇年八月に条約は発効した。

（＊２－３）新型コロナの蔓延で有名になった「クラスター」という言葉だが、医療用語のそれ（ある疾患が一定数みられる集団）とは使い方が異なる。クラスター爆弾のクラスターは、ブドウの房のことである。容器となる大型爆弾に大量の子爆弾を搭載する構造を、ブドウにたとえたものだ。第二次世界大戦の東京大空襲で用いられた焼夷弾、ベトナム戦争で投下されたナパーム弾と類似した構造で、大きな爆発とともに小さな弾が一斉に飛散し、多数の犠牲者を生み出す残酷な兵器。

核兵器禁止条約（TPNW）の成立は、カナダ条約やオスロ条約の成立過程を受け継ぐものであった。

国際NGOの「核兵器廃絶国際キャンペーン（ICAN）」が、二〇〇七年に本部を（長年北半球の国の核実験場にされてきた南半球の）メルボルンにおいて設立された。ICANの中心的NGOは、先に紹介した世界法廷プロジェクトを構成し、国際司法裁判所の勧告的意見を引き出した核戦争防止医師の会である。参加団体は最終的には一〇六か国、六〇七団体になり、広島・長崎の被爆者、南太平洋の核実験の被曝者とともに、各国の大使などへのロビー活動を行った。事務局は日本のピースボートなど国際運営グループを中心に運営され、事務局長にはスウェーデン出身のベアトリス・フィンが就いた。ICANとフィンは、一七年にノーベル平和賞を受賞した。

核兵器禁止条約は、締約国が遵守する禁止事項を定めている。そこには、開発、実験、生産、製造、取得、保有、貯蔵が禁止されているが、その「禁止」は、「いかなる場合も」とある。先の国際司法裁判所の勧告的意見では、国家の「自衛の極端な事情」の場合には「結論できない」

と禁止事項を保留していたが、核兵器禁止条約は「いかなる場合も」としたので、「例外なく」禁止となっている。

核兵器保有国は、条約案について話し合う国連会議を欠席した。わが日本政府は、と言えば、核保有国と歩調を合わせての欠席だった。その会議で発言した広島の被爆者・サーロー節子は、日本の政府代表の行動を、怒りを込めてこう回想している。

「私に温かい言葉を送ってくれた人々の中に、日本の外交官はいなかった。日本政府代表の高見澤将林大使はその前日、演説するだけして二日目以降は会議をボイコットするという、驚くべき手段に出たのだ」（サーロー節子・金崎由美『光に向かって這っていけ――核なき世界を追い求めて』岩波書店、二〇一九年、一六四頁）

高見澤大使は、弾道ミサイル防衛などの軍拡政策に携わってきた防衛官僚であるが、国連軍縮大使に任命されていた。なんとも日本の官僚らしい。

採決の結果は、一二二か国という圧倒的多数が核兵器禁止条約に賛成した。一七年九月から調印を開始し、そのうち五〇か国が自国の議会などの正式な承認（批准）を得た後、九〇日後に発効されることになった。結果的には、二〇年一〇月に五〇か国が批准し、二一年一月に、核兵器禁止条約は発効した。

声を上げた米国の「長老」たち

核保有国や日本などの核依存国が核兵器禁止条約を批判する最大の理由は、「核抑止の論理」である。ところが「核抑止論」はもはや有効ではないと、核大国アメリカの安全保障の重鎮が主張し始めている。二〇〇七年一月『ウォール・ストリート・ジャーナル』が、「核兵器のない世界を」と題した、四人の著名な政治家の声明を掲載したのだ。ジョージ・シュルツ（レーガン政権下の国務長官）、ヘンリー・キッシンジャー（ニクソン、フォード政権下の国務長官）、ウィリアム・ペリー（クリントン政権下の国防長官）、サム・ナン（上院外交委員長）は、いずれも冷戦期の安全保障を担ってきた「長老」である。傾聴に値するその声明の一部を引用する。

核兵器のない世界を

冷戦時代においては、核兵器は、抑止の手段として、国家安全保障の維持に不可欠なものであった。しかし冷戦の終焉によって、ソビエト連邦とアメリカ合衆国のあいだの相互抑止という教義は時代遅れのものになった。抑止は、他の国家による脅威という文脈においては、多くの国家にとって依然として十分な考慮に価するものとされているが、このような目的のために核兵器に依存することは、ますます危険になっており、その有効性は低減する一方である。

最も警戒を要することは、非国家のテロリスト集団が核兵器を手にする可能性が増大しているということである。今日、テロリストによって引き起こされる世界秩序に対する戦争においては、核兵器の使用は大規模な惨禍を招く究極的な手段である。（長崎大学核兵器廃絶研究セン

ター〈RECNA〉のホームページより）

かつて共同通信でワシントン支局長を経験した金子敦郎は、声明に名を連ねた長老たちを「リベラル、中道、保守、あるいはハト、穏健、タカと大きな幅がある」と評している（金子敦郎、前掲書、三一五頁）。核抑止に頼る考え方を「時代遅れ」とし、核兵器に依存することは「危険」とまで警告する。

一年後の〇八年には、この長老たちに加えてさらに、米国で国務長官、国防長官、安全保障問題担当特別補佐官を経験した一九人も声明に加わった。

二一年九月にはICANの呼びかけに応えて、鳩山由紀夫元首相、NATO元事務総長など五六人が、核兵器禁止条約への批准を呼びかける声明を発表した。しかし、注目するべきは声明への署名者がみな「元職」であるということだろう。仮に米国大統領や日本の首相が、「核兵器のない世界」を望んでいても、米国政府、日本政府としては具体的には何もできなかったはずだ。現役の政府高官が、核兵器という現代最強の兵器を批判できないところに、軍縮の難しさがあると言える。

「オバマの悲劇」と被爆者

ICANが主導した世界的な核軍縮の流れは、オバマ米大統領が、二〇〇九年四月にチェコのプラハのフラチャニ広場で「核兵器のない世界に」と力強く演説を行ったことにもみられた。

「核保有国として——核兵器を使用したことのある唯一の核保有国として——合衆国には行動する道義的責任がある。我々は単独ではこの取り組みを成し遂げられないが、それを主導し、開始することはできる。私は本日、信念を持って表明する。米国は核兵器のない世界の平和と安全を追求するのだと」

なんとも勇気づけられる演説であった。この演説によって、オバマ大統領は半年後の一〇月にはノーベル平和賞を授与された。しかし、米国の核兵器はなくならなかった。

その後、オバマは広島を訪問したが、帰国した後に広島へ「折り鶴」が送られてきたというエピソードから、無言の内にも被爆者に対して「ごめんなさい」とつぶやいているように、筆者には思えた。オバマに「核なき世界」を求めることは、そもそも無理難題だったのだとも思える。米国は世界一の軍備と軍事力、約一五〇万人と言われる正規軍だけでなく、数百万を数える退役軍人からなる一大軍事大国である。この強大な抵抗勢力を敵に回して「非核」の政権を維持することは、当面は難しいだろう。

私たちは何かと米国政府を「米国」と一括りに考えがちだが、軍部と外交筋との安全保障政策は異なる。米大統領は最高政策決定機関の国家安全保障会議（ＮＳＣ）で、軍部の発言を無視できない立場にある。いわんや、日米同盟における日本の核問題に関しては、米軍の発言力が大きいに違いない。日米同盟は、事実上日・米軍同盟と見ておいた方が、現状に合っている。

米国は軍事企業も巨大な産業である。一七年には、「今後三〇年間で一兆二〇〇〇億ドルもの核兵器の予算が立てられた」という。他の大国も同様で、ICANの調査では、二〇年に九つの核保有国が核兵器に費やした費用は七二六億ドルに上るそうだ（川崎哲『核兵器 禁止から廃絶へ』岩波ブックレット、二〇二一年、四八頁）。

岸田文雄首相は、二二年八月一日にニューヨークのNPT（核兵器不拡散条約）再検討会議で演説しているが、オバマのような力強い「決意」は聞けなかった。被爆者のサーロー節子は「『きれいなこと、美しい言葉』が並んだ一方、『一番大切なことが含まれていなかった』と不満を漏らした」（『朝日新聞』二〇二二年八月二日）。岸田首相は、核兵器禁止条約にまったく触れていなかったが、それは当然なことだ。いまや日本も米国と同じように、防衛費（軍事費）、自衛隊員ばかりか、職員、その家族、さらには軍需産業とその従業員と、「一大家族」を抱えている。軍縮を口に出すこと自体が難しい状況を、政治がつくってきたのだ。

非核三原則は建前でしかなく、米国の核の傘の下にあり歴代の政権が米国政府と核密約を結び、国内外で説明を変える日本政府の核政策が、世界の信頼を得られないのも当然ではないか。

米国一辺倒の日本をよそに、徐々にではあるが、世界は構造的に変化している。二二年六月、核兵器禁止条約の最初の締約国会議が開かれ、ドイツはじめNATO加盟国が、オブザーバーとして参加したことが報じられた。そうした報道に接して、日本もオブザーバー参加してはどうか、といった意見が出されていた。だが、それは日本国内だけで通用する参加希望であって、世界の眼からみれば、核廃絶へなんの努力もしてきていない日本政府の言動を、信用することはまずないのではないのか。NATO加盟国が核兵器禁止条約にオブザーバー参加しているので、日本も非核保有国として参加できると考えがちだが、日本は単に米国と安保条約を締結しているだけではないことを自覚すべきだ。日本国内ではさして話題にならないが、国際社会はそれほど甘いものではない。「裸の王様」なのだ。

非人道的な兵器を制限する国際社会

世界は着実に変わってきた。長年にわたり「三大大量破壊兵器」と言われ、人類に脅威を与えてきた、生物兵器禁止条約が一九七五年に、化学兵器禁止条約が九七年に、そしてこの核兵器禁止条約が二〇二一年に、発効した。こうしてすべての条約が発効することになった。核兵器禁止条約は、対人地雷を禁止したカナダ条約やクラスター爆弾を禁止したオスロ条約とともに、NGOが主導した条約であった。国連などの国際機関の議決権限は各国政府が持つのだが、そこに至るまでの過程を動かしてきたのは、NGOなど非政府組織における個人の貢献が大きかった。「国家より個人」の時代が始まっている。

日本は、核兵器禁止条約には批准どころか調印もしていないわけだが、日米の両国政府が軍事力の政治支配を是とする日米安保を推進してきた当然の結果と言える。つまり、日本政府が行動をともにできるのは、いまや国連でもアジア諸国でもなく、米国（米軍）だけになってしまったのだ。

とはいえ、世界はすでに「国家から個人の時代」へと急速度に動き始めている。逆に言えば、政治家や外交官、あるいは官僚だけでは、世界は動かなくなってきた。一人の個人が独立した個人の集団である民衆《マルチチユード》に呼びかけて、任意のＮＧＯなどの組織をつくり、国家を飛び越えて国家と世界を変革できる時代を迎えたのだ。外務省の外交一元化がすべてではない時代を、世界の現実が教えてくれている。

眼を外に開いてみれば、同じ日本人でも被団協がノーベル平和賞を受賞した際に、広島・長崎の高校生平和大使がオスロで同じ高校生と交流していた。日本国内とはまったく別の世界で、人類の視点に立って、賢く知的で能動的な個人が、世界を黙々と生み出す地平を生み出しているのではないか。自らの志に基づいて少数でも国際社会の法規範を創造し、新しい時代への移行を始めていることを知ることができる。「見れども、見えず」で、「大国」の動向ばかりが報道され、教えられて落胆している時代は終わったのだ。

第三章
日米軍事一体化と憲法九条

村山富市首相の「日米安保堅持」

一九九四年六月、自民、社会、さきがけの三党連立による村山富市政権が誕生した（〜九五年八月）。村山は、七月一八日の所信声明演説で、日米安保に触れて、こう演説した。

「私は日米安全保障体制を堅持しつつ、自衛隊については、あくまで専守防衛に徹し、国際情勢の変化を踏まえてそのあり方を検討し、必要最小限の防衛力整備を心がけてまいります」（第一三〇回国会衆議院本会議録第一号三頁、平成六年七月一八日）

世論が、この所信表明を驚きを持って受けとめたことは当然であった。社会党（首相在任中に社会民主党に党名変更）の委員長であった村山は護憲派の旗頭だったが、憲法九条については直接触れなかった。そのことが、従来の社会党の見解を完全に否定するものであると受け取ったからである。当時多くの論者からは「これで日本は「普通の国」になった」、あるいは批判派からは「けしからん！」との声が上がった。

しかし思い返せば、社会党の従来の見解と異なる部分は、日米安保の堅持だけであった。自衛隊について、専守防衛、文民統制、徴兵制の不採用、海外派兵の禁止、そして国是たる非核三原則にも触れたが、これらはすべて社会党が主張してきた「平和憲法の精神」である。あえて言うなら、「専守防衛」の表明が、自衛隊の存在を前提にしていたことくらいだろう。

村山の所信表明演説を整理すれば、憲法九条に触れず、日米安保体制の上に憲法九条を「棚あげ」して、日米安保と九条を「外見的に両立」させて、「安保を第一、憲法を第二」としたものである。この構造は、自民党政権下で長年選択されてきた、岸信介によってつくられた「政変《クーデター》」である日米安保体制となんら変わるところはない。従来の政権の延長線上でしかなかった。ところが、この背景にある日米合意や密約を、他の国会議員も普通の官僚も、当然のように国民も知らされていないのだから、村山の演説は社会党の翻意とみえて、その点から議論が沸騰したのであった。

しかし、米国政府からみれば、問題はそんな表面的なことではまったくなく、近代憲法の土台に当たる立憲主義の無視にあった。本書の第一章で詳述したように、米国政府にとって日米両政府間の協議で憲法問題を不問とした日本政府の「脱立憲主義的な憲法観」こそが、憲法九条と安保条約とを両立させる鎹《かすがい》である。憲法に従って法律をつくるのではなく、憲法の一部を無視して、法律も条約・協定もつくってしまうというものだ。

あらためて立憲主義の観点から村山演説を見ると、米国からすれば「普通の国」どころか、憲法九条を棚あげしてしまっているということは、近代憲法の原則を根底から覆す「異常な国」だと再確認したに過ぎなかった。しかし、この日本の体制は、米国政府にとっても都合がいいのだ。首相が非自民党の連立政権下でも、それが可能だと判断する材料を与えてくれたに違いない。かつて岸信介らが掲げた「国民精神の作興」の改憲でも、護憲勢力が掲げる「憲法九条を守る」でもない、きわめて日本特有の「九条維持の脱立憲主義」と「安保堅持」という矛盾した関係が、政権交代があっても可能であることを立証してくれたからであった。

同時にそれらは、日本国内において「右も左も皆同じ」という諦念へなだれ込むことを暗示するのであった。社会党委員長が首相の村山政権においても、安保法制が着々と進められていたことは、実に皮肉なこととしか言いようがない。

条約改正なき再定義

それは太平洋戦争の終結から五〇年目に当たる年であった。一九九五年九月四日、米兵三名による沖縄の少女に対する暴行事件が発生した。すでに紹介したように、沖縄住民の憤懣は限界を超え、三週間後の二五日には、八万五〇〇〇人による一大抗議集会へと繋がった。これは、「日米安保共同宣言」（九六年四月）の直前ともいえるタイミングの事件である。

米国政府は、この事件が日米地位協定一七条（刑事裁判権条項）と結び付けられることは、なんとしても避けたかったに違いない。地位協定の出自は第一章で紹介したごとく**Executive Agreement**（行政執行協定）という事実上の米国大統領令によるものだからである。こうした明白に植民地を思い起こさせる協定が、主権国家で半世紀も不滅であるという事実が、しかも沖縄で強調されることは、米国政府の首脳部にとって、国際的にも米国内的にも面目が立たない。米国政府は、この事件が寝た子を起こすことだけは、ご免こうむりたかっただろう。

ところで、「共同宣言」と称していることからもわかるように、「日米安保共同宣言」は、従来の首脳同士の「共同声明」とは異なる。「日米安保共同宣言」は、「ポツダム宣言」にも匹敵するくらい、時代の一線を画すものであった。それを誇示するかのように、宣言には「21世紀に向けての同盟」という副題がつけられていた。もちろん「日本への降伏要求の最終宣言」たる「ポツダム宣言」と同列ではないが、日米安保共同宣言のポイントは、日米安保条約「改正」ではなく「再定義」することだった。それはまた日米安保条約を「日米同盟」という軍事同盟とすることを、正式にアナウンスすることだったのである。

日本近代の歴史文脈からみれば、「日英同盟」(一九〇二年)、「日独伊三国同盟」(四〇年)に次ぐ三度目の軍事同盟によって、海外派遣という呼び名の海外派兵への道が開かれたのだ。

条約改正なしの共同宣言

現行の日米安保条約では、同盟(Alliance)という軍事を連想する表現が慎重に避けられている。ところが、「日米安保共同宣言」は、冒頭から「日本と米国の堅固な同盟関係」を謳い、「日米同盟関係と相互協力及び安全保障条約」の項を設けて、「(橋本龍太郎)総理大臣と(ビル・クリントン)大統領は、日本と米国との間の同盟関係が持つ重要な価値を再確認した」として、日米関係が同盟関係であることを鮮明に打ち出した。

NATO条約の下にある合意文書などでは、冷戦下の軍事優先的な法規の改正が行われた。一方日米関係は安保条約ばかりか、その下の日米地位協定や、さらにその下の下位法(一連の安保関連の特別法）も一切改正されていない。いわば「冷戦安保」そのものの継続条約でもあった。ただ、これらの点は当時も指摘されていた。しかし、なぜ日米安保条約を改正せず、「再定義」で済ませることにしたのかということは議論されてこなかった。

その謎に答えてくれるのが、第一章で詳述した「日米行政協定交渉」の非公式交渉で、日本側が示した、「協定より協議」にあると筆者は見ている。日本政府は行政協定の米国案を受け入れなかったが、あいまいな合意条文（日米行政協定二四条「必要な共同措置」）をつくって協議するという「奥の手」を準備した。「日米安保共同宣言」では、条約改正ではなく再定義としたことが、今回の「奥の手」にあたる。

そもそも、日米安保条約では、日本の海外派兵を認めていない。第一章でみたように、新安保条約に改正する際（一九六〇年）、米国政府は上院でつぎのような法解釈を表明していた。「日本国は、この（憲法九条二項は）日本の自衛行動をその限界と考えています」（ハーター国務長官）。「日本「（安保条約五条に定める）「憲法上の規定」という言葉は、日本が海外にその軍隊を派遣することを禁止している日本国憲法の戦争放棄条項（第九条）の承認を意味する」（フルブライト上院外交委員長）。

米国の条約改正には上院の承認が必要であり、日本の国会と違って、米国議会は厳しい論戦が待ち受けている。一九九六年の日米安保共同宣言は、日米安保条約にも日本国憲法九条にも違反しているので、議会上院には上程できない内容であったことは明白だった。だが、「共同宣言」

は首脳同士の合意だ。「宣言」の「再定義」だということにすれば、米国議会は素通りできる。「宣言」は憲法下の「条約」という国家間の合意より効力が劣る。しかし米国政府は、日本は立憲主義国とはいえ憲法を国の最高法規とは考えていない国であり、保守政権が苔のむすまで不滅な国であるから、「条約」によらず政府同士の合意を意味する「宣言」で大丈夫だと判断したに違いない。

当時の米国は、ベトナム戦争を経て、「世界の警察官」の地位を単独で維持することが困難となっていた。冷戦は終結したものの世界の各地域は不安定化していく。こうしたなかで日米安保条約の再改定ではなく、日米共同宣言という名の下で、日本の海外派兵を射程に入れた、実質的な安保条約の改定を行わざるをえなかったのである。

仮訳のままの共同宣言

日米安保条約もその関連法もなんら改正されなかったが、日米安保共同宣言は、その冒頭から、中核をなす表現が示されている。

（首相と大統領は）「日米安保条約」を基盤とする両国間の安全保障面の関係が、共通の安全保障上の目標を達成するとともに、二一世紀に向けてアジア太平洋地域において安定的で繁栄した情勢を維持するための基礎であり続けることを再確認した（傍点は筆者）。

現行の日米安保条約によれば、「日本国の安全に寄与し、並びに極東における国際の平和及び安全の維持に寄与するため、アメリカ合衆国は、その陸軍、空軍及び海軍が日本国において施設及び区域を使用することを許される」（六条）とある。つまり米軍基地は、まずは日本の安全のためにあり、その後に「極東における平和と安全」がある。けれど安保共同宣言では「アジア太平洋地域において安定的に繁栄した情勢を維持するため」と、目的が大きく変化したことを知ることができる。

本書をここまで読まれた読者は、この宣言が一九五〇年代初め、つまり旧安保条約で米国政府が提案していた「太平洋協定」構想への「本卦還り《ほんけがえ》」であることに気づいたに違いない。ただし、「太平洋協定」構想が対象国を明示していたのとは違い、この宣言は「アジア太平洋地域」とあるだけで具体的な国名を書かない点が大きな違いである。それは、冷戦終結後の米国にとって、「アジア太平洋」が重要なのであって、この段階で具体的なアジア太平洋の国々があったわけではないということだろう。

すべては米国の長期戦略であり、日本は、政府ばかりか国民も「本卦還り」だということを知らないままに、米国戦略の「コラボレーター」を続けることになった。いずれにしても米国政府にとって、旧日米安保条約から現行安保を経て、当初の目的通り太平洋地域へと拡大させたことは、四〇年前の悲願の達成であったことがわかる。と、同時に、賛否は様々であっても、日本では安全保障と言えば「日米安保」に決まっていたのであり、この米国と日本との安全保障観の違いを考えさせられるのである。

日米安保共同宣言の、もう一つの特徴は、日本の防衛力の強化である。日米両首脳は、「日本の防衛のための最も効果的な枠組みは、日米両国間の緊密な防衛協力」であることを述べた後で、極めて明確に「一九七八年「日米防衛協力のための指針」の見直し」を打ち出した。たしかに、日米安保条約六条で米軍の防衛区域は「極東」と定められていたが、今回防衛区域を「アジア太平洋」に拡大したのであるから、「日米防衛協力のための指針」（ガイドライン）も、それに見合った「見直し」が必要になった。たとえば「極東有事」は「周辺有事」に変わったのだ。

ガイドラインの見直しは、時を移さず翌年の九七年には行われ、有事法制である「安保関連法案」の審議が急いで進められた。ガイドラインの内容については次項で紹介するが、一連の有事法制は、日本国民の生命と安全にかかわる問題であるのだから、日本側は国会で、米国は上院で議論されるべきだった。しかし、ガイドラインについても議会を素通りして、岸がつくった日米安全保障協議委員会（SCC、現在の日米ガイドライン協議の「2＋2」）で決められたのだった。

日本から外務大臣・防衛大臣と、米国から国務長官・国防長官という双方二閣僚だけで協議する「2＋2」は、日米の安全保障政策を「相談」「話し合う」のであって、「決定する」のではないという建前である。協議するだけだから、国民にその決定を知らせる必要もない。日本側でも公的な場で議論したことはまったくない。繰り返すが、これこそ立憲主義（憲法九八条一項）を無効にして、憲法九条を棚あげしたまま日米両政府間の協議を国の最高法規とした、岸首相によって生まれた「政変《クーデター》」の今でも続く政治体制である。

さらに驚くべきことに、歴史を画するほどの重要なこの見直しにもかかわらず、安保共同宣言の日本語は「仮訳」のままである。しかも、その後の日米安保の主要文書の大半も「仮訳」ばかりであることをご存じだろうか。この四半世紀の「日米同盟の絆」は、後述のごとくすべて「仮訳」のままである。

ガイドライン「基本的な前提及び考え方」の変遷

一九六〇年に設置された安保協議委員会の発足当初は、「武力攻撃の際の日米間の防衛協力」について安保五条にはあったが、合意はなかった。その後、日米間の有事（緊急事態）の合意が必要となり、七六年にSCCの下部組織として「防衛協力小委員会」（SDC）が設置された。SDCが「日米防衛協力のあり方」の案を作成し、SCCの承認を得た文書が「日米防衛協力のための指針」（日米ガイドライン）である。

最初のガイドラインは、七八年につくられ（一回目）、冷戦終結後の「日米安保共同宣言」を経て九七年に改正され（二回目）、現在は安保関連法（平和安全法）が国会で採択された二〇一五年に再改正されている（三回目）。ちなみに、有事法制を主とする安保関連法を、平和安全法と変えた。これぞ政権によるイメージ戦略だ。

有事法制後の現状を見ると、逆にガイドラインの「先見性」がわかってくる。

ともあれ日米ガイドラインは、他国からの武力攻撃に際して、米軍と自衛隊の両軍の基本的軍事戦略を示したものである。従ってこれは、今日の安保体制の中核を占めているということだ。ここでは、三回にわたって改正されてきた基本構想のなかで重要と思われる点を、いくつか指摘することにしたい。

まず第一は、ガイドライン作成にあたってＳＤＣが「研究・協議の対象」から除外した「諸問題」である。すでに第一章で紹介したが、「一回目」には、こう書かれていた。

「事前協議に関する諸問題、日本の憲法上の制約に関する諸問題及び非核三原則は、研究・協議の対象としない」

事前協議は、旧安保条約の改正に当たって岸信介首相が「日米が対等のパートナーとなった」と国民に強調してきたことである。そしてもちろん憲法は国の最高法規である。非核三原則は佐藤栄作首相が「国是」と位置付けた平和の基礎であった。いずれも日本にとって最重要の原則だと思われるが、それを「研究・協議の対象としない」という。日本国民からみれば、これは戦後日本が培ってきた原則が無視されることを意味した。

ただ、本書を読まれてきた読者にとって、事前協議は、米軍に重要な配備の変更がなければ行わないので一度も開催していないこと、また岸が日本国内で言ってきた内容とはまったく逆の「密約」を米国政府と交わしたことなどから、米国政府が、日本政府は憲法を国の最高法規とは考えていないこと、そして、非核三原則は佐藤首相が沖縄返還交渉の際に、米国政府と「密約」を交わしていることなど、既知のことであることを合意文書で示したとも考えられる。

米国政府が一回目のガイドライン（一九七八年）で、吉田茂との指揮権密約、岸との事前協議の密約、佐藤栄作との核密約などの存在を再確認し、公文書であるガイドラインを通じて、間接的に日本国民に示すことで、暗黙の裡に密約を公知にしようと画策したと考えたくなる。あるいは、米国の「三〇年原則公開」によって、五〇年代の米国公文書の公開が始まることを念頭に、七八年にダメ押ししたとも考えられる。佐藤栄作の核密約は、大平正芳の死によっても、その時に表面化することはなかった。

「二回目」のガイドライン（九七年）では、「日米安保共同宣言」を受けて、「日本のすべての行為は、日本の憲法上の制約の範囲内において、専守防衛、非核三原則等の日本の基本的な方針に従って行われる」としている。

「日本の憲法上の制約」といえば、国民からみれば、憲法九条に定める「戦争の放棄」と「戦力不保持」である。厳密に読み取れば、有事法制を定めたこの二回目のガイドラインなど受け入れることはできるはずがない。だが、なにも知らされていない国民は、先述の密約や政府間協議の合意も含めた制約の範囲を知らないので、「制約の範囲内」という表現が意味することを理解できなかったにちがいない。

安保関連法も成立し、有事立法まで国会が承認した二〇一五年の「三回目」のガイドラインは、ほぼ「二回目」と同様であった。九六年の共同宣言以来の日本政府の決定は、国会で承認どころか審議もされていないにもかかわらず、米国政府は日本の立法府はじめ日本国民が当然受け入れているものとの前提に立っていたということであろう。

拡大する周辺と事態

三回にわたる日米ガイドラインの変遷でもっとも大きく変化するのは、周辺や有事、事態とはなんであるかという概念だった。

一回目のガイドラインは、一九七八年なので冷戦下だ。そこでは「日本有事」(「日本に対する武力攻撃」)についての言及がほとんどを占め、「極東」はほんの少しにすぎなかった。

二回目(九七年)は、冷戦後の時代に入り、日米共同宣言が「アジア太平洋地域」を安全保障の対象としたことを受けて、「極東有事」から「周辺有事」に変わった。しかも「周辺事態」についで、つぎのような概念であると規定した。「周辺事態は、日本の平和と安全に重要な影響を与える事態である。周辺事態の概念は、地理的なものではなく、事態の性質に着目したものである」。

中東のイラクが地理的には日本の「周辺」ではないことは明白であったが、二〇〇三年から〇九年まで自衛隊が派遣されたのは、「事態の性質」に着目したため、ということになる。二回目のガイドラインを受けて、九九年に「周辺事態法」がつくられたが、政府は国会で「周辺事態」

をガイドラインの概念規定と同様に説明していた。その後一五年には「重要影響事態法」と法律の名称も変更した。

三回目は一五年なので、安保関連法の成立後を見込んでつくられている。そもそも首脳同士の共同宣言は法案ではなく、行政府の政府文書である。それはまず、政府与党内で開陳された後、与党案として整理される。すると、途端にメディアを媒介して国民に大きく知られることになるのだが、それが既定事実とされ、国会に法案が上程される段階になると、国民が熟考する時間的余裕を与えなかった。さらに、いくつもの法案を束ねて（束ね法案）、最後は強行採決で成立してしまった。安保法制は一〇件の束ね法案だったが、まさに「十把一絡げ」で国民を煙に巻いた印象だった。

三回目のガイドラインでは、日本有事の安全保障が、なんと地球全体を対象にすることになった。当時の安倍晋三首相の言葉を借りれば、日米同盟が「地球儀を俯瞰する」ようになった。政府の説明では「平時から緊急事態まで」「切れ目のない（シームレスな）同盟内の調整の確保」という言葉が出てくることになった。つまり、日米両軍が四六時中、水も漏らさぬ一体性を確保する、という同盟関係になったことを意味した。

再び出現した「指揮」問題

日米合同軍事演習の常態化において、重要な意味を持つのが「指揮」の実態である。一回目と二回目のガイドラインでは、日米両軍の指揮について「指揮・調整」（command and coordination）と書かれていたが、三回目には「指揮・統制（command and control）」となり、強い調子でこう記されている。

「柔軟かつ即応性のある指揮・統制のための強化された二国間の運用面の調整は、両国にとって決定的に重要な中核的能力である」（傍点は筆者）

「統制」とは、一方から他方へと強い力が働くことを意味する。『広辞苑』には、「①一つにまとめておさめること、②一定の計画に従って制限・指導を行うこと」とあった。『オックスフォード英語辞典』（OED）は多様な用例を示しているが、要はthe power to influence（影響を与えうる権力）である。二国間の「統制」は、一方の国が他方の国へ影響力を行使することと解することができる。影響力を行使するのが日本側であることは考えにくいので、米国側から日本側へ「柔軟かつ即応性のある指揮・統制」が行われるということだ。

三回目のガイドラインによれば、日米両軍は「要員の交換」を行い、それを「指揮系統を通じて行動する」と定めている。そのためだと考えられる具体的な動きとしては、安保関連法が制定された直後に、陸上自衛隊に「陸上総隊司令部」が創設され、そのなかに「日米共同部」という部署が新設された。

「日米共同」などという一見して「日米の軍事的一体化」が明白になる部署を新設したことは、憲法に第九条が定められていなくとも「日米共同部」は主権国家としてタブーだと思われるが、軍隊としての自衛隊の「主権性」が、問題になっているようにはとくに見えない。この頃から憲法九条擁護派の主張は、日米同盟やガイドラインとの関係を具体的かつ現実を踏まえた批判はなくなったようにみえる。護憲派は、憲法九条を抽象的、理論的に捉え、日米安保体制という軍事情勢を踏まえた具体性と歴史性を欠き、迫力を失っていく。

三回目のガイドラインは、見事に三段跳びを成し遂げて「日米の軍事的一体化」の完成図を作り上げたと見ることができよう。それはまた「平和国家」の終焉、「憲法九条」の終焉を意味する。一五年の三回目のガイドラインばかりか二二年の国家安全保障戦略など、これらすべてが「政府間協議」のなかに隠蔽されてしまった。

米海軍の軍人で国務副長官を務めたリチャード・アーミテージは、安倍晋三首相の安保政策の良き理解者と言われてきたが、これからの日米の指揮権のあり方をこう述べている。

「横須賀などの米軍基地では施設を自衛隊と共同使用しているが、危機時は指揮統制が複雑になる。新たな同盟の枠組みとして、両国の司令官に戦時の権限を与え、中央で一緒に指揮にあたらせるべきである」（『読売新聞』二〇二二年三月二八日、傍点は筆者）

実際、アーミテージがインタビューで述べた通りに進んでいる。この一年半後には、日米の基地の共同使用件数が、共同訓練を中心に一〇年で四倍になったと報じられた（共同通信の集計。『東京新聞』二〇二三年九月一〇日）。その半年後の二四年四月一日、日本政府は「自衛隊や海上保安庁の航空機や船舶が利用できるように、七道県の空港・港湾計一六施設で施設整備を行う」ことを閣議決定したという（『読売新聞』二〇二四年四月一日、夕刊）。

米国の軍拡政策にすり寄る日本政府の対米従属が生き生きと絵に描いたように伝わってくる。アーミテージなど米軍の側からみれば、残るは日米一括指揮権である「連合指揮」（Combined Command）の実現になるだろう。

考えてみれば、それは、一九五〇年に米陸軍が提案した旧安保条約案（第一章）そのものである。米軍の対日軍事構想が、あまりにも一貫していることに驚かされる。その案に、かつて占領下の日本政府指導者や高官でさえ憤激したのと異なり、現在の日本政府とその周辺筋には怒りや正義感、あるいは義侠心など、遠い話になっているようだ。

「作戦」か「活動」か

この三回にわたるガイドラインは、先述のようにSDCで起草されSCCによって決定されている。日米双方でいかなる協議を経て文書が作成されたのか大いに関心がそそがれる。そこで、二〇一五年ガイドラインの訳語を検討してみたのであるが、本当に日米双方が議論を尽くした上で発表されたのか疑ってしまった。日本語版の文書にはこんな表現が出てくる。

「弾道ミサイル発射及び経空の侵入に対する抑止」、あるいはまた「着上陸侵攻を阻止し排除するための作戦」（傍点は筆者）など、これは軍事の専門用語なのだろうか。英文を照合してみると、ふつうに「空中からの侵入」「地上並びに上空からの侵攻」でまったく問題ない。そう考えると、別の目的を隠すための意図的な誤植なのではないかとの疑問をさえ抱きたくなる。

三回目のガイドラインには、文書のそここに「作戦」という言葉が現れる。米軍が原案をつくった軍事にかかわる文書だから「作戦」という言葉が頻発されることは理解できる。「作戦」は英語でOperation（オペレーション）だ。

ところが「平和維持活動」（PKO：Peace Keeping Operation）だけが、オペレーションが「活動」と訳されている。なぜPKOだけオペレーションを「作戦」とは訳さないのだろうか。

それは「活動」と「作戦」では、日本国民が受けるイメージが大きく違うからである。日本語訳は、PKOの政治的影響を意図して、「活動」という言葉を選択したと考えられる。つまり、PKOの活動は、軍事作戦とは異なると印象付け、あたかも生徒たちの「部活動」のようにイメージされることを期待した訳語なのであろう。

PKOは、第二次中東戦争（一九五六年）のスエズ危機の際、カナダのレスター・ピアソン外相（後カナダ首相）が国連緊急軍（U. N. Emergency Force）の創設を提唱したことに始まる。紛争解決に貢献したとして、ピアソンがノーベル平和賞を受賞したことでPKOは、国際的に認知された。ただ国連憲章がつくられた後に組織されたためPKOは憲章には定められていない。

ところが九〇年代に入ると紛争の質が変わる。国家間紛争より、アフリカなどの民族紛争が主になってくると、「住民保護」がより大きな課題となった。そこでコフィー・アナン国連事務総長の下で、PKOは住民保護に向けた機能強化がなされた。その中で、日本もPKOに「国際貢献」として参加することになったのである。

日本のＰＫＯがスタートすると、派遣された自衛隊員たちの現場の実際が明らかになってきた。どこも生易しい現場ではなく、いつも危険と背中合わせだったことがぞくぞくと報告された。ＰＫＯは、命懸けの「作戦」だったのだ。

このような部分に、いかにも日本的な特徴が見てとれる。言葉は政治にとって強力な武器だが、戦後の日本は顕著に、都合がいい言い換えや敢えてつくられた誤訳で形作られてきたとも言えそうだ。

「難民」か「避難民」か

日本政府による「言い換え」について、最近の例にも触れておこう。二〇二二年二月、ロシアによるウクライナ侵攻、プーチンが「特別軍事作戦」と呼ぶ戦争によって、ウクライナの人々が日本に避難してくることになった。その報道で多用されたのが、「避難民」という言葉だった。わざわざ「避難民」としたのは、政府から報道各社へ依頼があったからだろう。

三回目のガイドラインはこのウクライナ戦争より七年も前だが、ここに「避難民」という日本語訳が現われる。

「日米両政府は、日本への避難民の流入が発生するおそれがある又は実際に始まるような状況に至る場合には、国際法上の関係する義務に従った人道的な方法で避難民を扱いつつ、日本の平和

と安全を維持するために協力する」（傍点は筆者）

国際法に「避難民」という言葉はない。この場合、あるのは「難民」だ。

難民条約は、一九五一年に国連で採択されていたが、日本政府は長年にわたり、難民条約に加盟してこなかった。そもそも日本は、移民政策をとらないことを国是としてきたので、家族に外国人がいる人すら稀な社会である。しかし国際的には七〇年代から、国連を中心に人権規約などが整備され、「内外国人の平等」の原則が唱えられるようになった。日本も国連の採択から遅れること三〇年後の八一年に、難民条約に加盟した。

国際法上の「難民」に認定されると、権利として「定住資格」が与えられ、たとえば生きるうえで最重要な意味を持つ健康保険（国民健康保険）に、日本国民同様に加入することができるようになる。健康保険に入ることができないと、高い医療費を払えない外国人は治療を受けられない。市販薬を買ったはいいものの日本人にも難解な説明書が読めず、事態を悪化させてしまうなどのことも起こる。

日本政府は難民条約に加盟したとはいえ、これまで年に数人か、多くて数十人しか難民認定してこなかった。世界の先進国は、年に数千から数万の難民を引き受けている。その意味では、今回、日本がウクライナの人々を一〇〇〇人超も受け入れたことは、画期的だった。

しかし、難民ではなく、避難民として、である。この「避難民」は「難民」とどう違うのか。日米ガイドラインの英文を調べてみた。

二〇一五年のガイドラインに「国際法上の関係する義務に従った人道的な方法で避難民を扱い」とある部分の英文は、「handling refugees in a humane manner consistent with applicable obligations under international law」であった。つまり、「難民条約（Convention of Refugees）」が定める「難民（refugee）」とまったく同じである。ということは、「避難民」という日本語は、国際法上には存在しない。むしろ、日本では第二次大戦末期に米軍の空襲を避けて都会から地方へと避難した「疎開」に近い使われ方である。ただ「疎開」ならば、英語で evacuation であり、refugees ではない。

「日米安保共同宣言」（九六年）以降の日本政府は何かと、「日米同盟の固い絆」を強調してきた。防衛協力の指針たるガイドラインを、日米両国政府の絆の証とすれば、日本政府だけで勝手に書き替えたり、造語したりはできないはずだ。正文は英語なのだ。ところが、難民を避難民と言い換える日本政府の姿勢は、日米同盟の絆を違える、とんでもない行為だ。

そして、ここから明確になったことは、一五年四月の時点で、日本政府は戦争で「難民」が出た際には、難民条約の権利保障の対象にならない避難民という制度を、外務・防衛のなかですでに、準備していたということである。有事には日本の近隣諸国から難民が出ることを見越して、「避難民」として扱う準備をしていたのだ。

米国は移民国家であり、母国を追われた難民とその子孫も少なくない。もちろん米軍のなかにもいる。そうした人々は、この日本政府による「避難民」という造語と、従来ある「難民」との使い分けを、どう見るだろうか。

「難民」受け入れ後に「避難民」制度を創設

ロシアによるウクライナ侵略からほぼ一年後の二〇二三年六月、日本は「出入国管理及び難民認定法」を改正して、難民の「補完的保護対象者」として「避難民」という制度を創設した。それを受けて、一〇月二日、小泉龍司法務大臣はウクライナのセルギー・コルスンスキー駐日大使と会談し、「紛争から逃れてきた人などを難民に準じて保護の対象とする制度」（傍点は筆者）が年内に設立する旨を伝えていた（NHKによる同日のニュース報道）。

法務省の出入国在留管理庁のホームページには、「ウクライナから日本への避難民に対して支援の提供を検討されている地方公共団体及び企業・団体の皆様へ」というリンクが張られた。外務省や文科省などほかの省庁でも、一様に「避難民」が使われていた。避難民として保護はするが、国際法上の難民ではないので、条約が定める難民の権利は認めないということを全力でアピールしているようだ。「権利がある」ことと、「保護される」こととは、ある局面においては月とスッポンである。

それにしても日米安保体制が、国の最高機関である国会の審議を避ける口実とされたり、国の最高法規である憲法の九条を棚あげしたりするばかりか、気が付いてみたら、政府間協議で決めた日米ガイドラインが、国際人権規約の「内外国人平等」を蔑ろにしたり、難民の権利の否定にまで利用されたのだ。「行政一強」のごとく、日米政府間協議による取り決めが、平時において専制的に、憲法も法律も条約も差し置いて、拡大されている。

岸田首相はロシアのウクライナ侵攻という国際法違反を念頭に、さかんに「法の支配」を叫んだが、その足元では、とっくに「法の支配」が崩れていたことになる。それにしても、日米間の重要な合意文書を国会で議論することもなく、その上、都合よく「改訳」してしまう日本政府の鉄面皮ぶりは、すさまじい。

PKO参加の条件

日本は、湾岸危機で米国を中心とする多国籍軍に一三〇億ドルに及ぶ財政支援を行ったものの、人的支援をしなかったために、米国はじめ国際社会からは「小切手外交」と批判を受け、その後の日本外交にとってトラウマになったと言われている。また、八〇年代までの日本の国家戦略を、米国の学者が「ない、ない」政策と皮肉交じりに分析したことは、第一章で紹介した。

一九九〇年一〇月、海部俊樹政権は「国際連合平和協力法案」を上程した。同法案は、国際平和に積極的に協力することを目的に、武力行使を伴わず、内閣総理大臣の指揮の下に、国連決議に基づく平和協力業務を行うこととして、内閣に「国連協力会議」を新たに設置することにした。まったく新しい「平和協力隊」という部隊を置くことができるとした一方、必要がある場合に、内閣総理大臣は自衛隊員を参加させるよう要請することができると、かなり幅のある規定を盛り込んだ。だが、非常にあいまいな規定だったためか、法案上程からわずか一か月も経たないうちに廃案に追い込まれた。

つぎの宮澤喜一政権で「国連平和維持活動協力法案」（国連ＰＫＯ協力法案、現行の国連ＰＫＯ協力法）が出されると、九二年六月に成立した。ちなみに、この法律のＰＫＯの訳語も、平和維持作戦ではなく平和維持活動であった。

活動の実施にあたり、「ＰＫＯ参加五原則」が盛り込まれた。

①　紛争当事者間で停戦合意が存在すること
②　受け入れ国や紛争当事者による受け入れ同意が存在すること
③　中立的立場を厳守すること
④　これらの要件が満たされなくなった場合、撤収できること
⑤　武器の使用は要員などの防護のための必要最小限に限ること

海部政権時の法案で批判が出された「自衛隊の派遣」については、防衛大臣が派遣することができることを明示した。また「内閣に国際平和協力本部」を置き、そこで活動の業務「実施計画」とそれに従った「実施要領」を定めるとした。つまり、国連決議に従う以外は、ＰＫＯの実施内容は内閣総理大臣を中心とした日本政府の権限のもとで行うことにしたのだった。

首相は「指揮監督」という強い権限を持つのに対して、国連事務総長の権限は、「事務総長又は派遣先国において事務総長の権限を行使するものが行う指図に適合するように行う」と定めら

れた。国連事務総長の権限はあいまいで、およそ法的用語としてふさわしくない「指図」という日本政府の表現が使われた。もちろん「国連ＰＫＯ協力法」は日本の法律であるから、日本の国会で承認されれば成立する。しかし、その目的が国連ＰＫＯに参加するというものである限り、その活動は、国連の決議に従う必要があり、これでは国連決議違反になってしまう。

　この法律ができる一年ほど前にパリで調印された「カンボジア紛争の包括的政治的解決に関する協定」（「カンボジア和平パリ協定」一九九一年一〇月二三日）に、日本も加盟していた。ここでは、「署名国は、国連安保理に対して、文民部門及び軍事部門から成り、カンボジア暫定機構の指揮権について、国連事務総長の直接の指揮の下に（**under the direct responsibility of the Secretary-General of the United Nations**）置かれる国連カンボジア暫定機構（以下ＵＮＴＡＣ）を設立する（第二条一項）」（外務省編『条約集（多数国間）』による。傍点は筆者）と定められている。設立されたＵＮＴＡＣは「国連事務総長の直接の指揮の下」に置かれたのだが、国連平和維持活動協力法（国連ＰＫＯ協力法）という名称ながら、実質的には国連中心ではなく、指揮権において首相が強い権限を有する、日本中心の法律になっていた。

　日本政府は、一九九二年五月に指揮権問題に関する「政府統一見解」をまとめた。それによると「国連現地司令官は、部隊の配置等についての権限を有している」とある。国連部隊は「指揮」権限を「コマンド」というが、国連ＰＫＯ協力法案では「コマンド」を「指図」と訳し、政府統一見解として「指図と国連のコマンドとは同義」と定義したのだった。首相の宮澤は、「英語力は政界随一」とされるが、「コマンド」を「指図と同義だ」と強弁したのだった。

実際の問題として、もしも法案通りに、現地に派遣された国連ＰＫＯ部隊が国連事務総長の「指図」と本国日本からの「指揮」を区別しようとするならば、一元的であるべき指揮系統に混乱をもたらすことは必至である。

なお、米国統合参謀本部（ＪＣＳ）が作成した『教範』（Dictionary of Military）は、「指揮」の概念を以下のように定めている。

指揮：軍隊の司令官が、その階級や任務によって、下位のものに対して法的に行使できる権限。指揮には、利用可能な資源を効果的に使用すること、与えられた任務を遂行するために軍隊の使用を計画すること、軍隊を組織し、指令し、統制する権限と責任が含まれる（日本語訳は国立国会図書館外交防衛調査室「国連安保理決議に基づく多国籍軍の「指揮権」規定とその実態」『調査と情報』四五三号、傍点はすべて筆者）。

自衛隊員を混乱させた「指揮」と「指図」

「指揮」を「指図」と読み替えることは、国際貢献どころか国際迷惑にしかならないということだ。実際、ＰＫＯの現場に出た自衛隊員はこんな感想を残している。

軍事組織には指揮系統は1つしかないのが常識だ。沢山あったら誰の命令を聞けば良いのかわからなくなるからだ。しかし、日本の場合、英語でいえば同じ「command」という言葉を、2種類に使い分けていた。

国連からのコマンドを「指図」、本邦（中央即応集団司令官）からのコマンドを「指揮」と呼び、「指揮」は「指図」よりも優先されると解釈し、「指揮」の方を優先する行動をとっていた。自衛隊が中東ゴラン高原のＵＮＤＯＦ（国連兵力引き離し監視隊）に参加していた頃の話である。

このとき、日本からの指揮は「ハイリスクのため活動を中止せよ」という命令だった。他国ＰＫＯ部隊がリスクを承知で活動する中、その命令を受け、唯一、日本隊だけが活動しないという結果になった。日本隊の本来任務は輸送業務であったが、「指図」よりも「指揮」を優先したのだ。その結果、長い間、全体の輸送業務が完全にストップし、任務に必要な物が届かないなど、ＵＮＤＯＦのミッションに深刻な影響を与えることになった。（小山修一『あの日、ジュバは戦場だった』文藝春秋、二〇二〇年、一一八―一二〇頁）

ＰＫＯ協力法とは、実質的な権限である「指揮権」を首相が持ち、形式的な命令である「指図」を国連事務総長に与えたものであった。それはひとえに、憲法九条に違反していないというポーズを残すためだったと思われるが、他の参加国からみれば日本の論理は理解不能だったろう。

自衛隊は、カンボジアへの派遣（一九九二年から九三年）に始まり、南スーダン（二〇一一年から一七年）まで、一二の地域に一万二五〇〇人の隊員を送り込んできた。その四半世紀、私たち国民は、日本政府から派遣地は停戦合意ができている、戦闘地域ではなく非戦闘地域である、自衛隊の宿営地に近い住民に歓迎されている、ＰＫＯ参加五原則は守られているという、政府にとっていいことずくめの報道に接してきた。

ＰＫＯの実態を隠蔽した行政

ところが、派遣された自衛隊員は、南スーダンでは「戦場」を経験していたのであった。南スーダンは、スーダン共和国から二〇一一年に独立し、世界で一九三番目の独立国になったばかりであった。国連は、「国連南スーダン共和国ミッション（ＵＮＭＩＳＳ）」を発足させ、自衛隊は「平和構築、国家建設、国家機能強化」などの「国づくり支援」目的で、「南スーダン派遣施設隊」を派遣することになったのであった。ところが、である。大統領側の政府軍と副大統領側の反政府軍とが対立するなかで、「停戦合意ができている」どころか、銃声が鳴りやまない日々が続いていた。まさに「戦場」に派遣されたのだった。

派遣された自衛隊員が南スーダンのジュバに到着して一か月も経たない一六年七月八日夕刻、国連無線から「アテンション！　アテンション！」と注意を呼び掛ける一斉放送が流れた。七月一〇日の昼近くには、政府軍と反政府勢力の激しい銃撃戦が開始された。居室に退避していた隊員は、妻に宛てて「今日が、私の命日になるかもしれない」と手帳に書きつけていたという。
同日の夜七時五〇分、ＵＮＭＩＳＳのトップから「全局に告ぐ！　全局に告ぐ！　ジュバ南部で激しい衝突が発生。不必要な移動をしてはならない」との情報がもたらされ、翌日の朝六時三五分、日本隊宿営地の近傍にあったルワンダ歩兵大隊の宿営地に砲弾三発が着弾。ルワンダ隊員二人、避難民重軽傷。隊員たちは幾度となくシェルターへ退避行動。このような毎日が一二日まで続いたというのだ（小山修一・前掲書、八八―一二二頁）。

日本政府が言う「停戦合意が成立した非戦闘地域での国づくり支援」の実態は、まごうことなき戦場であった。作戦のない軍隊などあり得ない。ＰＫＯは平和維持活動ではなく、平和維持作戦なのである。そもそも自衛隊は軍隊ではないなどという日本独自の論理は、神話のようなものだったのだ。日本の国内においては三百代言で済ませてきたが、海外紛争へと派遣される自衛隊員にとって、生命にかかわる詭弁だ。しかも、ジュバでの戦闘の実態は、防衛省では黙殺され、隠蔽されたのだ。

ジュバでの戦場の事実を知ったジャーナリストの布施祐仁は、早くも九月に情報公開法に基づいて、自衛隊が作成した「日報」の開示を求めた。これに対して防衛省は、戦闘があったとされる一六年七月七日から一二日まで、自衛隊作成の日報は「既に廃棄しており、保有していない」と返答した（布施祐仁『自衛隊海外派遣　隠された「戦地」の現実』集英社新書、二〇二二年、八―九頁）。ところが、翌二〇一七年二月になると、記者会見を開いた防衛省は日報の存在を認め、「戦場」の様子が表面化したのだった。このお粗末ぶりに、稲田朋美防衛大臣の責任が問われた。メディアも大きく報じることになり、稲田大臣は辞任することになった（半田滋『検証　自衛隊・南スーダンPKO』岩波書店、二〇一八年、一五六頁以下）。

この南スーダン派遣の後、自衛隊のPKO派遣は休止状態になった。

多国籍軍の指揮権問題

二〇〇一年一月二〇日に就任したジョージ・ブッシュ米大統領（子）は、九月一一日の米国同時多発テロ事件を経て「テロとの戦い」を掲げると、〇三年三月二〇日にイラク戦争を開始した。イラクのサダム・フセイン大統領が、大量破壊兵器を開発・保持しているとして、トニー・ブレア英首相や、もちろん小泉純一郎首相もイラク戦争の支持を表明した。同年五月一日にブッシュによる戦争終結宣言で形式上の終戦となり占領統治に移ると、日本は、「イラク復興支援特別措置法」（〇三年七月二六日成立）を制定した。

この特措法の目的（第一条）は、イラクの特別事態（国連安保理決議に基づく事態）に日本が「主体的かつ積極的に寄与する」ため、安保理決議を踏まえて、人道復興支援活動と安全確保支援活動を行うことだという。そして、イラクの国家再建を通じて「国際社会の平和と安全確保に資する」ためとした。ただ、この特措法は国連決議や国際社会の平和を謳う法律であるが、実際のところ日本政府にとって望ましい誤魔化しを含んだ「支援」でしかないことがわかる。

国際貢献とは名ばかりの、依然として自国の論理中心の法律であった。たとえば二条で、指揮権については「内閣総理大臣は、基本計画に基づいて、内閣を代表して行政各部を指揮監督する」（第二条四号）とある。この法律によれば、派遣される自衛隊の指揮権はすべて首相にあるということだ。

しかし、特措法第一条には「国際連合安全保障理事会決議第千四百八十三号を踏まえ」ともあるので、同決議（UNSC Res. 1483）の指揮権にあたる部分の原文を読むと、イラク特措法は成り立たないことがわかる。原文では、国連がアメリカとイギリスにイラクの統治権限を与えたことを確認し、イラク占領軍は国連の統一指揮下（under unified command）にあるとしているのであった。

さらに、イラク占領が終了すると、安定のための占領軍は、復興のための多国籍軍に変わるのだが、その安保理決議（UNSC Res. 1511、〇三年一〇月一六日）には、「統一指揮下にある多国籍軍が、イラクの安全保障と安定の維持に貢献するために、必要なすべての措置を講じることを（国連事務総長に対して）承認する」と述べて、多国籍軍に変わっても占領下と同様に「国連事務総長の下の統一指揮下」にあることを示していた。この時点で、多国籍軍に加わった国は四二に上っていた。その後、多国籍軍は「有志連合」になったが、多国籍軍も有志連合も、どちらも「統一指揮下」に入るとされたことは変更がなかった。

小泉首相は六月一四日、多国籍軍と自衛隊の関係を問われた際に、「多国籍軍に参加しても、自衛隊の活動は日本国の指揮下」と発言していたが、「一両日中に統一見解をまとめる」ことになった。ところが政府の統一見解を待たずに、新聞各紙はその日のうちに「自衛隊「日本の指揮下」」（『朝日』）、「独自指揮権を明確化」（『読売』）と、もはや結論が出たような見出しを大きく掲げたのであった。しかし、国連決議を確認していれば、「日本の指揮」とか「独自指揮」などとは報道できなかったはずである。その「政府統一見解」は一八日に示されるのだが、数日前の首相発言通りのものとなる。

「自衛隊は、多国籍軍の中で、統合された司令部の下にあって、同司令部との間で連絡・調整を行う。しかしながら、同司令部の指揮下に入るわけではない」「今般の安保理決議の提案国であり、多国籍軍及びその統合された司令部の主要な構成国である米、英両政府と我が国政府との間で了解している」

『読売新聞』は、自衛隊に対する多国籍軍からの指示・統制は日常支援活動に限られるので、「自衛隊に影響なし?」と政府見解をなぞった解説記事を掲げた（六月一九日）。だが、『毎日新聞』は「事実上「論理破たん」」（一六日）、『朝日新聞』も「「指揮権」説明に戸惑い」（一八日）と報じて、政府見解に疑問符を付けた。

日本の立場と米英の本音

この段階になると、新聞各紙の論調はかなりはっきりしてきた。『読売新聞』は一六日の一面トップで「独自指揮権　米英が承認」、『朝日新聞』は「自衛隊「日本の指揮下」」と報じたが、『毎日新聞』は夕刊で「米司令部の監督下に」と正鵠を射ていた。さらに『毎日新聞』は一九日、「ロドマン米国防次官補は、（六月）一六日の下院軍事委員会で「unified command は現在の状況下では米軍の指揮と理解される」と指摘」したという論拠も報じたのだった。

ロドマン国防次官補の発言が、宣誓証言があったかどうか不明だが、そうでなくとも議会証言は、記者会見発言よりも高い真実性が要求されるものだ。

外務省は、日本独自の指揮系統をイギリスも了解している、という政府見解について詳細な内容を、以下のように発表した。

1　（1）自衛隊が多国籍軍のなかで活動する場合の活動のあり方については、六月八日、我が方在英国大使館公使と英国外務省高官との間で、また六月九日、我が方在米国大使館公使と米国国務省高官との間で、下記の内容について公表することを含めて了解に達している。

（2）この了解の内容は、事前のそれぞれの政府部内で正式な検討を経たものであり、この了解は、外交慣例にのっとり、政府間で確認された公式な了解である。

2　了解に達した内容

（1）人道復興支援が多国籍軍の任務に含まれていることは、新たに採択された安保理決議に添付されているパウエル国務長官の安保理議長あて書簡において確認されている。

（2）イラクの完全な主権の回復後、イラクで活動する自衛隊は、多国籍軍の統合された司令部の下、これまでと同様に人道復興支援を中心に活動する。

（3）イラクにおける自衛隊は、あくまでイラク特措法に基づき我が国の指揮下において活動を継続し、多国籍軍の指揮下で活動することはない。

国会で、誰からの了解を得たのかを問われた川口順子外相は、「相手の氏名を公表するのは通常、慣習ではない」と応え、その了解は「口頭了解」だったと答えた。これでは具体的な根拠を示したことにならない。担当官の名前を明かさずに、（在英国大使館の）大使につぐ公使レベルや、英国外務省高官という、まるで子供の言い訳のような大臣答弁だった。

米国の立場は、マクレラン米大統領報道官が一五日の記者会見で述べたものであろう。「各国軍隊が各自の指揮系統下に入るのは明白」と日本政府への助け舟的な発言をする一方、多国籍軍と参加各国の部隊との関係は、「多国籍軍全体は米軍司令部によって監督されている」に、米国の本音があると推測される。報道によれば、このマクレラン発言の「監督」の原文は**oversee**（全体を見る）ということだから、最終的な指揮権は米軍にあるということである。

国会議事録を読んでみると、日本の議員は「指揮権」の意味が分かっていなかったようだ。

そもそも自衛隊の英語訳は**Self-Defense Forces**なのだから「自衛軍」である。国際社会からみれば、これは自国の軍隊の指揮命令系統にかかわる議論である。しかも日本にとっては、日米安保体制の中核をなす重大事であるから、日本の政治家にとって最大の緊張を強いられる問題であることは疑問の余地もない。だが国会で「消防の指揮の場合は……」などという場違いな質問が出るくらいの弛緩ぶりであった。国家主権の問題だと認識できない国会議員がいたことは非常に残念なことである。

この問題は、遡れば吉田茂首相の「指揮権密約」、旧安保条約の「行政協定」という、戦後日本の原点に関わり、自衛隊の存在ばかりか戦後日本の屋台骨が問われる歴史的一大問題であったが、その重大性に比して、ほとんど何の反応も、あらゆる陣営からもなかったのであった。

吉田密約との違い

軍隊を持っていれば、どの国家も指揮権の規定を持っている。米国憲法は、第二条第二節で「大統領は、合衆国の陸海軍及び現に召集を受けて合衆国の軍務に服している各州の民兵の最高司令官である」と定めている。明治憲法では、天皇の権限として第一一条で「天皇ハ陸海軍ヲ統帥ス」（統帥権の独立）を定めていた。

現在の日本国憲法は軍隊を持っていないことになっているから、指揮権規定は憲法にはなく自衛隊法にあるだけだ。自衛隊を認めるか認めないかにかかわりなく、自衛隊は現実に存在している。日米安保条約に調印し、日米ガイドラインで有事の際の軍事的一体化を定めているのだから、国会が、自衛隊の指揮権問題に緊張感をもって臨むことは、安全保障上の最重要問題であることは言うを俟たない。

イラク特措法で自衛隊が米軍の指揮下に入ることは、日本が戦力を有することを認めることになるから、「派遣」と「派兵」は異なると強弁しなくてはならないのである。自衛隊は戦力ではなく実力であり、海外派遣しても日本の首相の指揮下にあるという架空の観念を維持した。

日本が立憲主義国ではないという真実を知っている米国政府とだけにしか通用しない「解釈」を、旧安保条約を結び（一九五一年）、防衛庁が発足（五四年）して以来、主張し続けてきたわけだが、イラク特措法によって、自衛隊は憲法にも、日米安保条約にも違反する前例のない海外への「派兵」をさせられたのである。

本書を読んだ読者は第一章で、行政協定の米陸軍草案が日本側に渡された時の「統一指揮（司令部、**unified command**）が、実は当時の日本政府内の少数の幹部のうちでは大問題になっていたことを思い起こしていただきたい（最終的には、有事の際の米軍による指揮権を口頭密約という形で、吉田茂は認めたわけであるが……）。

だが、小泉純一郎首相は、菅直人民主党代表との党首討論（二〇〇三年）において「どこが非戦闘地域かなんて、私に分かるわけがない」とうそぶき、翌年の岡田克也民主党代表との党首討論では「自衛隊が活動している地域が非戦闘地域」と笑顔さえ浮かべて大見得を切ったのだった。

これは、有権者やマスメディアが政府を甘やかし、与党は野党を軽く見ているということである。実際、こうしたことに対する反応は、国会の外においてもほとんどなきに等しかった。これほどまで「指揮権問題」に疎い政治が生み出されるほど、日本の安全保障論議の劣化は史上最悪に達していた。「安保ボケ」だ。

日本は歴史が始まって以来、諸外国の軍隊と共同で戦闘に参加したことはない。第一次世界大戦時の日英同盟でも、第二次世界大戦の日独伊三国同盟のときも、他の同盟国と一体の戦線を組んだわけではない。

「統合」と「統一」の違い

イラク特措法の議論で示された「政府統一見解」では、国連決議の英文（unified command）を「統一された指揮」ではなく「統合された司令部」と解していた。こういう言い換えがなぜ生じたのかを考えてみたい。

最大の理由は、やはり「指揮」が表に出てしまえば、ＰＫＯの国連軍あるいは米軍主導の多国籍軍と、自衛隊とが一体であることが明確になり、憲法九条一項に定める「武力の行使」に抵触する危険性があり、二項が禁ずる「戦力不保持」にも違反すると、「優秀」な官僚が判断したからであろう。それとともに、吉田首相にまで遡る「指揮権の口頭密約」が判明すれば、自衛隊は発足当初から米軍と一体であったことがはっきりしてしまう。

何といっても戦後の政府が繰り返してきた「自分の国は自分で守る」という一枚看板が剝がれ

てしまうわけであるから、「統一指揮」という言葉を避けてきたと考えられる。そういうロジックを理解した上で、日本政府はcommandに「司令部」を使うことにしたのではないのかと推察される。しかも、それだけでない。「統一」を「統合」と言い換えている。「統一」と「統合」は語感も似ているので混同しやすいが、意味内容は異なる。

「統合（joint）」は二つ以上のばらばらにあるものを、ばらばらのままではなく一つに束ねることであり、「統一（unity）」は二つ以上の別々のものを、別々のまま一つに束ねることである。

具体的な例を挙げると、米国の五軍（陸・海・空・宇宙と海兵）を一つに束ねて「統合」した組織が「統合参謀本部」（JCS：Joint Chiefs of Staff）であり、その最高の地位（制服トップ）である議長はただ一人だ。いまは三軍の自衛隊（水陸機動団ができたので米軍にならって米海兵隊のような一大組織になれば四軍）を一つに束ねて「統合」した組織が「統合幕僚監部」（JSO：Joint Staff Office）であり、その最高の地位の統合幕僚長はただ一人だ（自衛隊は二〇二四年に常設の「統合作戦司令部」を新設）。

統合と統一について、別角度からもみておきたい。日本国憲法は第一三条に「すべての国民は、個人として尊重される」とあり、さらに第二四条二項では「個人の尊厳」が定められている。ところが、日本国憲法の第一条は「天皇は、日本国の象徴であり日本国民統合の象徴」と「統合」が使われている。軍事組織の「統合」と同様なら、天皇は国民を「一つに束ねる」ことになる。憲法一三条や二四条を念頭に置けば、「天皇は国民統一の象徴」となるのだが、憲法一条では国民を一つに束ね、日本国民として統べた象徴として天皇を戴くという意味になる。

憲法一条と、憲法一三条・二四条とは矛盾しているのだ。しかし、この点について、憲法議論になったことは戦後一度もない。

ただ、第一条を起草したGHQの案では、**The Emperor shall be the symbol of the State and of the unity of the people**（天皇は、日本国の象徴であり日本国民統一の象徴）と書かれていたし、この英語を訳した外務省案も「統一」であった。ということは、日本政府が最終案をつくる際に、国民をより強く拘束する「統合」という日本語を充て、「国民を統べる」ように考えたと推測できる。

それにしても、世界の比較憲法学者からここを指摘されたことはなかったのか。そこで法務省が外国人向けに出している英訳版を繙いてみた（といっても国会等の承認を受けた公式の英訳ではない）。何とその英訳は、GHQ案をそのまま使い、**the unity of the people**（国民統一）としていて、いまも日本国憲法の英訳文として全世界で定着しているのだった（世界の憲法典の英訳版文献には、たとえば、**Amos J. Peaslee, *Constitutions of Nations*, Springer** がある）。

問題の本質を見誤った議論

日本政府は二〇〇七年に、防衛庁を防衛省に昇格するとともに、自衛隊法の根幹条項の改正を行った。本書の文脈で注目したいのは、自衛隊法三条「自衛隊の任務」に加えられた「日本の周辺地域における平和及び安全に重要な影響を与える事態に対応する活動」と「国際協力の推進を通じて日本を含む国際社会の平和及び安全の維持に資する活動」の二点である。これによって「自分の国は自分で守る」ことが、自衛隊の唯一の目的ではなくなった。

その上で現在の米軍からみれば、すでに在日米軍と自衛隊とは組織図上、イコールでつながっている。こうなると、海外派遣時の指揮権は日米安保のアキレス腱であることを自覚しなければならない基本問題だったことに気づく。

ところが、イラク特措法などを制定して自衛隊の海外派遣がなされた当時、私たちの目は「憲法九条」にばかり向けられ、「日米安保」への関心はほとんどなかった。

〇三年三月一五日に全国で自衛隊のイラク派遣反対の集会やデモが行われた。東京では日比谷野外音楽堂で集会があり、日比谷から銀座までデモ行進が行われたが、主催者たちが、そのデモンストレーションを「パレード」と称していたことが印象深い。もちろん、「憲法九条を守れ」といったスローガンは間違っていないのだが、「日米安保」を問題にしたスローガンは、筆者の視界には入らなかった。思い返せば、稚拙な政治意識をよく表していた。

しかし、問われていた本質は、「日米安保」であった。二〇〇〇年から二〇一〇年代の議論において、日米安保が話題としてほとんど上がることなく、安保法制が主題であっても、憲法九条ばかりが論じられてきたのだった。私たちは時の流れを止めることはできないが、ふり返ってみたとき、安保法制批判はバブル後遺症をひきずっていたことに気づくのである。

政治的な「例外状況」

小泉内閣の細田博之官房長官は、イラク特措法が施行されてしばらく経った記者会見で、その国会論戦について次のように述べた。

「外交上の直接のやりとりを生で出すことはありえない。野党の要求が過大であり、今回の措置は例外的だ」。そして、米英の高官の氏名公表について「外交上の秘密だ」(『朝日新聞』夕刊、〇四年六月二一日、傍点は筆者)。「例外的だ」「外交上の秘密だ」という語気の荒い発言である。筆者は官房長官の切羽詰まった拒否反応から「なにかある」と直感した。

細田の政治家としての経歴は錚々たるものである。〇二年の初入閣以降もいくつもの大臣を経験し、小泉内閣の官房長官(〇四―〇五年)、自民党幹事長(麻生太郎総裁、〇八―〇九年)、衆議院議長(二一―二三年)と、党や内閣の要職を歴任し、首相にこそならなかったものの、ついに立法府の長まで昇りつめた。自民党最大派閥の清和会会長は一四年から衆議院議長に就く二一年まで、七年間という長期にわたった。細田の後の清和会会長は安倍晋三首相である。安倍が演説中に殺害(二二年)された後に明らかになった自民党と旧統一教会の蜜月問題でも、細田は中心的立場にあったことが報じられている。つまり、政界の要職を渡り歩いた細田は、官房長官になった段階で、「密約」や「協議」という日米の最高機密を知る立場にあったはずである。

細田が発した「例外的(な措置)」という言葉に、筆者はどうしても、かのナチス政権に道を開いたドイツのワイマール期を思い起こしてしまう。ドイツの政治学者のカール・シュミットは、一九二二年の著書『政治神学』のなかでこう述べる。

> 例外状況であるためにはむしろ、原理的に無制限の権限が、すなわち現行全秩序の停止が必要なのである。この状態が出現したばあい、法は後退しながらも国家はいぜんとして存続するということが明白である。例外状況といえどもなお、無秩序および混乱とは別物なのであるから、法律学的意味においては、法秩序ではないにしても、いぜんとして秩序が存続するのである。(『政治神学』未來社、一九七一年、一九頁、傍点は筆者)

イタリアの哲学者ジョルジョ・アガンベンによると、ナチスが政権を握るまでのワイマール期の歴代内閣は「二五〇回以上も例外状況を宣言し緊急政令を発布してきた」ということだ(ジョルジョ・アガンベン『例外状態』未來社、二〇〇七年、三二—三三頁)。

強い権力を握った政権は、国民への説明を避けがちになる。その状態が続くと、国民も権力側との対話をあきらめ、国政選挙にすら関心を持たなくなる。こうなると権力側はより増長して、躊躇がなくなる。

当時のドイツの人々は、重なる例外状態に強い批判をせず、その後の政治の成り行きも予測できなかったのはなぜか、と思いを巡らし、ふとわが身を振り返ってみると、納得できた。

たしかに、イラク特措法に見られるような「例外的な措置」によって法秩序は停止し、自衛隊は多国籍軍として派遣されたが、その後も今日に至るまで、日本は無秩序ではない。だが、こうした「例外」の乱発は、国を確実に破壊していくのだ。記者会見は「控えさせていただきます」の連発になる。時代が閉塞状況へと向かうほど「例外」はますます増える。

二〇二二年七月に発生した安倍元首相の銃殺事件がきっかけとなって噴出した旧統一教会問題では、衆議院議長の細田が教団の会合であいさつする動画が明るみになったが、細田は会見やインタビューから逃げ続けた。やっと二三年一月に議員運営委員会の委員と議長公邸で懇談することになったが、「非公開」であった。結局、数々の疑惑は何も説明せず、「例外的（統一指揮権問題）」「非公開（統一教会問題）」のまま、二三年一〇月に衆議院議長を辞任すると、同年一一月一〇日に息を引き取ったことで幕が引かれた。

ナチスと例外状況

シュミットを研究してきた蔭山宏は、著書のなかで「「例外」とは極限の、あるいは極端な事例であり、政治における「例外状況」とは現行の法秩序が停止される状況を意味し、時には人びとの生死が賭けられている状況にもなる」と述べている。往時のドイツを、著作を通じて追体験してきた筆者からのメッセージだ。

しかし、蔭山はこのすぐ後で、「われわれはとかく、「常態（日常的状態）」こそが、すぐれて現実なのだから、現実を学問的に認識するには「常態」を対象とすべきであり、「例外」を取り上げても現実の理解には役立たない、と考えがちです」（蔭山宏『カール・シュミット――ナチスと例外状況の政治学』中公新書、二〇二〇年、一八一―一九頁）と述べて、絶望的になっている私たちを救い出し、自らの日々を生きている「常態」という現実に戻してくれている。

たしかに、私たちは「例外状態」と、「常態」とが共存しているような毎日を生きざるをえない。多くの人々にとって、「時間を止めたい」「立ち止まりたい」と思う時も、時間は無常かつ確実に過ぎ去ってゆく。

「危機」が「日常化」してくると、「例外」も「常態」になってしまう。実は私たちは一九九〇年代以降、有事法制・安保法制という「戦後秩序の例外状態」を生きている。しかも、私たちはそれを「例外」と認識することなく、ナチス誕生前夜のドイツの人々のごとくに生きている。しかも最近の日本では、「例外だ」と言うことさえもなくなってきた。

追及に対しては、一見丁寧な口ぶりで、質問者が諦めるまで何度も何度も同じ「政府解釈」を繰り返して、実質的に「対話」を拒絶、一方的に「ご指摘には当たりません」と質問を遮断する。ごく自然な推測や疑問を「仮定」と決めつけて「仮定のご質問への答弁（コメント）は控えさせていただきます」とていねいに打ち切る。

政治思想を専攻する宇野重規は、シュミットの「例外状態」を論ずるなかでこう述べている。「危機において、超法規的な役割を果たす独裁の役割をシュミットは重視しました。彼の見るところ、近代の思想は十分に例外状態を考察することがありませんでした。結果として、独裁の問題に正面から取り組むこともなかったのです」（宇野重規『民主主義とは何か』講談社現代新書、二〇二〇年、一八五頁）。たしかに、シュミットの研究は、いまを生きる私たちへの箴言だ。

日米同盟、いまだ仮訳中

行政（政府）だけでつくった法的根拠のない「行政文書」が国民の合意を得た法令のごとくに、堂々と「日本の基軸」としてまかり通っている。ほとんどが米国政府との協議によって交わされた安保関連文書なのだが、すでに指摘したように、それらが大量の「仮訳」のまま放置されているのは驚くべきことである。そこで、安保法制に関連する重大な合意のうち、「仮訳」のままのものを挙げてみた。

●首相・大統領の合意文書

①　橋本・クリントン日米安全保障共同宣言、一九九六年

②　森・ブッシュによる共同声明、二〇〇一年

③　岸田・バイデン日米首脳共同声明、二〇二四年

●外務・防衛大臣（長官）と米国側の国務・国防両長官による合意文書

④　日米防衛協力のための指針（ガイドライン）一九七八年

⑤　日米防衛協力のための指針（ガイドライン）一九九七年
⑥　日米防衛協力のための指針（ガイドライン）二〇一五年
⑦　日米同盟：未来のための変革と再編、二〇〇五年
⑧　再編実施のための日米ロードマップ、二〇〇六年
⑨　日米安全保障協議委員会、共同発表、二〇〇五年
⑩　日米安全保障協議委員会、共同発表、二〇〇七年
⑪　日米安全保障協議委員会、共同発表、二〇一〇年
⑫　日米安全保障協議委員会、共同発表、二〇一一年
⑬　日米安全保障協議委員会、共同発表、二〇一二年
⑭　日米安全保障協議委員会、共同発表、二〇一七年
⑮　日米安全保障協議委員会、共同発表、二〇一九年
⑯　日米安全保障協議委員会、共同発表、二〇二〇年
⑰　日米安全保障協議委員会、共同発表、二〇二一年
⑱　日米安全保障協議委員会、共同発表、二〇二二年

もちろん、ここに挙げたのは一部に過ぎず、もっとたくさんあるだろう。

このうちたとえば、①の「橋本・クリントン日米安全保障共同宣言」は、事実上の現行安保条

約の改正と言えるものである。九六年に日米の首脳が東京で調印してから四半世紀以上が過ぎた二〇二四年夏現在、日本語は依然として、仮訳のままである。「二一世紀に向けての同盟」と銘打ったこの共同宣言では、④の「ガイドライン」の改正を定めた。そうして改正された⑤の「ガイドライン」では、「周辺事態法」の制定が示唆されたのであるが、その九七年の日米ガイドラインも、これまた仮訳なのだ。もちろん、⑥の二〇一五年ガイドラインも仮訳だから、これまで三回結ばれた日米ガイドラインは、すべてが仮訳のままということである。

「条約」の解釈として、数ある「国際合意」がすべて国会の承認を得て批准されなければならないわけではないことは周知のことであるが、法令の名称のなかで「条約」とは掲げられていない「国際約束」で「法律事項を含む国際約束」、「財政事項を含む国際約束」は、憲法上、国会の承認が必要とされると七四年の「政府見解」(「大平三原則」)であることは、すでに第一章の解説で述べた通りだ。これは、学説としても多数説を形成している。しかし日本政府は、これら国際合意、国際約束を国会の承認が必要ないと解釈し、合意文書を「仮訳」ですませている。

そもそも、「仮訳」とはなにを意味するのであろうか。「仮」であるということは、当然「正文」があるはず。二国間条約では、一般に二か国語とも正文になる。米国は、英語で書かれている日米合意文書を正文として扱っていると考えられるが、仮訳しか示されない日本政府には、正文がないということであろう。対等な二国間の関係において、まったくありえない状況がいまだに続いていることだけは確かなのである。

「日本独自の指揮権」の現実

ＰＫＯでも多国籍軍でも、自衛隊の海外派遣では「日本独自の指揮権」が強調され、国会の政府答弁では、あたかも自衛隊の海外活動をすべて把握しコントロールしているかのようだった。ところが、政府の答弁と、現地の現実とはだいぶ異なっていたことが明らかになる。ジャーナリストの布施祐仁が入手した自衛隊の記録からは、日本政府が誤魔化し続ける新しい自衛隊の輪郭が見えてくるのである。

自衛隊は多国籍軍として派遣されているのだから、「日本独自の指揮権」が通じるはずないことは、当初から誰の目にも明らかだった。二〇〇三年の自衛隊イラク派遣で、日本側の誤魔化しが足を引っ張って、自衛隊とオランダ軍との連携に支障が生じた事例が、自衛隊作成の「イラク行動史」に記録されているという。

ＭＮＦ（多国籍軍）内の日本隊の地位が不明確であるため、相互の意思疎通が不十分な状況が、情報収集、軍民協力、情報作戦の面で発生した。陸自（陸上自衛隊）として蘭軍（オランダ軍）の要請に対する対応の限界または、基本姿勢が不明確であった。蘭軍としてはＭＮＦとして受けてもらえると思って要請したことが、日本隊では「当然できない」ということがあった。（布施祐仁、前掲書、一五〇頁。括弧内は筆者の加筆）

同様のことは、一九九二年の自衛隊カンボジア派遣でも報告されていた。およそ一〇年の隔たりがあっても、まったく同じ問題に直面したのだった。布施によると、自衛隊文書「カンボジア派遣史」にはこう記されていたという。

> 部隊が国家から与えられた大きな枠の中で司令官の指揮下にあることは、疑いの余地がなかった。このような一般的軍事常識にある各国からの参加者に対して日本の特殊事情を説明することは、多大の労力を要し、同時に同じ職業にあるものとしてのプライドに関わることでもあった。（布施祐仁、前掲書、一九七―一九八頁）

じっさいに派遣された自衛官ばかりか、現地のすべての多国籍軍に迷惑をかけたのである。布施によると陸上自衛隊は、「ＭＮＣ－Ｉ（多国籍軍団－イラク）司令部の「Ｃ２（情報部）」に二人の幹部自衛官を「幕僚」として派遣」していた。陸上自衛隊の「バグダッド日誌」の、二〇〇六年二月二日付の記録を、同書から引用する（■は黒塗りで、隊員名を記していると思う）。

> 現在ナイトシフト（夜七時～朝七時までの勤務）でＭＮＣ－Ｉ情報部で勤務している■は、各国の幕僚と伍して情報分析にあたっている。／第５次連絡班がバグダッドに到着して早々、■

は命題研究チームのリーダーに指名され、２週間後にチームとしての研究成果を情報分析部チーフ（米陸軍少佐）に発表しなければならなくなった。（中略）／かくして[redacted]の試練の日々が始まった。マケドニア、ラトビア、アルバニア等のチームメンバーを率いて毎晩ミーティングを持ち、侃々諤々の議論を戦わせながら命題研究をすすめた。（布施祐仁、前掲書、一四四―一四五頁）

これは、情報分野の佐官クラスによる軍事作戦である。情報将校といういわば陸上自衛隊のエリートが、米陸軍少佐をチーフとした夜勤チームで、各国のメンバーと情報分析任務にあたった報告だ。これこそまさに、米軍の下の多国籍軍、つまり米軍による「統一指揮」そのものではないか。

こうしたことからも、日本の独自指揮権という政府答弁が、昔も今もまったくの絵空言にすぎないことがはっきりする。

日米一体化とは何か

二〇〇八年四月、「自衛隊のイラク派遣差止訴訟」の判決が名古屋高裁で出された。

「航空自衛隊のうち、少なくとも多国籍軍の武力兵員をバグダッドへ空輸するものについては、（略）他国による武力行使と一体化した行動であって、自らも武力行使を行ったと評価を受けざるを得ない行動である」として、「武力行使を禁止したイラク特措法（略）に違反し、憲法九条一項に違反する活動を含んでいる」と判示した（傍点は筆者）。

判決は結局、平和的生存権に対する侵害は認められないとして違憲確認と派遣差し止めのどちらも却下し、国家賠償請求を棄却した名古屋地裁判決を維持したのだが、イラク派遣に反対する全国約三〇〇〇名の原告に、多くの勇気を与えるものとなった。

名古屋高裁の判断に対して、沖縄県選出の山内徳信参議院議員が、政府の見解を質すために出した質問書に対して、政府の答弁は、木で鼻をくくったようなものだった。

「航空自衛隊のイラクでの空輸活動は憲法に違反する活動を含んでいる旨を述べた部分は、判決の結論を導くのに必要のない傍論にすぎず、政府としてこれに従う、従わないという問題ではない」（答弁書、内閣参質一九六第一四一号、平成二〇年［二〇〇八］六月一三日、傍点は筆者）。

政府は事実上なんの見解も示さなかった。政府が、国会ばかりか裁判所も軽んじている姿勢がよく分かる。ここで注目したいのが、判決が示した「一体化」が、「他国による武力行使と一体化」という部分である。ここでは、「軍隊の一体化」や「統一指揮権」ではなく、「他国による武力行使と一体化した行動」が問題となったのだった。

しかし、二〇一五年に国会を通過した安保関連法が翌年施行されると、現実はいっそう深化した「日米軍事一体化」が進められる。陸上自衛隊に「陸上総隊」が新設され、陸自の五つの方面隊が統括された。そして陸上総隊の司令部には、日米一体化を象徴するような「日米共同部」が新設された。日本型海兵隊と言われる水陸機動団や、自衛隊の陸海空を統合した統合司令部ができるなど、自衛隊の機構改革が進んだ。護衛艦の「空母化」が行われ、その後の二二年末には、「国家安全保障戦略」「国家防衛戦略」「防衛力整備計画」のいわゆる「安保三文書」の改正も行われ、「反撃能力の保有」を打ち出し、巡航ミサイル・トマホークの保有も定められることになった。トマホークは「敵地攻撃ミサイル（ＴＬＡＭ：Tomahawk Land Attack Missile）」であるから、相手の攻撃に対して「反撃」するだけではない、攻撃を目的にしたミサイルなのである。

そうした中でマスメディアの報道も、何かと日米の両軍同士の「一体化」を報じるようになったが、それは、「武力行使」そのものだけではなく、抑止力向上を目指す日米の合同訓練・演習の一体化、戦闘訓練の一体化、武器・装備品の一体化へと変化してきた。

こうした軍事的な一体化の対象は、平時も含めて拡大していく。というよりも、ガイドライン（一五年）が「平時・戦時を問わず」ばかりか、日米両国の指揮系統を強調するようになったのだ。「自衛隊及び米軍は、緊密に協力し及び調整しつつ、各々の指揮系統（chain-of-command）を通じて行動する」と。

日本政府見解の明らかな矛盾

安保関連法施行五年目を迎えた二一年三月には、多くの新聞が、その一面に大きな見出しで「日米一体化」を掲げた。「自衛隊が米軍の艦船や航空機を守る「武器等防護」は五年間で五七件実施し、米軍との一体化が進んでいる」（『毎日新聞』二〇二二年三月三〇日）と具体的に伝えられるようになった。

軍事的な一体化は外面的・組織的は当然のことながら、自動的かつ恒常的なものにならざるを得ない。旧安保以来、長年埋もれてきた「日米統一指揮権」の構造が、あからさまに表面に露出してくるようになった。

二二年八月二八日に行われた、日米共同訓練「オリエント・シールド22」に関して、読売新聞は「（現場の）戦術レベルだけでなく、（より規模の大きい）作戦レベル全般を訓練できる段階まで深化している」と報じ、電磁波を利用した電子戦部隊が敵艦を探知し、HIMARS（ハイマース）と陸自の「12式地対艦誘導弾」で（日米が）連携して攻撃する手順を確認した（『読売新聞』二〇二二年八月三一日）と伝えた。

こうした点については、防衛政策の「安保三文書」の筆頭に掲げられる「国家安全保障戦略」の「防衛力の抜本的強化に当たって重視する能力」の項のなかで触れられている。そもそも米国が提案した「統合防空ミサイル防衛（IAMD）」とは、陸海空を統合したミサイル迎撃構想であり、日米共同演習にも出てきた「12式地対艦誘導弾や米国製巡航ミサイル「トマホーク」を使った敵基地攻撃」も含まれるのだという。

ところが、である。

ここまで「日米一体」が明白になっても防衛省は、「日本が主体的な判断の下で、独立の指揮系統を前提」にしていると強弁しているのである（『朝日新聞』二〇二三年一月一一日）。ちなみに、ガイドラインでは、「柔軟性のある指揮・統制のための強化された二国間の運用面の調整は、両国にとって決定的な重要な中核的能力である」と、二国間の「指揮・統制」を強調していることから、防衛省の強弁を鵜呑みにすると、ガイドライン違反となるのだが、それでいいのだろうか。防衛省の国内向け見解を、米軍はどの程度把握しているのだろうか。

政府は、ここまで事実が明白になっても、それを無視して、自衛隊の指揮は「日本が主体的な判断」で行うと、「日本独自の指揮」を強調し続けている。しかもこうした見解とともに、「反撃能力の保有」などという文書が閣議決定される時代を迎えているのだ。

日本政府がこうした二律背反的な姿勢をとる理由は、「日米一体」、「米国の指揮下」を認めると憲法九条に違反することになるためだろう。ところが米国は、日本が米軍の指揮下で軍事行動をとることは、旧安保条約以前からの「密約」や「政府間協議」で合意しているのだから当然とみていると考えられる。

米軍側のメリット

日本政府は、国会でも、国民にも「自衛隊の指揮は、日本独自」、「日本の指揮下」と主張し続けてきている。ところが、実質的に自衛隊は米軍指揮下で行動している。これは米軍から見れば、「一大事」が生じた場合の結果生じる全責任は、日本政府にあるということである。指揮権は日本にあると国内で主張しているので、米軍は国際社会でもそう主張すれば受け入れられるだろう。そう見ているのであるのではないのか。

日米地位協定を思い起こしてみたい。日本に数ある米軍基地が日本から撤退する際の原状回復費用は、日本が持つと最初から定めているのだ。最近米軍基地近郊で起きているPFASに対して、米軍が無責任な態度をとれる理由も同様である。撤退する時にはそのまま「後を濁して」本国に帰ればいいのだ。

ちなみに米軍基地を資産として計算すると、その額は、一四七三億八〇〇〇万ドル（約二〇兆六〇〇〇億円）だという（二二年度の会計年度版の「基地構造報告」、『しんぶん赤旗電子版』同年一一月二一日）。これほどの資産を米軍は長年自由に使いながら、日本に返還する際には原状復帰費用すら日本が持つというのだ。

ある意味で「先見の明」がある米国政府の賢さをもってすれば、日本を戦争に引きずり込んでも、その戦闘から生ずる責任はすべて指揮権を持つ日本にあると考えているに違いない。

ロシアのウクライナ侵攻、中国の膨張政策、北朝鮮のミサイル発射と、日本の周辺がきな臭くなっていることを背景に、日米安保は、圧倒的に国民の支持を得ている。「防衛力強化」についての世論調査は、「支持、五五％」、「支持しない、三六％」（『日本経済新聞』二二年一二月）だ。

日本の司法は指揮権をどう見てきたか――最高裁「砂川事件」判決

立法、行政、司法という「三権」の一角、裁判所は、日米の「指揮権」や「一体化」をどう解釈しているのか。政治家の世界は言わずもがな言論界でも、「米国による統一指揮」問題は、日米安保体制が発足して以来まったく議論の対象になってこなかった。ところが実は、司法の世界では、最高裁が判決の中で「指揮権」に触れている。それは意外にも、日米安保条約を違憲とはしなかった「砂川事件（＊3－1）」最高裁大法廷判決の中においてだった。

（＊3－1）砂川事件：東京の在日米軍立川飛行場の拡張に反対する「砂川闘争」における一連の訴訟。そのなかでもとくに、一九五七年の事件（デモ隊が米軍基地の境界線を越えて基地内に数メートル侵入し、刑事特別法違反で起訴）をさす。

最高裁は一九五九年の大法廷判決で、「指揮権」についてこう判示している。

駐留軍隊は外国軍隊であって、わが国自体の戦力ではないことはもちろん、これに対する指揮権、管理権は、すべてアメリカ合衆国に存し、わが国がその主体となってあたかも自国の軍隊に対すると同様の指揮権、管理権を有するものでないことが明らかである。（中略）わが国がその駐留を許容したのは、わが国の防衛力の不足を、平和を愛する諸国民の公正と信義に信頼して補おうとしたものに外ならないことが窺えるのである。（最高裁大法廷判決、昭和三四［一

九五九〕年一二月一六日、『判例時報』二〇八号、一〇頁以降。傍点は筆者）

砂川事件大法廷判決のこの判示は、繰り返し注目されてきた。米軍が米軍の指揮権、管理権を持つことは明白だが、日本が米軍の駐留を許しているのは日本の防衛力不足を補うためである、ということだ。

これは、当時の一般認識にもかなっていた。ところが、現実はまったく異なる。「わが国がその駐留を許容したのは、わが国の防衛力の不足を、平和を愛する諸国民の公正と信義に信頼して補おうとしたものに外ならない」という「わが国」が、軍事費で世界の一〇番目（二〇二三年のSIPRI調査）となり、二三年から二七年の五年間で四三兆円への増額を目指している。これがかなえば、世界第三位になる。判決当時の田中耕太郎最高裁長官は、戦後八〇年を迎えようという日本が、これほどまでの軍事大国になるとは考えてもいなかったであろう。

米軍と自衛隊の一体化が進み、少なくとも米軍は、自衛隊への指揮権、管理権を「分有」していることも明らかになってきた。日米の「基地の相互使用」が急増し、しかも米国は、「日米共同訓練」という使用目的で、「日本が管理する自衛隊基地などの合意」を求めている（『東京新聞』二三年九月一〇日）。

さらに、本書で指摘してきた「統一指揮権」の現実を正視すれば、最高裁判決の判示する「自国の軍隊に対すると同様の指揮権、管理権を有するものでない」の「指揮」は、「自国の軍隊に対すると同様の指揮権を有するもの」へと完全に変わったことになる。一五年の日米ガイドライン以降は現実に実働演習を行っているのだ。

内外両面からの「日米一体化」

憲法と安保体制の法構造の具体的解明は一九八〇年代から最近までほぼ失われてきたが、日米安保体制の実態を歴史的に、法構造から捉え直す視点が必要である。

とはいえ、「日米一体化」という現実――「砂川事件」最高裁大法廷判決の時には考えられなかったほどの質的変化――によって、むしろ内面から、それらの矛盾解明が可能になる時代を迎えていることは、なんとも皮肉である。

たとえば、日本が今後大量に購入する予定のトマホークなどの兵器は、日本が「所有権」を持つことになる。しかし、だからといって米国の「管理権」なども、日本へと完全に移転するわけではない。

トマホークは、低く空を這うように飛行して、「敵」の攻撃を避けて相手方に達する。その際に使用される地形の情報は、「最高機密中の最高機密」とされており、米軍内部でも「**Eyes only**（見るだけ）」であって、門外不出だ。日本が米国からトマホークを何百発何千発購入しようとも、その「最高機密」がなければ、宝の持ち腐れである。

最新兵器には「特許」なども多いが、そうした「米国の特許」や「米軍の機密」に日本側は介在できないのだから、米国側が一定の管理を続けることになるわけで、結局、日本が購入する最新鋭の武器は、モザイク模様の「日米一体」とならざるを得ない。日米一体は、外面的一体からつぎつぎに内面に入り込み、いずれ「完全一体化」へと及ぶことになる。

だがこの一体化は、「砂川事件」最高裁大法廷判決が判示した「指揮権」認識と真逆である。日米の軍事化が進めば進むほど、その分だけ「憲法九条違反」が明白になるのだ。五九年の司法判断が、形を変えたブーメランの如く、「憲法九条」の足元に舞い戻ってこようとしている。

第四章
「セキュリティ」――原点と変遷

「安全保障」の起源

日本語の「安全保障」という言葉は、国際法学者の高野雄一によって、日米安全保障条約が発効された直後に、つぎのような概念としてつくられた。

安全保障は、国家の安全を対外的にいかに保つか、ということである。国内的な安全、つまり治安の確保、とは別である。とくに国家安全保障というときは、このことはなおさら明らかである。治安の問題は、国内社会・国内法に属するが、安全保障の問題は、国内社会・国内法に関係する。直接には国際社会・国際法に属する安全保障は、いいかえれば、国家を他国からの攻撃・侵略のおそれのない状態におくこと、即ちかかる攻撃や侵略を未然に防ぐとともに一度それが起こればこれを鎮圧しうる状態におくこと（高野雄一『国際安全保障』日本評論社、一九五三年、五頁）

高野雄一と言えば、国際法学会の理事長を務め、東大教授として一九五〇年代から八〇年代にかけて活躍した、いわば「安全保障」の権威だ。高野のこの著書は日米安全保障条約がつくられた五一年の直後に出版されている。それはまた、日米安全保障条約が、四七年に米国でつくられた「国家安全保障法」の安全保障観に基づいているとも見ることができよう。

こうした学問上の「権威」は、国語辞典にも現れている。『広辞苑 第七版』（岩波書店、二〇一八年）の「安全保障」の項を見るとこう書かれている。「外部からの侵略に対して国家および国民の安全を保障すること」。高野の著書のなかでは「外部・対外的」、「他国からの攻撃・侵略」、「鎮圧」などといった語句に出会う。『広辞苑』は、短い表現であるが「外部」や「侵略」にもみられるように、基本的には高野と同一の概念と見ることができよう。『広辞苑』の初版は一九五五年だが、高野の著書とともに日米安保体制の時代を歩んできたことがわかる。

それはまるで昨今の日本国内で日常に使われている「安全保障」に対する見方そのもののように思われた読者も多かったのではなかろうか。高野の著書や『広辞苑』の安全保障概念は、冷戦下の国家安全保障を念頭に構想されたと考えられるが、考えてみれば、日本の安全保障は冷戦終結から三〇年も経っているにもかかわらず、政治の現状も、少なくともこの東アジアでは、冷戦政策のままに固定されているから、現状に見合った概念として受け取られても当然だろう。

ところが、イギリスの政治思想史家の「安全保障」の概念は、高野や『広辞苑』のそれとはかなり大きく異なっている。R・N・バーキー（Robert Nandor Berki）は、その著書『安全保障と社会』（*Security and Society: Reflections on Law, Order and Politics*, J. M. Dent & Sons, 1986）のなかで、こう述べている。

オックスフォード英語辞典（OED）が定義しているように、安全保障（セキュリティ）は危険に晒《さら》されることなく、危険から守られている状態を意味する。つまり、それは懸《け》念《ねん》からの自由あるいは自己確信、まさに十全な基盤を持った信頼を意味し、不安、心配事、懸念からの自由を意味する。それらは、根元的には、保護、安定、自由を意味する。それらはすべて、ともに「よきもの」、基本的「価値」を構成している。しかしながら、あらゆる安全保障の意味合いが肯定的であるわけではないということも同時に指摘しておこう。オックスフォード英語辞典の項目にもあるように、安全保障のさらに古典的な意味合いは、咎《とが》められたり、非難されたりする心配のない、たとえば不安のない状態である。(pp. 19–20)

高野の「安全保障」概念とはまったく異なることに気づく。バーキーの「安全保障」概念からは、「国内・国外」とか「攻撃・侵略」といった言葉には出会わない。「危険に晒されることなく、危険から守られている状態」という概念からは、国家の存在を前提にしない、時代を超え、時間を超えた様々な社会状態が想定されている。

たとえば、バーキーは先の著作のなかで、なんとも驚かされるが、シェークスピアが安全保障(security)を「油断」という意味に使っている例を紹介している。「マクベス」(一六〇〇年頃の執筆。第三幕、第五場)では「運命を嘲《あざけ》り、死を馬鹿にして、知恵も、情けも、恐れも忘れて、空《むな》しい望みを後生《ごしょう》大事に守ってさ。油断(security)は人間の大敵さ」(シェイクスピア、小津次郎訳「マクベス」中野好夫他訳『シェイクスピアI　世界古典文学全集41』筑摩書房、一九六四年、三三五頁）というのである。

いささか驚かされるが、そもそも「安全保障（security）」という言葉自体が、もちろん英語のsecurityを前提にしてのことであるが、多様な概念を含んでいることを教えられる。しかもそれは単に劇作家ばかりでなく、社会科学者から見ても同様なのである。

「安全保障」という概念をたぶん最初に生み出し、その概念構想と格闘してきたのは、後述のジェレミー・ベンサム（Jeremy Bentham、一七四八年—一八三二年）であったと思われる。彼の晩年の大作*Constitutional Code*（『憲法典』）において、「最大多数の最大幸福」という国家目標を掲げていたことはよく知られているが、そのためにあらゆる形の害悪（evil in every shape）に対して、「生存・豊富・安全保障を最大限化する」ことだと主張している。あまり知られていない安全保障論であるが、ベンサムと同時期の社会科学者の文献も調べてみた。

アダム・スミス（Adam Smith、一七二三—九〇）の文献は、安全保障への論及はあまり見られないと思っていたが、『道徳感情論』（一七五九年）では、つぎのように「安全保障」を見ている。「安全保障は慎慮の、第一のそして主要な目的である。それはわれわれの健康、われわれの財産、われわれの身分、われわれの評判を、どんな種類の危険にもさらしたがらない」というのである（アダム・スミス、水田洋訳『道徳感情論　下』岩波文庫、二〇〇三年、九六頁）。さらにイギリスの中世経済史を専門とするエマ・ロスチャイルド（Emma Rothschild）は、スミスの見方をこう解している。「スミスは、「個人の自由と安全保障」は、公共が豊かであるということの福祉

（opulence）の発展に、最も重要な要件であると考えていた。安全保障は、人もしくは財産への予測される突然のあるいは暴力的な攻撃から身を守る概念だと理解されていた」（Emma Rothschild, "What is Security?", *Dædalus*, Vol. 124, no. 3, The Quest for World Order, summer, 1995, pp. 61–62）。

なんとも、時代を超えた、深い洞察力に驚かされる。「冷戦」などという歴史の「小さな一《ひと》齣《こま》」を普遍的な概念と固定化した偏見を飛び越えて、人間が生きるために必要な「暴力的な攻撃から身を守る概念」だと教えてくれているのだ。

日本語の「安全保障」

たしかに「安全保障」という言葉は多くの場所で使われている。その場合は、先の高野の概念の説明のごとく、「国家安全保障」の意味で使われているのであるが、日本では、それ以上に、「セキュリティ」というカタカナ英語が多用されていることに気づく。パソコンやデジタル化が進むなかで、いまや「セキュリティ」というカタカナ英語は、完全に日本語になってしまっている。そして、「安全保障」という言葉と「セキュリティ」という言葉とは、まったく違った語感になってしまっているのだ。

「安全保障」は、多くの場合、日米安全保障との関係で使われている。さらに、「厳しい安全保障環境の下で」などという言葉の「厳しい」は「安全保障」の枕詞になってしまった。日米安全保障条約という条約名の英訳はJapan-U. S. Security Treatyとあるから、日本語で「日米安全保障条約」という条約名を使うことは当然である。しかし、なんとも不思議なことに、肝心な条文のなかでは、「安全保障」という日本語は使われていないのである。

日米安保条約の前文や第一条にある英語のinternational peace and securityとある箇所の日本語は「国際の平和及び安全」とあり、securityに対して「安全」が使われ、「安全保障」という日本語は使われていないのだ。

そして日米安全保障条約に限らず日本国憲法も、それは同様なのである。日本国憲法はGHQによって起草された。GHQは日本の新しい憲法の前文を、世界に向かっての日本の独立宣言であって欲しいと考え、起草文を考えたようである。しかし、日本政府は明治憲法の「告文《こくぶん》」は知っていても「独立宣言」には関心がなかったので、否、そんなどころか日本政府にはこの憲法が、帝国憲法とは価値を異にし、日本にとって時代を画する憲法だという認識などまったくなかったので、前文は付けずにGHQに対してGHQ案を基にした政府案を提出した。もちろん、日本政府から見れば、日本は独立する必要性がないのだから、独立宣言も必要ないと考えたのだろう。

ところがGHQは「国民主権」や「平和に生きる権利」などを掲げたGHQ案の前文を重視していたので、政府案に前文を付けるように強く主張したのだが、政府側は、前文を付ける準備がなかったし、すぐつくれるわけではなかったので、GHQの作成した案に従わざるを得なかったようだ。

こうしてつくられたＧＨＱ案に基づいた政府案の前文にある「平和に生きる権利」の部分は、こう書かれていた。「平和を愛する諸国民の公正と信義に信頼して、われらの安全と生存を保持しようと決意した」。つまり、「われらの安全と生存」という日本語は、ＧＨＱがつくった英文では our security and existence（われらの安全保障と生存）であった。

さらにまた、前文ばかりでなく、ＧＨＱ案では本文のなかにも「安全保障」が現れる。国民の生存権を定めた憲法第二五条二項は、こう書かれている。「国は、すべての生活部面について、社会福祉、社会保障及び公衆衛生の向上及び増進に努めなければならない」。ここに書かれている「社会保障」の英文は、social security だ。social security は、セキュリティの一形態であるから、日本語に直訳すれば「社会的安全保障」になる。こうしてつくられた政府案は日本国憲法の正文《テキスト》となり、その後日本国憲法の英訳版がつくられることになったが、その上記の部分の英訳はＧＨＱ案の英文そのままで、今日も変わっていない。

つまり、日本国憲法には「安全保障」という言葉は書かれていないのだが、英訳には security が書かれている。であるから、英語圏の人々、もちろん英語訳を参考にした様々な外国語圏の人々、そこには外交官も研究者もいるであろうが、こうした外国人は日本の憲法に「安全保障」は書かれていると理解しているであろう。

こう見ると、安保条約にせよ、憲法にせよ、security は「安全保障」ばかりでなく日本語では「安全」にも「保障」にも使われていることがわかる。そこで「安全保障」ではなく、日本語の

「安全」だけなら『広辞苑』でどのように解説されているのかページをめくってみた。「安全」は、「安らかで危険のないこと」とある。少なくとも、「安全」は「安全保障」とは、使われ方がまったく異なる。「安全」はむしろ「安心」に近い。そういえば、日本語では「安全・安心」と、概念の検討よりも語呂がいいからか、「対《つい》」になってよく使われている。

日本語では「安全保障」の意味だとは気づかない「安全保障」は他にもある。多くの人々に知られているスヌーピーの仲間のライナスは、親指をくわえて、毛布をしっかりと握りしめて、「安心は親指と毛布（Security is a Thumb and Blanket）」と言っている（チャールズ・M・シュルツ、谷川俊太郎訳『スヌーピーの安心は親指と毛布』主婦の友社、二〇〇八年）が、ここでの「安心」の原語は、securityだ。日本語では子供の世界でほとんど使われることがない「security＝安全保障」が使われている。

安全保障の反対語

社会科学の世界でも、securityが「安全保障」と訳されているとは限らない。

いまから一〇〇年ほど前の一九二〇年に設立された国際連盟の「規約」の日本語訳に、「（締約国は）国際協力ヲ促進シ、且各国間ノ平和安寧ヲ完成セムカ為」とあるが、その「平和安寧」の英語原文はpeace and securityである。また、四五年につくられた国連憲章の「目的」を定めた第一条の日本語は「国際の平和及び安全を維持すること」とあり、その部分の英語原文はto maintain international peace and securityであるから、それを日本語に直訳すれば「国際の平和及び安全保障を維持する」となる。

第一次大戦後に、「社会保障」という制度が誕生していることはよく知られており、日本語の「社会保障」の原文がsocial securityであることは先ほど紹介した通りだが、憲法二五条一項で定められた「健康で文化的な最低限度の生活」こそ、まさにバーキーの安全保障概念にある「危険に晒されることなく、危険から守られている状態」そのものだ。

このように「安全保障」を見てくると、securityを輸入した日本語の「安全保障」は、どうもしっくりこない用語、あるいは内容に一致しない概念となっているようだ。そのことを強く教えてくれるのが、「安全保障」という日本語には反対語が存在しないということだ。

英語のsecurityの反対語は、insecurityで、普通によく使われる。このinsecurityをそのまま日本語にすれば、「反安全保障」になるが、そういう日本語はどこにもない。そこでinsecurityに対応する日本語を英和辞典で調べてみると「不安定、危険、不確実、不安」などという日本語が出てくる。だがこれらは日本語の「安全保障」の反対語ではない。そこで日本語の「不安定、危険、不確実、不安」を和英辞典で調べてみる。そこにinsecurityが出てくればいいのだが、これらの日本語に対応する英語は、instability, danger, uncertain, anxietyであって、どの和英辞典からもinsecurityは現れない。

つまり、私たちが使っている「安全保障」という日本語は、英語のsecurityと一致せず、そればかりかsecurityに対して「安全保障」という日本語はさして使われておらず、使用されている日本語訳の多くは、「安全」「安心」のような「安全保障」の一部に過ぎないことがわかる。そのために、たとえばsocial securityは英語圏あるいは欧米諸国ではsecurityの一形態であるにもかかわらず、日本語の「社会保障」は「安全保障」の一形態とは認識されていないのだ。

日本語の言葉としての社会保障の概念は人間の「生存」を基本に置いた人権であるのに対して、日本の政治で使われる安全保障は統治のための軍事を意味する国家安全保障を基本に置いており、従って安全保障の概念には「生存」は含まれていない。日頃「安全保障」を「国家安全保障」と解している私たちから見ると、「安全保障」という言葉からは、軍備や基地、あるいは軍隊を連想するに違いない。

「国家安全保障」（national security）のnationalは「国家組織」という訳ばかりか「国民全体」という意味も含む多面的な言葉であるが、多くの場合に日本では「国家組織」（state）のごとく使われている。従って、「人間の安全保障」などという言葉が現れると、「人間」と「安全保障」が結びつくことが理解できなくなってしまう。たとえば二〇二二年末に政府から出された「国家安全保障戦略」の文書などを読むと、「国家」を「国家組織」（state）とだけ解していて、国籍を持つ「国民全体」（national）のための安全保障などは考えていないことがわかる。

すでに本書で何度も指摘してきたように、政治的に使われる言葉や訳語は、政治概念を不明確にしてきた。時によっては、政権が意図的に自己に有利な言葉を選択してきた。それだけに、次項からは、本来securityは、いかなる意味を含んできたのか、そして第二次大戦後に米国の冷戦政策との関係でつくられたnational securityという概念はいかなる歴史的背景を持っているのか、その原点に挑み、国家安全保障に閉じ込められた「安全保障」の一面的で狭隘で貧困な概念をその束縛から解放して、長い歴史と広い視野から検討してみることにしたい。

安全保障の発見

安全保障の起源をたどってみると、その源にいるのはジェレミー・ベンサムである。「最大多数の最大幸福」を唱えた功利主義者・経済学者として知られるベンサムだが、なかには一望監視の円形刑務所施設（パノプティコン）の考案者であることを思い起こされた読者もいるかもしれない。しかし、法律家として自国のイギリスばかりか諸外国の刑法改革・監獄改革・議会改革・裁判制度改革などの立法改革に取り組んだこと、安全保障を憲法理念のなかに位置付けたことは、日本ではほとんど知られてきていないように思える。

まず、「安全保障」を「自由」との関係で見ることにする。『ベンサム全集』の編集者の一人であるフレッド・ローゼン（Fred Rosen）は、ベンサムの「自由」と「安全保障」の関係をつぎのように述べている。

「ベンサムにとって、自由は二番目の意味を持っていたのだが、他の論者や自由主義者たちは市民的自由を生み出すことによって、「自然的」自由が犠牲にされることを認めようとしない点に不信を感じていた。したがって、ベンサムは「安全保障」の考え方にこの自由の二番目の考え方を置き換えた」と述べて、ベンサムがある伯爵宛てに送った書簡の一部を引用している。

それによると、「「自由」という言葉は、政治問題に関する論文で使われた、かなりいい加減な感触の輸入品のようなものであって、私は、（白状しなければなりませんが）自由という言葉を使うことは好きではありません。「安全保障」とは、多くの場合、私にとって自由に代わるありがたい代用品（**advantageous substitute**）のような言葉であり、それは、一般的に個人への悪事に対抗する「安全保障」、公務員による悪事に対抗する「安全保障」、外国の敵対者による悪事に対する「安全保障」というように使われる言葉」なのだという。（Gunhild Hoogensen, *International Relations, Security and Jeremy Bentham*, Routledge, 2005, p.185）

たしかに西欧の近代は自由とともに始まり、日本では戦前までは「自由」は抑圧されてきたが、戦後はなにかと「自由」は重要な政治的価値となった。

哲学者のハンナ・アーレント（一九〇六―七五）はこう見ていた。「一七、八世紀の政治思想家は、政治的自由はもっぱら安全保障と同一とみなした。政治の最高目的すなわち「統治目的」は、安全保障であり、安全保障は自由をもたらす」（ハンナ・アーレント、齋藤純一・引田隆也訳）『過去と未来の間』（みすず書房、一九九四年、二七二頁）というのである。しかし、二一世紀に生きる日本人にとって「安全保障は自由をもたらす」とは、驚きでしかない。

日本語では **free**、**freedom** も **liberal** も、どれも「自由」という同じ日本語を使っている。日本の政権政党である自由民主党の英語表記はＬＤＰ：Liberal Democratic Partyだ。つまり自民党の「自由」は「リベラル」だが、その自民党を支持する人が、「リベラル」批判をしても（その場合は自民党より左派系の人や集団を指して「リベラル」と言っているようだが）、違和感を覚えないほど、「自由」が多用されていることは確かだ。従って、私たち日本人はベンサムが指摘する「自由」とは「政治問題に関する論文で使われた、かなりいい加減な感触」であることは、ベンサム以上に実感できているに違いないと思われる。

ベンサムは人間が持つ「期待感」が「安全保障」に与える点を指摘している。ベンサムはその主著『憲法典』（Jeremy Bentham, *Constitutional Code*, Vol. I, ed. F. Rosen and J. H. Burns, Clarendon Press, Oxford, 1983）のなかで、国家機関の担い手たる人民が「利得者（gainer）となり、最大幸福を得ようと〈希望ないしは期待〉を持った時に、適正能力が最大限化される」と説く。いかにも功利主義者・ベンサムらしい主張だ。

ベンサムは、この「期待」の「継続」こそを「安全保障」と見て、こうも述べている。

「期待とは、われわれの現在を未来へと結びつけ、われわれの向こうにいる世代へとわれわれを引き渡す絆である。人の感性とは、この絆の輪全体を通じて広がるのである。安全保障の理念とは、これらあらゆる期待が継続することを願っており、安全保障の理念は、彼らが法律に従う限り、法律自身が制定した期待に従うべきであるということである」

なんとも、功利主義だけでなく理想主義をも彷彿とさせる言葉ではないだろうか。安全保障は

「われわれの向こうにいる世代へとわれわれを引き渡す絆である」などと、およそ日本では聴く機会を失ってしまっている現実を見せつけられる。

最後に、それではベンサムは「平和」をどう見ていたのか。これはまったく知られていないことだが、ベンサムにも、平和を論じた論文がある。いくらか長い表題なのだが、"**A plan for an Universal and Perpetual Peace, in Principles of International Law**"（「国際法の諸原則における普遍的かつ永遠の平和綱領」。本書では「永遠平和綱領」と表記する）とあり、それは「全集　第二巻」の「国際法の諸原則」の第四論文という、巻末にひっそりとわかりにくい箇所に収録されている（*The Works of Jeremy Bentham*, Vol. II, Russell & Russell, 1962）。

ベンサムがこの「綱領」に掲げた内容はかなり長文なのだが、主眼は「軍縮と植民地の解放」であった。たしかにこの論文のなかでは「平和」に触れていないが、「戦争の廃止」にも触れていない。したがって、平和の「最終目的」を「すべての植民地の解放」と「新たな植民地を（新たに）見出さない」ことに置いている。ベンサムはその「理由」として「母国の利益」、つまり英国の利益のための「植民地の解放」を考えていたのだ（ベンサム、同書）。

ベンサムは、憲法論をはじめ多くの立法政策を、国際関係の視点に立って論じてきた啓蒙思想家であったが、「絶対平和主義者」ではなかった。イギリスの政治史家のヒンズリー（**Francis Harry Hinsley**）は、「彼（ベンサム）は、先人たちが関心を持ったほど戦争の回避に関心を持たず、あるいは問題の性質に気が付かなかったが故に、ある状況では悪魔の選択として戦争を正当化したにちがいないと（一般に）信じられた」と批判していた（F. H. Hinsley, *Power and the Pursuit of Peace, Theory and Practice in the History of Relations Between States*, Cambridge University Press, 1963, p. 81）。またマルクス（Karl Marx）は、『資本論』のなかでベンサムを痛烈に批判していたといわれている。

カントの平和論

カントは、誰でも知っている『永遠平和のために』を一七九五年に出版している。ベンサムの「永遠平和綱領」は、カントの著書よりも早く脱稿していたが、発表はカントよりはるかに遅く、ベンサム死後の一八四三年だった。ベンサムとカントはほぼ同時期に、それぞれ「永遠平和」を掲げた論文を執筆していたことになる。

ところがこの二人の巨匠の平和に関する考えは対照的であった。日本では、「平和」といえばカントと言われ続けているが、そうしたカントへの見方は、また安全保障への見方との関係で、われわれに影響を与えていると考えられる。

カントは、絶対平和主義の立場で、著書のなかで「戦争の種を持つ平和条約は平和条約ではなく」、「独立国家は他国を取得できない」こと、「常備軍は全廃」することなど五項目を「禁止を命ずる禁止法則」と定めている（カント、宇都宮芳明訳『永遠平和のために』岩波文庫、一九八五年、一三頁）。

なかでも「常備軍の全廃」では、ベンサムと平和主義の見方が大きく異なっている。「常備軍はいつでも武装して出撃する準備を整えていることによって、他の諸国をたえず戦争の脅威にさらしている」と、その後も今日にいたるまで多数の国々で当然視されている常備軍制度を正面から批判していた。

結果的には、ベンサムとカントは、ほぼ同時期に平和論を掲げたにもかかわらず、カントは、自然法主義者や絶対平和主義者によって、日本ばかりか広く世界の人々に受け入れられてきた。それに比して、ベンサムは功利主義者であり、彼の平和論は、もちろん安全保障論も、カントのように受け入れられることはなかった。さらにカントは、安全保障には論及しておらず、それ以外にもベンサムとは学問方法論において大きな違いを持っていた。

たしかに、それぞれ学問分野が異なることは考慮しなければならないのだが、とはいえ啓蒙期の言論は現今のごとく、学問分野は細分化されていなかったと思われるが、ベンサムは、すでに述べたように、憲法を始めとして、英国はもとより諸外国の立法論に関心を持っていたので、実に現実的な視点と分析力とをもっていた。

これに対して、カントは哲学者として、現状の分析はともかくとして、たとえば平和論にしても立法学的・現実的視点はなく、抽象的・観念的な立論に終始してきた。実はこの両者の視点の違いは、日本の安全保障論にも大きな影を落としていると、筆者は考えている。

安全保障と平和

なぜ、ベンサムの安全保障論が広く知られてこなかったのか、いろいろ論じられているようである。一つにはベンサムの諸作がきちんとした形で刊行されてこなかったことによるが、ベンサムがマルクスに批判されていたことにもよっているようである。

法哲学者の恒藤武二は、「ベンサムに対する恐らく最も痛烈な最初の批判者はカール・マルクスだろう」と述べている（恒藤武二「J・ベンサムとその功利主義思想について」『法理学の諸問題』所収。有斐閣、一九七六年、二五八頁）。しかもその後のマルクス主義者も、日本以外でもベンサムに関してばかりか安全保障そのものに関心がなかったことが指摘されている。

北欧のコペンハーゲン学派の安全保障研究者であるヴェーヴァ（Ole Wæver）は、ドイツの平和研究者のエグベルト・ヤーン（Egbert Jahn）らとの共著で、以下のような驚くべき事実を紹介している。「（共産主義国家の）東は、（資本主義国家の）西よりも平和の概念を多く用いた。その結果、「共産主義」の鐘の音が（東で）鳴り響くことになった。東側は「安全保障」という用語をそれほど多くは用いなかった。「安全保障」という用語は、マルクス－レーニン主義の理論に基づいていなかったのである（たとえば、権威ある『V・I・レーニン全集　索引』に「戦争」と「平和」に関しては数頁にわたって書かれていたが、「安全保障」に関しては書かれていなかったのである）」（Egbert Jahn, Pierre Lemaitre and Ole Waever, *European Security: Problems of Research on Non-*

Military Aspects, Paper 1, Copenhagen, 1987, p. 71)。

このあまりにも信じがたい指摘を受けて、日本語訳を調べてみた。ソ同盟共産党中央委員会付属マルクス＝エンゲルス＝レーニン研究所編、マルクス＝レーニン主義研究所訳『レーニン全集別巻Ｉ』（大月書店、一九五九年）の「索引」（「索引」だけでなんと七〇〇頁を超える膨大なものであったが）を開いてみると、索引のなかに「安全保障」の項目はどこにもなかった。

もちろん、「安全保障」は、その後に「国家安全保障」となり、「反共」を掲げた概念・制度設計がされているが、より根元的には両者の学問方法論の違いにあるように思える。ベンサムは、すでに紹介したように立法に関心を持ち、具体的現実を通じて安全保障を憲法のなかに位置付けていた。

それに対してカントは哲学者として、具体的現実よりも抽象的観念の下に平和論を打ち立てていた。しかも、カントの平和論は絶対平和主義であったのに対し、ベンサムも哲学者であったが、その平和論は、自由と人権を基調としつつも絶対平和の立場には立たず戦争を前提にした「平和論」であった。

そうして第二次大戦を経て冷戦期に入り、安全保障が国家安全保障へと変質されるなかで、ベンサムの安全保障観は存立基盤を失うことになったと著者は見ている。それは同時に、ベンサムが主張した本来の重要な安全保障の概念である「自由」、「生存」や「期待」という概念、それは平和への論理的な架け橋となる概念であったと筆者は見ているが、そうした概念を失うことにもなったのであった。

日本の平和思想は、憲法のそれも含め、筆者から見ると、カントの『永遠平和のために』を基底において、観念的・理念的で、立法、なかでも立法過程への視点はなかった。従って、憲法の平和の思想も、実定法の解釈を主軸に、「安全保障」への理念・原理への理解・関心を持たず、安全保障を国家安全保障と解して、平和の対立物とみなしてきていると感じられる（古関彰一『安全保障とは何か　国家から人間へ』岩波書店、二〇一三年、三一—三二頁）。

安全保障と社会保障

ベンサムが提起した安全保障の概念は、個人が「危険に晒されることなく、危険から守られている状態」を想定していた。ところが、二〇世紀に入り、貧富の差は拡大し、ロシアでは共産主義革命がおこり、世界が第一次大戦を経験する中で、人類は世界規模でスペイン風邪の感染症や経済恐慌を、個人を超えて集団で経験することになったのだ。つまり、個人レベルを超えた、社会レベルで「危険に晒される」「不安」な時代を迎えることになったのである。

ここに登場したのが、「社会保障」（social security）という名の安全保障であった。日本語でもかつては「困ったときは、お互い様」という助け合い精神を象徴する言葉があった。個人では解決できない「危険に晒される」なかで、相互扶助の精神で、団体として安全保障を求める「社会保障」制度が生まれたのだ。会員組織の団体をつくり、会員は団体に保険料を拠出し、死亡した際に給付を受ける生命保険、医療給付を受ける健康保険など相互の保険制度が生まれた。現在、保険相互会社は五社あるが、かつてはもっとたくさんの保険相互会社が存在した。日本を代表する生命保険会社のひとつ「第一生命保険」は二〇一〇年に株式会社になったが、それ以前は「第一生命保険相互会社」という社名で、一九〇二年に日本で最初の相互保険会社として誕生している。

貧富の差が大きな社会問題になる中で、社会保障は程なくして憲法上の国民の権利として認められるようになった。そのはじまりはドイツのワイマール憲法の出現（一九一九年）だ。ワイマール憲法は、「すべての者に人間たるに値する生活の保障」という、「掛け金を拠出する特定の団体」の社会保障から、すべての者の社会保障を含む生存権という新たな「権利」による保障が定められることになった。

それは憲法上の人権に自由権のみならず、新たに社会権という人権を加えた、人権概念を革新する画期的な意味を持ったのだった。さらにまた、国家の視点から見ると、社会が「危険に晒され」、「不安」な時代は、国家も不安定となり、「国家的安定」の保障を必要とする視点をも含むことになったのだった。社会保障学者は「社会保障制度は社会がおこなう保障制度というよりも、社会の安定を確保するための制度と理解すべきであろう」（田多英範『日本社会保障制度成立史論』光生館、二〇〇九年、一八頁）と、じつに鋭く指摘している。ということは、米国ではこの段階で、社会保障制度は一九三五年にすでに「社会の安定を確保するための制度」になり始めていたのだ。

冷戦を迎えると早々に四七年には国家安全保障という制度へと転化することが可能になっていた。

とはいえ、人権としての安全保障であることから、たとえば、日本でも国民年金法が「国民生活の安定がそこなわれることを国民の共同連帯によつて防止」（同法第一条、傍点は著者）するとか、あるいは生活保護法が「国が生活に困窮するすべての国民に対し、その困窮の程度に応じ、必要な保護を行い」（同法第一条、傍点は筆者）と、憲法理念を実施する目的として国民の生活の視点を掲げていた。この点は、つぎに紹介する軍事中心の「国家安全保障」との大きな違いと言えよう。

社会保障の分裂

ところが、第二次大戦の只中にあって、ウインストン・チャーチル英国首相とフランクリン・D・ルーズベルト米国大統領は、戦後世界を構想して「大西洋憲章」（一九四一年）を発し、「改善された労働条件、経済的進歩及び社会保障（social security）をすべての者に確保するため、すべての国の、経済的分野における完全な協力をつくり出すことを希望する」（外務省の『条約集』による「大西洋憲章」の social security に対する訳文は「社会的安全」となっているが、ここでは「社会保障」と訳した）と宣言した。

ヨーロッパでは、生存権という人権である「社会保障」が、憲法はじめ国の法制度となって登場していた国があったし、米国でも、先に触れたように一九三五年に「社会保障法」（Social

Security Act）がつくられていた。しかも米国の場合、二九年に世界恐慌が始まり、貧富の差が拡大し、労農階級の貧困問題は深刻になり始めていたのだ。なかでもボーナス・マーチは、米国ではよく知られている。三二年、第一次大戦の復員軍人が、支給されるべき給与の前倒しを求めてワシントンＤＣへ行進したのだった。時のハーバート・フーヴァー大統領は陸軍に解散命令を出すほどに事は深刻になった（その時、軍の最高指揮官であり、マーチの参加者に大弾圧を加えたのは、後に連合国軍最高司令官になり、戦後日本に「民主的な憲法」をもたらしたダグラス・マッカーサー陸軍参謀総長であった）。

こうした社会情勢のなかで大統領に就任したフランクリン・Ｄ・ルーズベルトは、「ニューディール政策」に象徴される貧困層対策に取り組み、社会保障法を制定した。しかし、多くの米国人にとって、米国は個人中心の国柄であるから、貧困を社会（集団）で、あるいは政府（連邦）で援助することをsecurity（安全保障）と考えてはいなかったのだ。

たしかに、米国は近代憲法の始祖であったが、それは自由権が中心の憲法であったので、ワイマール憲法のような生存権や労働権などの社会権を人権に含めるという観念はなかったのだ。現に、Ｆ・ルーズベルトの社会保障法は、「社会主義的だ」、あるいは「憲法違反だ」との批判があったほどであった。Ｆ・ルーズベルトは、「新しい人権」を切り拓こうと努めていたわけだが、黒人などの有色人種の公民権（運動）には、消極的・否定的であったとの評価がある。スタインベックの『怒りの葡萄』（一九三九年の小説）に登場する土地を追われた貧しい農民や戦時下の

「日系人排斥」なども、その一例に挙げられるであろう。

社会保障の中核は、社会保険であったが、米国の社会保障法の中心は「年金」だった。ニューディール政策も、その中心は公共土木事業であり、大企業による投機の行きすぎに対する規制であり、貧困などの弱者対策は州中心で行われた。この社会保障は、いずれも国（連邦政府）が主体で行われ、その担当部局も「社会保障局（ＳＳＡ：Social Security Administration）が行う連邦の事業であった。

つまり、Ｆ・ルーズベルトにとって、社会保障とは、「個々人が貧困からの自由を得る」以上に、「社会的安定を得る」ための政策であったのだ。それはまた、個人・集団中心で、生存権の保障を中核に据えた社会的安全保障（社会保障）から、国家中心で、国家による社会的安定を中核に据えた安全保障（国家安全保障）への移行を意味していた。こうして、三〇年代の社会保障概念は欧州と米国とでは社会保障の概念が乖離し始めていた。social（社会）の実態がgroup（集団）とnational（全国民、国家）へと分裂しはじめる政治的環境を迎えていたことを意味していたと言えよう。

日本での社会的安全保障（社会保障）

ワイマール憲法に見られるように、欧州では社会的安全保障（社会保障）の中核は、健康保険、損害保険、老齢年金、生活保護等々だ。日本の場合も、前述のごとく国による社会保障制度より以前に「集団」による社会保障があり、その後は、占領下の憲法で社会保障はＧＨＱ案に盛り込まれていたが、「生存権」の概念規定はなく、日本側で修正を主張し憲法で保障されることになった。こうして、ＧＨＱの社会保障の概念は米国製ではなく、欧州の社会保障に近い理念になった。

それは、ＧＨＱで人権条項を担当した三人は、いずれも法科大学院（ロー・スクール）出身の米国法の専門家ではなく、逆に戦前に欧州や日本での社会制度や生活経験を持ったスタッフが担当したことにもよっていた。一方、そうした人員配置をした憲法起草の最高責任者のチャールズ・ケーディスは法科大学院（ハーバード大学ロー・スクール）を出て米国法を学んだ弁護士であったが、ルーズベルト政権下の連邦政府でニューディール政策に携わり、米国流の自由権中心の人権ばかりでなく、国家制度の社会化や社会権に関心を持っていた、という。

人権条項を中心となって担当したピーター・ロースト（Pieter Roest）はサンフランシスコの出身であるが、オランダのライデン大学で医学を学び、シカゴ大学で人類学と社会学を研究して博士号を受けている（田中英夫『憲法制定過程覚え書』有斐閣、一九七九年、七三頁）。ローストは人権条項起草の会議で社会保障条項の必要性をこう述べたという。

社会保障に関する規定を入れることは、最近のヨーロッパ諸国の憲法では広く認められているところであると述べた。彼はさらに、日本ではこのような規定を入れることが特に必要である。というのは、日本では、これまで、国民の福祉に対して国家が責任を負うという観念がなかったのであり、この観念が一般に受け容れられることを促進するためには、憲法上それを謳っておく必要がある。現在日本では、婦人は動産に等しく、父親の気まぐれによって庶子が嫡出子に優先するし、米の作柄の悪いときには農民は娘を売ることもできるのである、と述べた。スオープ海軍中佐は、これに答えて、乳幼児をかかえている母親の保護や子供を養子にすることについて詳細な指示を（憲法に）織り込んだとしても、それを補完する立法を国会が行わない限り、事態は改善されぬであろうと述べた。

聞くに堪えない感もあるが、当時の日本の実情をかなり正確にとらえているのではないだろうか（高柳賢三等編著『日本国憲法制定の過程Ⅰ』有斐閣、一九七二年、二〇五頁）。

また同じ社会保障条項をローストとともに担当したベアテ・シロタ（Beate Sirota）は、父親がピアニストであったこともあり、幼少期をオーストリアのウィーンで過ごした影響で、貧富の差が進む西欧での経験もあった。父親が作曲家の山田耕筰の招待を受けて戦前長く日本に滞在し、家事を手伝っていた日本女性から教えられ、貧富の差や女性差別の実態を知り、社会保障の必要性を感じていたと言う。

シロタは書いている。「（憲法の）第一九条（思想良心の自由）から第二五条（生存権）に至る一連の社会保障制度は、ヒューマニズムの根源のような条項で、私は神様に代わって書いたような気持でした」（ベアテ・シロタ・ゴードン『1945年のクリスマス』柏書房、一九九五年、一八二頁）。GHQといえば、「アメリカ製」と考えがちだが、それほど事は単純ではない。現にシロタ自身、ウクライナ人を父母に持ち、ウィーンで生まれ、戦前の東京で過ごしている。

さらにまた二五条一項の「生存権」は、ドイツに留学中にワイマール憲法の誕生を経験し、研究してきた既述の鈴木義男や森戸辰男（憲法制定時にいずれも社会党所属の衆議院議員）が、憲法制定にあたり生存権を規定する修正案を提案して、最終的には採用されている。

このようにGHQは民主化を促進する提案には、GHQ案を「押し付ける」ことはせず、日本側の修正案には反対していない（仁昌寺正一『平和憲法をつくった男　鈴木義男』筑摩書房、二〇二三年）。

米国にとっての安全保障

米国の歴史は近代から始まる。この近代以前の security の有無の違いが、戦後を決定的にしてきたように思える。米国仕込みの「国家安全保障」概念が、欧州各国を巻き込んで、冷戦政策の下で、全世界を席巻させることになったが、この軍事中心の国家安全保障概念は、前近代の安全保障の概念を抜きにして成り立っているとも考えられる。

しかも国家安全保障は、第二次大戦の総力戦の教訓とともに、米国の勝利によってもたらされた。その点、日本は米国と異なり、欧州諸国のように良きにつけ悪しきにつけ、伝統国家として、相互扶助組織が、たとえば「無尽講《むじんこう》」のように前近代から庶民の知恵から生まれ、「共助」の長い歴史がある。

また、すべてが安全保障の概念に該当するわけではないが、近代に入ってからは、「白樺派」の作家・有島武郎のように北海道虻田《あぶた》郡狩太《かりぶと》村（現在はニセコ町）にあった自己の広大な農地を小作人に開放して「共生農団」と名付け、有島記念館の屋敷内の額《がく》に「相互扶助」と墨書した（額は今日でも墨書されたままに残っている）。

それはやがて日本人の社会保障観となり、日本国憲法の二五条が誕生した後、一九六〇、七〇年代には「福祉国家」が国の政治目標となり、英国に倣って「揺り籠から、墓場まで」という言葉が聞かれた時代もあった。

これは米国にはない社会保障観、つまり本来の安全保障観であったが、有事法制化の「失われた三〇年」のなかで、国家安全保障が強化・喧伝される一方で、本来の安全保障であるべき社会保障が急速度に「失われ」てゆき、「ヤング・ケアラー」や「子ども食堂」を必要とする「弱者貧困」の時代を迎えることになった。

これこそ「生存」を安全保障の中核に据えたベンサムの安全保障概念を忘却の彼方に置き去りにしてきた「失われた三〇年」の悲しい結末を象徴している。

こう見てくると、日本の社会保障、安全保障を考える際に、国家中心ではなく、「共に生きる」共生の安全保障（社会保障）を、その概念の根元に立ち返って再考する時代がきていることを自覚させられる。社会保障学者の『共生保障』という著書もある時代でもある（宮本太郎『共生保障――〈支え合い〉の戦略』岩波新書、二〇一七年）。

米国の国家安全保障

まず、今日の国家安全保障の概念とは、いかなる概念であるのかを解明してみようと思う。そもそもは、先に触れたように国家安全保障は、社会保障（social security）から分化して生まれたと見ることができる。国家安全保障は、ルーズベルト政権下の社会保障法の誕生を経て、冷戦政策が始まるなかで一九四七年にトルーマン政権下でつくられている。

それまでは、戦争は軍隊が行うものと決まっていたが、第二次大戦を経て、軍事力だけでは不十分で、情報力、経済力などの総合力が必要となり、軍隊も陸・海・空の総合力・統合力が必要になり、海兵隊もできた。何かと「統合」（Joint）の時代に入った。

そうした中で生まれたのが米国の国家安全保障法（ＮＳＡ）だ。それによると、同法の目的は「将来の合衆国の安全保障の総合的計画のため」と「安全保障に関する政府の（略）政策と手続きの統合」のためと、二つが挙げられている。それに従って、大統領が主宰する「国家安全保障会議（ＮＳＣ）」と中央情報局（ＣＩＡ）が新設され、陸・海・空の三軍（その後は、海兵隊、さらには宇宙軍を加えた五軍）の省を統合して国防省（日本では「国防総省」と呼称されている。また、本部の建物の形が五角形であることから「ペンタゴン」とも呼ばれる）がつくられた。

NSCは、それ以前の国務・陸軍・海軍三省調整委員会（SWNCC《スウィンク》）を再編してつくられた。構成員は現在では大統領を議長に、副大統領、国務長官、国防長官、陸海空と海兵、宇宙の五軍の長などを始め常任の閣僚とともに実際には安全保障担当特別補佐官が大統領に対して大きな影響を与えていると言われる。NSCは、閣議より上位にある国の最高意思決定機関だ。

　こうして米国は、国家安全保障を採用することによって、軍事中心の寡頭政治の国家となったと見ることができる。

　CIAは、国家安全保障の情報・諜報にかかわる対外情報機関であるが、その他にも国防総省の諜報組織であるNSA、司法省に属する国内安全保障を担当する連邦捜査局（FBI）、軍の諜報組織の国防情報局、国家地理空間情報局、国家偵察局などの情報機関があるが、その他にも、二〇〇一年の九月一一日事件（日本では「同時多発テロ事件」呼ばれる）をきっかけに国土安全保障省が新設され、入国の際に十指指紋や顔画像の撮影などが行われるようになった。こうして全体でなんと一五もの情報・諜報機関が存在する警戒心に満ち満ちた情報・諜報国家へと「成長」を遂げている。

　このように米国の国家安全保障法制は、冷戦の始まりとともに、冷戦を勝ち抜くために作られていた。それに対して日本では冷戦終結後に有事法制がつくられ、その最中の二〇一三、一四年に国家安全保障会議や国家安全保障局が相次いで設置された。つまり日本は冷戦が終結して三十数年後に、初めてこれらの組織をつくったことになる。

こうした有事法制下でつくられた国家組織は、日本ではさして注目されなかったが、組織は着実に構築され、日本版NSCは米国と同様に閣議より上位の組織となって、機能している。構成員は首相、(副首相)、外相、防衛相、官房長官、国家安全保障局長が中心で、従来以上に寡頭政治が形成されることになった。

もっとも重要な位置を占め、諜報を担当する国家安全保障局長は、さほど大きな組織ではないようで、初代の谷内正太郎、三代目の秋葉剛男とも外務省出身の外務省人事である。それは主要な諜報が米国経由であり、米国依存であることを示している。

国家安全保障――概念としては脆く、政治的には強い

ところが、米国ではこのような組織再編が進められてきたが、肝心な「国家安全保障とは何か」といった概念規定はされていない。敢えていえば、「概念を定めないことこそ国家安全保障」と言ってもいいようだ。米国の外交史家マイケル・ホーガン(Michael J. Hogan)はその主著『鉄十字――ハリー・S・トルーマンと国家安全保障国家の起源　一九四五―一九五四年』の冒頭で新生の「国家安全保障」の誕生をこう述べている。

「アメリカ史における最も衝撃的な展開の一つは、冷戦初期における国家安全保障国家(National Security State)の出現であった。(略)アメリカ人の政策立案者は、国家利益についてさらなる展望を持って語り、以前にも増して「国家安全保障」という言葉を用い、世界の隅々にアメリカの

力によって（国家安全保障を）急速度に拡大していったのである」（Michael J. Hogan, *A cross of Iron, Harry S. Truman and the Origins of the National Security State. 1945–1954*, Cambridge University Press, 1998, pp. 1–2）。

たしかに歴史始まって以来の新しい国家としての「国家安全保障国家」をもたらした理由は、冷戦を勝ち抜くためであったが、それとともに米国自体が第二次世界大戦を通じて、未踏の経験をしてきたからであった。それは米国軍が欧州からナチスと日本軍国主義とをともに放逐し、欧州に代わって全世界に「自由と民主主義」を打ち立てたという揺るぎない「自信」だったろう。

第二次世界大戦を闘い抜いた人々は米国では「もっとも偉大な世代」（the greatest generation）と讃えられてきた。それはまた「世代」という「人」への賞賛とともに「軍事力」への賞賛でもあった。米軍の軍事力を抜きにして戦後の平和も民主主義もあり得なかったろう。それを体現したのが、ノルマンディー上陸作戦を指揮した米陸軍大将であり、その後に米国大統領になったアイゼンハワーであった。国家安全保障はアイゼンハワーとともに花開いたとも言えよう。

こうして生まれた国家安全保障は、米国の安全保障学者のロバート・マンデルによれば、「国家安全保障という用語は、二〇世紀、なかでも第二次大戦後において曖昧になってきている。現状からは国家安全保障よりむしろ戦略学（strategic studies）と見られ、国家安全保障は、対抗的な主権擁護というより、抑止的な政策立案を意味している」（Robert Mandel, *The changing Face of National Security, A conceptual Analysis*, Greenwood Press, 1994, p. 15）と見ている。

そう言えば、日本政府は中ソに対して自国の沖縄、あるいは尖閣諸島の領土主権の主張をせず、米国による抑止力という軍事的安全保障を求めてきた。双方の、といっても米国を中心に国家戦略としての日米同盟という安全保障のためであって、その結果として日本の「領土主権」を守ることはあっても、それは大枠では米国の国益のためであり、日本のために「領土主権」を守ることなどは間違っても考えてはいないことに気づくのである。

米国政府は、日本の領土問題で何かと「日米安保条約五条で尖閣諸島を守る」と言っているが、尖閣諸島が日本の主権の下にあるとは決して公言せず、「中立」と言っている（豊下楢彦・古関彰一）『集団的自衛権と安全保障』（岩波新書、二〇一四年、八八―九〇頁。豊下担当部分）。日本政府は「安保五条」で米国が尖閣を守ってくれるという言葉を後生大事に強調し、尖閣の主権は日本にあることを米国が認めていないこと、「中立の立場」と言っていることには口をつぐんでいる。

こうした言動を見ると、日米同盟とは日本は米国の下にあって、国家安全保障を米軍の要請にみごとに応えた形で、実践していることがわかる。さらにまた、英国の安全保障を哲学的に分析している政治学者のバリー・ブザン（Barry Buzan）は「（国家安全保障は）概念としては脆く、定義があいまいであるが、政治的には強い（powerful）概念」（Robert Mandel, op. cit. p. 19）と見事に指摘し、事の本質を言い当てている。

たしかに、国家安全保障国家は、硬く閉塞的な国家をイメージしている。安倍首相のキャッチフレーズと言われている「開かれたインド太平洋」という言葉があるが、それは同盟国同士だけで通用する「開かれた」であって、それ以外の国にとってはなんら普遍性を持たない言葉であることは、言うまでもない。

経済思想史を専門とするカール・ポランニー（Karl Polanyi）は、この国家安全保障国家を「甲《こう》殻類《かくるい》型国家」と呼んで「強い警戒心と絶対的な主権によって守られている」国家と見ている。

あの重装備した兵器。巨大で瞠目する不気味な艦船。轟音とともに神経を擦切るような金属音をたてる戦闘機。まさに非人間的で、情報探知に熱心で全身警戒心に充ち充ちた、形相までがおよそ人間に嫌われる醜さを示している。（ジョン・C・トーピー『パスポートの発明——監視・シティズンシップ・国家』法政大学出版局、二〇〇八年、一九八頁）

こうして、軍事力による国家安全保障は、国際関係に欠かせない「信頼と互恵」関係を生み出すべきところが、相互監視、相互不信の国際関係に帰結し、いまや各国の合言葉になった「厳しい安全保障環境」、日本と中国の関係は「戦略的互恵」関係という相互矛盾を絵にかいたような、「戦略」と「互恵」という矛盾に満ちた言葉が使われている。現にその結果は信頼を生まない、相互不信関係を生みだしている。これこそ「国家安全保障のジレンマ」そのものではないか。

しかも、外形は甲殻類で、強大な軍事兵器に囲まれて一見強く見えるが、中身の安全保障の概念はあいまいだ。そのため、紛争の解決に不可欠な人間同士が胸襟を開いた豊かな対話にはなじまず、権力は軍事力に依存して、互いの対話を避け、必要な時には部下に任せ、「敵」に対して答えることはせず、外に向かっては互いに「内弁慶」を誇り、他者に対しては「控えさせていただく」ばかりになり、「例外状態」の予行演習をしているようだ。

二〇二二年二月に始まったロシアによるウクライナ侵攻にしても、その翌年のイスラエルによるパレスチナ攻撃にしても、軍事力が平和をもたらさないことは明白になった。軍事力は戦争の抑止力どころか、むしろ「火付け役」であることがはっきりしてきた。

変化し始めた日米同盟

そうした中で、バイデン政権は、戦争常備国家の長として、もはや戦争はできない、勝てないと自覚したのであろうか。米大統領は、先にも触れたように、就任早々に国連総会で演説し、二〇年にわたったアフガン戦争に終止符を打ったことに言及して、「我々は外交に注力した新たな章を開く」と述べた後で、「米国は共通する課題を平和的に解決しようとする国とは、協力する」（二〇二一年九月二一日）と述べた。日本政府ばかりか日本の世論もさして評価していなかったが、米大統領として、画期的な勇気ある発言だと評価したい。

しかし、それからわずか五か月後の二〇二二年二月二四日、ロシアによるウクライナ侵攻が始まってしまったのだ。たしかに、軍事力に依存する政治は、なくなりそうにない。軍事依存政治は、瞬時に敵を殺戮できる準備を怠らない。

〇六年には、米軍はイラク戦争が始まると「敵」のフセイン大統領を、いくらか時間を要したが、抹殺することができた。しかし、問題はその後だ。

イラクの占領と日本の占領を比較検討したジョン・ダワーは、敗戦後の日本は社会的一体感を持って、平和的国家の再建に成功した、と見ている。これに対してイラクには社会的一体感はなく、占領したブッシュ側にも平和的国家の再建計画はなかったというのだ（ジョン・W・ダワー『戦争の文化（下）』岩波書店、二〇二一年、一二九頁）。ダワーの言う、平和国家の再建に「社会的一体感」が重要だという見解は、安全保障を考える際に実に示唆的だ。この「社会的一体感」、これを保障することこそ、先に見てきたように、共生を通じて生存を保障する社会保障ではないのか（それは再度直訳すれば社会的安全保障であるが）。

日本がパールハーバーを攻撃した一九四一年一二月からわずか三か月後に、日本との戦争に勝利することを確信していた。そこで日本占領が行われた際には、日本語や制度（法律）、習慣、歴史などを教育する機関である「民事訓練学校」（CATS: Civil Affaires Training School）を、全米の五大学に設置した。こうした軍事ばかりではなく、非軍事の準備があったからこそ日本占領は成功したと言えるのだろう（Takemae Eiji〔竹前栄治〕, Trans. Robert Ricketts, *Inside GHQ*, Continuum International Publishing, 2002）。

たとえば日本国憲法の前文をほぼ一人で起草したハッシー（A. Hussey）は、ハーバード大学で政治学を修めた後、バージニア大学のロー・スクールを修了し、さらにハーバード大学の民事訓練学校で学んでいる。政治学、法律学を学んだ上に日本に関する基礎的知識を学んだことが、日本国憲法の前文で花開いたと見ることができよう。

「われらは、全世界の国民が、ひとしく恐怖と欠乏から免かれ、平和のうちに生存する権利を有することを確認する」。このハッシーの起草になる憲法前文は、日本国民に「平和的生存権」として半世紀を超えて広く知られることになった。こうして日本の文化として定着したと言えよう。

ところが、ブッシュ政権はそんな準備をしていなかったようである。たしかに米軍はフセインはじめ多くのイラク人兵士を瞬時に殺害することに成功した。米国は戦争によって平和を得ようとしたが、平和どころか、メソポタミア文明という世界に冠たるイラクの文明をないがしろにし、人も文化もすべてを奪い、破壊による残骸だけを残したのだ。

奈良や京都の歴史的建造物は、米軍が空爆を避けたことで、いま、私たちは外国人とともに、こうして日本文化を享受できている。そうであれば日本の「戦争体験」を米国に伝えることこそ、私たち「平和国家」の第一の「特権」であったはずだ。

安全保障の変遷を再考してみると、冷戦がもたらした国家安全保障の異様さ、歴史的唐突さが如実に表出している。歴史的に見れば、長年にわたって構築してきた「安全保障」の概念を、異質な軍事力によって、奪ってしまったことに気づくのである。

とくに日本の場合は、「安全保障」という訳語の概念もバラバラのまま、国家安全保障が冷戦とともに米国から直輸入され、そのまま定着していることは、根本的に再考するべきだ。

言葉は、使う人々の考え方や思想を支配するのであるから、とくに戦後は英語の翻訳を通じて、言葉を手段としてきた政治が、無意識の裡にその概念を変質させてきたことの怖さを実感させられる。翻訳文化が定着している国柄だけに、その方面の専門家の知恵を拝借して、「安全保障」という言葉を、日本の文化や政治に合致した概念と翻訳語（日本語）に考え直したいものだ。

戦争はできても、勝利者がいない戦争

二一世紀は、「九・一一同時多発テロ事件（二〇〇一年）」から始まった。かつて戦争とは、強大な軍事力を持つ国が勝利し、闘った兵士は戦場から歓呼の声をあげて凱旋することを意味した。米国にとっては、第二次大戦で欧州戦線に勝利したV－E（Victory in Europe）デイがそれであり、日本軍国主義に勝利したV－J（Victory over Japan）デイの時もそうであった。歓呼に沸く沿道の民衆の紙吹雪で迎えられた。

それから八〇年。米国は数度の戦争を行ってきたが、その間、祖国の民衆から、あるいは家族からも歓喜をもって迎えられ、旨酒に浸ったことは一度もない。

いまや、一〇〇〇キロも離れた敵の標的にトマホークを発射することはできても、敵国に地上軍すら送ることができず、敵からも見方からも死傷者を出し、難民があふれ、環境が破壊され、瓦礫《がれき》を積み上げている。わずか数人の権力者やテロリストの掃討のために、軍事力を消費する。さらには莫大な戦費を失う。これが我が日本の同盟国・米軍の戦争だ。

米軍はベトナム戦争末期から、米国だけではなく同盟国を巻き込む戦争を始めた。イラク戦争の際には、CIA情報に基づいてイラクが大量破壊兵器を開発していることを理由に戦争に踏み切った。その情報に基づいて米国と「特別な関係」にある同盟国・英国のトニー・ブレア首相も、同盟国の日本の小泉首相も戦争を支持した。ブレア政権は参戦したが、戦争の根拠となった情報が正しくなかったことが判明すると、戦争の間違いを認めた。

日本の小泉政権は、自衛隊を派遣（派兵）した。ところが情報が正しくなかったことが判明しても、日本政府も、国会も、なんの反応も示さなかった。米国政府の戦争政策への批判も、逆に同盟国として米国への同情も示さなかった国。米国政府は、これが「同盟国・日本か」と言いながら首を傾げたに違いたに違いない。「所詮日本は日本のために参戦したのだ」。日本はイラク戦争に参加したにもかかわらず、政府首脳を始め全国津々浦々の国民も正当性のない戦争に参加した責任など感じていなかったと解せられても致し方あるまい。

米国のブッシュ政権は、国民の信を失い、米国の世論は一挙に戦争反対へと動き、かつて米陸軍大将であり、米統合参謀本部議長まで務めたパウエル国務長官は辞任に追い込まれたのだ。こうして同盟国・日本は「信用のおけない国」であることを印象付けてしまったのではないのか。日本では中国との関係を「戦略的互恵」だという。「戦略」と「互恵」から何が生まれるのだろう。

それればかりか、二〇世紀末から戦争を仕掛けても、軍事力で他国を圧倒していても戦争に勝利することはできないことを、米国ばかりか、ソ連もアフガンで、ロシアもウクライナで全世界に実証してくれているのだ。

日本的「人間の安全保障」

しかし、二一世紀は、その一方で終末期に入った国家安全保障に替わって「人間の安全保障」(Human Security)という新しい安全保障観を生み出した。人間の安全保障は、いまから三〇年ほど前に、それはまさに日本が有事法制などの軍事化政策に舵を切った時にあたる。国連開発計画(UNDP)による『人間開発報告書1994』で取り上げられた。そのなかで、「人間の安全保障」は、戦争などから人間を保護する対象を以下のようにきわめて具体的に取り上げていた。

「人間の安全保障」は世界共通の問題です。富裕国とか貧困国とかに関係なく、あらゆる国の人びとに関係がある。失業、麻薬、犯罪、汚染、人権侵害などすべての人に共通した脅威が多い。(略)「人間の安全保障」を構成する要素は、相互依存の関係にある(略)飢餓、病気、汚染、麻薬取引、テロ、民族紛争、社会の崩壊などはいずれも単独の問題ではなく、国境で食い止めることができない問題である。(『人間開発報告書1994』国際協力出版会、一九九五年、二二頁)

人間の安全保障は「武器ではなく開発を通じて、対決ではなく協力を通じて」「「持続可能な人間開発」に焦点を当てる」（前掲書、一九九五年、一〇頁）ことになると指摘していたこともあり、どこか社会保障に近い概念のようにも思われる。しかし「世界共通」とか「国境を超える問題」が対象である。社会保障の対象は本来「国民」、「国民権」であったが、人間の安全保障は、社会保障を飛び超えた概念であるようにも考えられる。

さらに国家安全保障に始まった戦後の安全保障も、「国際化（internationalized）」された現在も「国（nation）」を単位に考えてきているが、人間の安全保障は、国を超えた（transnational）安全保障を目指している面が強い。

日本の場合は、一九九八年に小渕首相が「人間の安全保障」を提唱し、翌年、国連に「人間の安全保障基金」が設立され、二〇〇一年、緒方貞子（前国連難民高等弁務官）とアマルティア・セン（ノーベル経済学賞受賞者）を共同議長とする人間の安全保障委員会が設立された。

その後、日本の「人間の安全保障」は二〇一三年の安倍政権下の「国家安全保障戦略」で政策上の位置が与えられた。「安保戦略」は冒頭で、「我が国としても、人間の安全保障の理念に立脚した施策等を推進する必要がある」とのみ位置付けていたが、二〇二二年の改定された岸田政権下の「戦略」では、それを具体化して以下のように位置付けた。

「これまで、わが国を含む先進民主主義国は、自由、民主主義、基本的人権の尊重、法の支配といった普遍的価値を擁護し、共存共栄の国際社会の形成を主導してきた」。さらにまた「（我が国は）防衛力の抜本的強化を始めとして、最悪の事態をも見据えた備えを盤石なものとし、わが国の平和と安全、繁栄、国民の安全、国際社会との共存共栄を含む我が国の国益を守っていかなければならない」。

こう述べて、人間の安全保障に関わる項目で、「危機を未然に防ぎ、平和で安定した国際環境を能動的に創出し、自由で開かれた国際秩序を強化するための外交を中心とした取り組みの展開やODAを始めとする国際協力の戦略的活用」「人間の安全保障の考え方の下、貧困削減、保健、気候変動、環境、人道支援等の地球規模課題の解決のための国際的な取り組みを主導する」と指摘した。

この「戦略」は、先の『人間開発報告書』の「人間の安全保障」の概念とは、全く別物ではないか。政府の「戦略」は「防衛力の強化」であり、「我が国の国益を守る」ことにある。それは国連の「開発計画」と正反対の提言を打ち出したのだ。国連の「開発計画」は「国境で食い止めることができない問題」であり、「あらゆる国の人びとに関係がある」ことだ。

しかもこの文章を見ながら、著者は日本が「大東亜戦争」を始めた直前の一九四〇年に東條英機が大東亜共栄圏の「建設方針」を述べた際に「帝国を核心とする道義に基づく共存共栄の秩序の確立」と述べていた言葉をふと思い出した。

しかも政府の「戦略」は、その後で「国際社会の共存共栄の実現のためＯＤＡ（政府開発援助）を戦略的に活用していく」と述べて「人間の安全保障の考え方の下」、「国際的な取り組みを主導していく」としているのである。

政府は二三年になると、かつての「政府開発援助大綱」を改正して、「開発協力大綱」を新たに定めて閣議決定した。ここでは政府の「戦略」が開発協力に特化されているわけだが、人間の安全保障はつぎのように位置付けられた。

まず、その大綱の「理念」であるが、「非軍事的協力によって、世界の平和と繁栄に貢献してきた我が国の開発協力は、戦後一貫して平和国家としての途を歩んできた」との歴史認識の下、「一人ひとりが幸福と尊厳を持って生存する権利を追求する人間の安全保障の考え方は、わが国の開発協力の根本にある指導理念である」と述べるに至っている。

このように、日本政府は、人間の安全保障を「主導する」とか、「指導理念」だと、言っているが、そんな大層なことを言っていいのであろうか。これではまるで世界に向かって挑戦状を突き付けているようだ。諸外国が既に取り組んできた「人間の安全保障」をどう考えているのであろうか。

カナダはとうの昔に『人間の安全保障リポート二〇〇五』を発表、そこで戦争を事前に予防する「予防外交」や「平和創出」を提案している。あるいはEUは、「バルセロナ報告書」（**A Human Security Doctrine for Europe, 2004**）を発表し、「人間の安全保障対応軍」を創設して、「軍人の共通の精神」として、自らの出身地の下に自己を置かない、犠牲を恐れず、英雄的で、規則正しく、優秀であること、法律の遵守、ジェンダーへの配慮を挙げている。なんとも「平和に貢献する軍人」を思い浮かべる。

また先のカナダで「人間の安全保障」のリーダー的存在であったロイド・アックスワージー（**L. Axworthy**）は、その時点では外務大臣であったが、国際的に「人間の安全保障ネットワーク」（HSN）を組織し、二〇〇九年段階で一二か国の「志を同じくする国々」が参加したと言われている。

日本政府は、先人たちの理念や言動から何を学んだのであろうか。これらの報告書には日本と違って、自国中心でなく、世界のなかでの「人類」の視点を謙虚に打ち出している。自国を「平和国家」などと、偉そうな物言いはしていない。実践を伴わないで「平和」という言葉を使うだけでは、偽善的で、すでに「平和」という言葉は「手垢にまみれている」ことを知っているからであろう。

それに比して、「憲法改正」を政権与党が一貫して唱え、再軍備どころか「敵基地攻撃能力」を持とうとしながら「平和国家」を喧伝してきた日本は、カナダなどの諸外国が唱導してきた「人間の安全保障」に一切関与していないにもかかわらず、人間の安全保障を「主導する」とか、「指導理念」など、と自国中心の論理で、傲慢とも受け取られる考え方が顕著に現れている。よほど「人間の安全保障」の強化のために努力を重ねてきた世界の国々を知らない人間が起草したのであろう。

政府の「戦略」は、「平和」を乱発しながら、日本国憲法にはまったく触れていない。ところが皮肉なことに、憲法前文では「われらは、いづれの国家も、自国のことのみに専念して他国を無視してはならない」とある。なによりも謙虚な国際感覚を身に付けるべきだろう。政府の「戦略」文書や「大綱」文書は、国際社会の理念から遠く隔離された、日本だけに通用する自己流で、内弁慶で、内向きの「政府内」文書になっているのである。

マイナンバーは、国家安全保障制度

「社会保障・税番号制度」が二〇一六年一月一日に発足した。とはいえ、そんな名称は誰も聞いたことがないのではないか。聞いたことがあるのは、「マイナンバー」であろう。なんとも身近に感じられ、語感もよい「私の番号」だ。

本書では、戦後の安全保障は、政府によって「言葉」が政治的にうまく利用されてきたことをいくつか紹介してきたが、「マイナンバー」という愛称ほど、「政治利用」によってうまく使われてしまった言葉はないであろう。なにしろ、二〇一三年の三月頃から、政府による新聞等への見開き二面にわたる一大広告に加えて、「大枚のお年玉付きキャンペーン」で、「マイナンバー」は全国津々浦々に知れ渡ることになった。

ところが、カードを手にした住民から「これは変だ」という異変が、程なくして全国津々浦々から寄せられ始めた。これに対して、政治家ばかりか、多様な論者から解説、意見さらには主張がメディアに多数寄せられた。

ところが、「マイナンバーは安保問題だ！　国家安全保障だ！」という声が聞こえることは、まったくない。なかでも、このマイナンバーに似た番号制度は、先に触れたように米国で国家安全保障制度が始まった一九三〇年代近くから九〇年以上にわたって使用されてきた制度である。

日本では日頃からなにかと外国と比較する際には、米国がその対象になってきたにもかかわらず、マイナンバーに限って事例として米国との比較がまったくない。これこそ長期にわたって「安保」をすっかり忘れ去ってきた後遺症なのであろうか。それとも意図的な「健忘」なのだろうか。マイナンバーの正式名称は「社会保障・税番号制度」なのだ。

米国の場合については、すでにF・ルーズベルト政権が三五年に「社会保障法」をつくったことを紹介した。実はこの法律とともに、「社会保障番号」（SSN：Social Security Number）制度がつくられ、カード化がなされている。F・ルーズベルトは、ニューディール政策を通じて、国民の生存権以上に、国全体の政治的・経済的な安定を重視していた。だから年金などとともに、国（連邦政府）として国民の個人情報を捕捉でき、それとともに国の安定に資する手段として、SSNを導入したのである。SSNは納税はじめ、銀行口座の開設やクレジットカードをつくる際に、さらには車の免許証を取得する際にもなくてはならない存在となった。

そもそも、米国は、日本と国の成り立ちがまったく異なるので、戸籍制度も住民登録制度もない。従って、車の運転免許証は各州が発行するが、免許証を取得する手続きのためにはSSNが必要だ。クレジットカードをつくるにしても、銀行口座を持つにしてもSSNが必要なのである。

リクルートセンター（これは連邦政府が行う「新兵募集センター」の名称で、かつては「徴兵センター」であった）でも、ＳＳＮが求められるなど、ＩＤ（身分証明書）代わりに使われていると聞く。つまり、連邦政府にとって永住権保有者だけではなく居住者の捕捉のためにＳＳＮは必須の存在になっていると言えよう。

そうであるから、米国に居住する際には永住権の取得の有無にかかわらず、ＳＳＮはすべての人に必要な存在となっている。仕事や留学で、日本から米国へ一時的であれ一年を超えて滞在経験があれば、誰でも経験しているに違いない。

いま日本で話題になっているマイナンバーとＳＳＮとは、しかし、かなり違いがある。根本的には、日本には戸籍法や住民登録制度があるにもかかわらず、なぜマイナンバーが必要なのかという疑問だ。あるいは、米国のＳＳＮの所管庁は、連邦政府の「社会安全保障局（ＳＳＡ：Social Security Administration）」、日本的な訳をすれば「社会保障局」である。当然のこととして、すべては連邦（国）のＳＳＡの出先の事務所が業務を執行し、州以下の自治体が業務に携わることはない。

日本もマイナンバーは国の業務であるにもかかわらず、実際には地方自治体に「おんぶに抱っこ」状態である。自治体には自治体固有の職務がある。しかし、ややこしい「保険情報をひも付ける際に同姓同名で生年月日が同じ別人の情報」という業務など、本来は国がやるべき仕事を自治体が行っているのだが、問題があればその自治体名をさらして、自治体に謝罪させている始末である。

マイナンバー問題は、有事法制が制定されるのを待って法案が出てきたことを考えれば、基本的には国家安全保障問題であり、国のあり方から論じられなければならないものである。しかし日本の行政は、そもそも「国家安全保障」概念を「社会保障の一形態」と考えてすらいない。それどころか「安全保障」を「防衛問題・政治問題」としか考えず、目前の些末な問題ばかりが大問題になり、国家理念が問われていても立ち往生しているのではないのか。それもこれも長年国民全体が避けてきた問題について、理念的・根源的な追求を避けるように学校で教育されてきたためではなかろうか。その姿は、日本社会が国家の本質的政治問題を避けて、政府に「丸投げ」してきた「政府あって、国家なし」の姿を象徴しているようだ。

米国のSSNの番号は、九桁である。それに対して日本のマイナンバーは一二桁だ。今後入力対象が増加することを予定しているということであろう。マイナンバーカード（マイナカード）は磁気テープ付きプラスチック製で署名（サイン）の記載はないが、生年月日の欄がある。SSNのカードは、紙製で、磁気テープは付いていない。

日米どちらもナンバーは「一生もの」で変わらないという。従って、どちらもカードに期限が付されていないが、マイナカードは写真付きである。つまり顔写真入りパスポートのごとく期限付きで、カードは更新されるようだ。

マイナカードに入っている写真も生年月日も、どちらも重要な個人情報である。しかも、健康保険までひもが付いているこのカードを持ち歩くとなると、紛失する危険は避け難いが、拾得者から脅迫されることも想定できる。米国のＳＳＮには写真も生年月日もないが、それでも米国ではすでにカードをめぐって様々な犯罪が生じていると報じられており、「暗号化」案なども考えられてきた。日本のマイナカードは偽造グループによる「偽造工場」まで二〇二四年に摘発されている（『東京新聞』二〇二四年五月一六日）。偽造のための作業は簡単で、準備や技術もいらない。五分もあれば一枚作れるという（『読売新聞』二〇二四年五月二五日）。

安全保障の理念であるが犯罪抑止の効果はなさそうである。それではなんのためにマイナンバーをつくるのか。すでに米国で九〇年前からある制度を、いまさらデジタル技術を使って実現しようとしているのだ。

政府は「公平・公正な社会の実現」や「利便性の向上」などと美しい「理念」を掲げてきた。しかし考えなくてはならないことは、誰にとって「公正」であり、誰にとって「便利」であるかだ。多くの議論は、マイナンバーを扱う現場で生じている技術的な次元の些細な失敗事例ばかりが論じられ、根本的な大問題は後に回されているように感じる。国民の個人情報を「公正」や「利便性」にかこつけて、マイナカードを通じて吸い上げ、「国家の政治的・経済的安定」を実現するという、政府の新たな国家安全保障戦略が、目論まれていると見るべきであろう。日本政府が本当に「公正」とか「利便性」とかを重視するのであれば、すでに国民は全員が逃れることなく住民登録を済ませているのであるから、その福祉や生存権から見た「公正」で「利便性」のある制度を考えるべきであろう。

米国の隣のカナダは、米国の「社会保障番号」（SSN）は使わず、「社会保険番号」（SIN：Social Insurance Number）を採用している。もちろんカードはあるが、プラスチック製ではなく紙製で、写真添付もないから、IDとしては使われていないようだ。社会保険目的だけではなく、徴税目的にも使われているが、所管が「雇用・社会開発省」（ESDC）である。つまり、米国がSSNを通じて世界に冠たる国家安全保障システムを構築したのとは違って、カナダの場合は、純然たる社会保険であるということなのだ。

再検討の時代に

こう考えてみると、安全保障は長い歴史のなかで形成されてきていることがわかる。本章で紹介したベンサムが、その主著の『憲法典』で、安全保障とは生存であると主張してから、二〇〇年になる。それに比して軍事中心の国家安全保障という制度は、ほんの一時期の、それも冷戦政策というわずか七〇年ほどの軍事論・戦略論にすぎないことがわかる。

戦後の冷戦政策の中で米国製の安全保障である国家安全保障が持ち込まれ、日本ではそれを唯一の安全保障と解して、社会保障を安全保障の一形態とは考えず、それぞれまったく別の概念であると、今も変わることなく、長い間、思考停止状態を続けてきたのだ。なかでもこの三〇年ほどの日本は、軍事化、有事法制の時代であり、国家安全保障が急速度に強化され、その一方で、社会保障が等閑視された時代でもあった。この一見別々に見えた安全保障問題を、統一して理解する機会を完全に失ってしまった。

私たちは、頭のなかではいまだに「冷戦」政策が宿り、国家安全保障は不滅であると考えている。その起源、原点、歴史性を忘れてきたのではないのか。岸信介首相は、日本に国家安全保障を植え付けた一九五二年の旧安保条約を改正して、国民から見えない、いわばステルス戦闘機のごときの見えない「政変《クーデター》」で、六〇年に現行安保条約を成立させた。それはまた憲法九条を「棚にあげ」て、立憲主義を否定して成り立つ虚構の安全保障であった。

その弊害は、コロナ禍でも見ることができる。全世界が、二〇世紀初頭のスペイン風邪どころではないコロナ禍（COVID-19）を経験した二一世紀。米国政府は、これこそ世界が直面している「安全保障問題」だといち早く察知したが、その同盟国・日本は無関心だ。

米国の政府機関、CDC（The Centers for Disease Control and Prevention：疾病管理・予防センター。「疾病予防センター」との訳語もある）は、「二〇二四年二月五日、東京を拠点に東アジア・太平洋地域事務所を正式に開設する」とした上で、それは日本が（開設当時）世界第三位の経済大国であったばかりか、この地域の健康が世界の安全保障にとって重要な意味を持つとして、「広く健康上の安全保障と戦略上の文脈（The larger health security and strategic context）から考えて、これは賢明かつ時宜にかなった決定であると理解している」（傍点は筆者）と趣旨説明を行っている。

これは残念ながら、日本政府の傲慢不遜な「人間の安全保障」概念とは大きく異なっている。

ついに「人間の安全保障」は「安全保障」の一形態と認識されたのだ。「国家」から「人間」へと、安全保障を人権の対象へと、本書の問題関心からするとベンサムの唱えた「生存」概念へと近づいてきた。米国のＣＤＣの趣旨は「健康上の安全保障」であることを明示することによって、「安全保障」概念の一角に人間の生存こそ不可欠な存在となった。「強い安全保障」は軍事だけではない。

日本の「安全保障」概念は、高野雄一が唱えた考え方に従って邁進してきたし、権威に弱い多くの論者も「右へ倣え」できたのだが、度量が狭く、しかも古臭い「軍事信仰」では、ＣＤＣが唱える安全保障の概念に応えることはできないということが明白になった。しかも、米国は日本の同盟国であり、「人間の安全保障」を唱えるカナダや英国は日本と同じＧ７の国である。それに対して、日本は岸首相の「政変《クーデター》」以来、立憲主義をなげうって、国家安全保障一筋で米国の後を追いかけてきた。ところが米国自身の安全保障観も徐々に変化を始めているのだ。「国家安全保障こそ安全保障だ」と観念していると世界がわからなくなる時代、あるいは「安全保障は平和の対立物だ、日本国憲法の対立物だ」などと考えていると、味方が敵に見えてしまう時代がやってきているということだ。

第五章
地殻変動期に入った日米安保

言葉が生み出す政治力

安全保障関連の言葉が、国民に受け入れられるように、いかに数多くの表現が書き換えられ、改訳されてきたのか。調べるほどに、その多さに驚かされた。しかもその多くが日本の戦後史に残る、年表などにゴチック体で書かれても不思議ではないような、歴史の画期を示す言葉ではないか。内容と表現とあまりにも異なる言葉に政府はどう責任をとるのか。

「平和安全法制整備法」ばかりか、「国際平和協力法」「国家安全保障会議設置法」などと、「平和」や「安全」という言葉が並んでいる。これらの法律は、「平和」や「安全」を掲げつつ、軍事力行使を促して、力で紛争を抑止する内容だ。

筆者が若い頃に、昭和天皇の「開戦の詔書」(一九四一年一二月八日)を読んで、短い文章の中に六か所も「平和」という言葉が並んでいて、「こうして「あの戦争」が始まったのだ」と知って、寒気がしたことを思い出した。学校教育では「平和安全法制」を教えるだろうか。若き彼ら彼女たちにとって「平和」はどんな概念になるのであろうか。

言葉を「狩り取る」こと。こんな人倫に反する行為はないであろう。いつの時代にもこうした行為をしてきた権力者がいたことは、よく知られているが、長続きはしていないことは確かだ。「憲法九条の棚あげ」は、すでに六五年も続いているが、「棚あげ」はいつの間にか「棚ざらし」に代わってしまった。日本の敗戦を示す言葉は「終戦」として、完全に定着してしまった。サンフランシスコ平和条約も長年にわたり、否、今日でも「講和条約」と書かれている場合が多いが、「講和」とは明治憲法（帝国憲法）の「戦《いくさ》ヲ宣シ和ヲ講シ」に由来している。「暗い戦争」の記憶を忘れ、過去の勝利した「日清・日露」の戦争の延長で、かつては敗戦国の「清国」「露国」と「講和」を結んできた「栄光の日本」を戦後に引き継ぎたいという政府の魂胆をよく現してきたではないか。

政治用語の改変が大きく変わり始めたのはこの三〇年、有事法制になってからではないのか。有事法制は、「武器」を「防衛装備品」と言い換え、「敵基地攻撃能力」を「反撃能力」としている。「敵」を「攻撃する能力」は、「敵」から「攻撃された際に反撃する能力」に変わった。

本書では、このほかにもいくつかの事例を紹介してきた。有事法制は米国の文書をそのまま訳した、しかも「仮訳」が多いことはすでに紹介したが、そもそも日本語にない言葉を持ち込み、しかも、「平和憲法」の下であるので、軍事用語の下地はまったくない。それは憲法が平時の民衆の「生活」を前提にしているのに対して、軍事用語に「生活」はないからだ。

さらに日本国憲法にそもそも違反している有事法制に、違反していないような訳語を当てなければならない。たとえば自衛隊が国連決議にある平和維持活動や多国籍軍に参加する際には、「指揮」という用語は避けられない。ところが日本政府は「指揮」という軍事用語は避けたいと考えたのだろう。それも国際機関や他国の指揮下に入ることを国民にさとられたくない。そこで本書で紹介したように、政府統一見解は、コマンド（指揮）を避けた「指図」を使い、「「指図」

と「国連のコマンド」とは同義であります」と言い切ったのだ。

有事法制は、外国語の翻訳で意図的に「改訳」されている。「平和維持活動」は国民に気づかれることなく、日本語としてみごとに定着したが、「活動」現場を経験した自衛隊員の中には「話が違った」経験をされた隊員がいたようである。

そもそも憲法と安全保障であるから、片や平時、片や戦時だ。言葉の反りが合うはずがない。ところが、安全保障を論じるために避けて通れない「ガイドライン」の「仮訳」は問題にならないままだ。関係者以外は誰も読んでいないのだろうか。

本書で紹介した有事法制の言葉の問題が政治や論壇で取り上げられることは、まずなかった。その最大の問題は憲法の「解釈」ばかりが問題にされ、官僚用語に引きずられ、言葉が政治の力として問題にされてこなかったからだと筆者は考えている。

生活者の言葉としての憲法

帝国憲法（明治憲法）の下にあって、憲法を筆頭に軍法を含む法律や判決文は文語体《ぶんごたい》であった。普通の国民には理解ができない難解な言葉を、わざわざ意図的に使っていたのだ。法律家は、軍法などは言うまでもなく、法は天皇が発する文書であり、権威の象徴と考え、政治家や官僚、司法関係者なども意図的に難解な漢語が多い文語体を使っていた。それはまた男性社会の言葉であることを意味した。

それに対して、日本国憲法は口語体だ。口語体は、漢字と平仮名を併記した文字表現が社会的地位や性の違いを超えて万民に平等に伝わってくる。それを可能にしたのが「国民の国語運動」を推進してきた国語学者の安藤正次であった。幸い、現憲法制定時に内閣法制局長官であった入江俊郎も口語化に好意的であった。

ただその一方で政府の憲法案を最初に起草し、GHQから完膚なきまで徹底的に論破されて恥をかかされ、最初の政府案を突き返され、GHQ案を「押しつけられた」と主張してきた松本烝治（憲法起草時の憲法担当大臣でそれ以前は東大教授、弁護士）は、冷ややかであった。それでも「翻訳臭い憲法、せめて口語化すれば、日本語らしくなる」と負け惜しみを言いつつ口語化を認めたという。口語体は平仮名のいわゆる「女手《おんなで》」が多いことから、「権威がない」ので嫌われたようだ。

ほどなく安藤を中心に、政府に対して「これからの法令の書き方」の「建議」を出すことになった。賛同者には、当時「国民的作家」と言われ、『路傍の石』などの著作のある作家・山本有三、国際法学者の横田喜三郎（のちに最高裁長官）、三宅正太郎（裁判官、戦前の大審院〔最高裁判事〕）がいた。建議には「文体は口語体とする」、「むずかしい漢語はできるだけ使わない」、「漢字はできるだけ少なく」などが書かれていた。

建議起草後は、入江俊郎・法制局長官の指示で、志をともにしていた法制局参事官の渡辺佳英が根回しをしたようだ。渡辺は東京の三鷹に住んでいて山本と同じ市内だったため、家が近く、いくらか離れた所に横田が中央線を跨いだ隣の吉祥寺に住んでいた。

渡辺は山本宅に出向いて山本に会い、憲法案の日本語の表現法で意見を交わし、その足で横田の自宅へ、自転車で走って行って連絡を取っていたという。なんとも心温まる「日本の青春」であった。山本が憲法の前文部分を、横田が第一章（天皇）と二章（戦争の放棄）を担当し、最後は一晩かけて完成させたという。

昨今の安保法制は、外務省や防衛省を中心に各省の官僚が召集されて、秘密裏に会議を持っているのであろうが、憲法の言葉はその正反対にじつにおおらかであったことが分かる。のちに横田は、「まことに、思いがけない、愉快な驚き」と回想し、三宅も「一九四六年という年は、ほかの事柄がなくとも、永久に記念すべき年」と回想している（古関彰一『新憲法の誕生』中公文庫、一九九五年、二一〇―二一七頁）。たしかに、口語体の法律は、憲法施行の段階ではどの法律にもなかった。

その後、刑法が口語化されたのは、なんと遠く九五年のことであったし、その他の主要な法律の口語化には、平成年間の二〇〇〇年以降を待たなければならなかった。考えてみれば、法律のなかで日本国憲法が口語化の嚆矢《こうし》であった。こうして、なんとか改憲されずに今日があるのは、従来の法律にはない口語を用い、普通の国民にとって読みやすく、声に出して朗読することに堪えうる言葉が、さまざまな分野の人々の手によって紡ぎ出されてきたからではないのか。これこそまさに言葉と理念の「力」に対する勝利であった。

日米安保体制下の法令は、前に本書の四章に示したように軍事を中心にした国家安全保障の文書であるから、権力を支え、権力によって支えられた、外形は鎧《かぶと》を被った、強そうに見える「甲殻類」なのだが、安保体制にかかわる法（条約・協定）は、普通の私たちが日常生活で使う生活用語ではない。

さらにまた、「外見力」はあるのだが、内発性のある「言葉のもつ魅力」、「艶《つや》のある表現」はまったく見出すことはできない。漢字と英語モドキの片仮名が並んでいるにすぎない。

日本語の美しさは女手の平仮名にある。日本が世界に誇りうる古典文学を生み出した平仮名の魅力は国家安全保障の安保体制のなかには絶対に見出せない。安保体制をいくら強化しても、生まれ出るものが、国家安全保障の枠内である限り「軍事が持つ力」であり、「権力が持つ力」にすぎない。

もちろん、「日本国憲法は素晴らしい」などと諸手を挙げて憲法を礼賛する気はまったくない。憲法ができて八〇年も過ぎている。日本国憲法第一条の「国民統合の象徴」という言葉のおかしさは本書ですでに指摘した。そればかりか「第八章　地方自治」の九三条二項に地方公務員を「下級官吏」を意味する「吏員」と書いているが、こんな帝国憲法丸出しの言葉は、即刻改正して「地方公務員」とすべきだ。憲法改正を叫びたいなら、こうした非常識な言葉をまず正すべきではないのか。

学ぶべきは「強いアメリカ」ではなく「アメリカの強さ」だ

考えてみれば、日本の近代は「富国強兵」と「脱亜入欧」で始まったわけであったから、この日米安保体制とは、「平和と民主主義」の憲法体制から、日本近代そのものの「脱亜入欧」と「富国強兵」の政策へ「本卦還り」したいと、時の為政者が考えても、当然と言えば、当然なことであった。

その結果、日米安保は日本に経済繁栄をもたらし、一九七〇年代の初めには、GDPで米国に次ぐ世界第二の「経済大国」へと急成長し、七〇年代の末になると福田赳夫首相の「安保繁栄論」が飛び出すほどになった。それは、ケネス・パイルによれば、「ない、ない」政策を生み出すことになり、その後は私たちが負うべき「戦争責任」、「戦後責任」や「自戒」を忘れ、バブル景気に酔ったのであった。

それは、その後の「氷河期」の日本を考えると信じがたいことであるが、日本政府は各市町村の地域振興ということで、それぞれの自治体へ一億円を交付したことがある。これこそバブル期の日本を象徴する政治であった。この政策は八八年から八九年にかけて実施され「ふるさと創生事業」と呼ばれ、竹下登首相の発案で行われた。各市町村一律に一億円を、当時の自治体数は「平成の大合併」以前のことであったから三二〇〇を超えていたと思われるが、それらに、なんと使用目的を示さず、「自由使用」でばらまいたのであった（竹下登『素晴らしい国 日本 私の

「ふるさと創生論」』講談社、一九八七年)。

その頃の日本はお金が有り余っていたのであろう。ところが、日本の政治家、あるいは国民全体が、自らがつくり出した戦争の処理の実態を知らされていたならば、「余剰金」とはいえ、三〇〇〇億円超もの大金をバラまいて、自分たちの「ふるさと」のために「お大臣」ぶって、恥も外聞もなく冗費する「世間知らず」の発想はまず起こらなかったのではないのか。

バブルに沸いた日本とは違って、近隣の国々ばかりか、かつて日本がつくった「大東亜共栄圏」の下にあった多くの国々が、日本による第二次世界大戦の地上戦で生活ばかりか生命まで家族ごと奪われ、いまだ癒えていない人々が多数いたのだ。

「死の灰」を浴びた広島・長崎の被爆者は、言語を絶する戦後を歩んできた。被爆者は、一九五〇年代から様々な補償を求めて訴訟を行ってきた。原爆ばかりか、戦争末期の米軍の空襲で家屋など失った人々の訴訟もあったが、政府は「戦争被害は国民が等しく忍ばねばならない」という「受忍論」で終始した。

それがいかなる結末を招いたかは、申すまでもない。このバラまきで豊かな自治体が「創生」されたどころか、わずか二年後の九一年にバブルは崩壊した。さらに、二五年後の二〇一四年には、四〇年までに九〇〇弱の自治体が消滅するであろうとの予測が発せられたのだ(増田寛也編著『地方消滅』中公新書、二〇一四年)。

ところが日本と「同盟国」である米国、なかでも米国市民はまったく違っていた。米国は第二次大戦には勝利し、世界の強国になったが、ベトナム戦争を経て、長年の懸案であった米国の日系米国人への戦争責任を果たすべき秋《とき》を迎えていた。

日本での「ふるさと創生事業」が始まった時と、ほぼ時を同じくして米国では、一九九〇年にブッシュ大統領（父、共和党）が、戦時下で米国政府によって強制収容された体験者、あるいは被害者の日系人に対して、司法長官を通じて強制収容被害者一人一人に謝罪文とともに二万ドルの小切手を渡したのであった。

それは、日系人を中心に六〇年代から四半世紀にわたる市民の運動を続けてきた成果でもあったが、以下の謝罪文に示された文面からは、金銭を超えた「アメリカ民主主義」が培ってきた人権意識の重みを感じるのであった。

金額や言葉のみでは決して失われた歳月を取り戻すことも心の痛みを拭うこともできません。また、それらによって、不正義を正し、個人の権利を擁護するという我々の国の決意を十分に表明できるというものでもありません。我々は過去の過失を決して完全に是正することはできません。しかし我々は今ここに、正義を守る立場を明確にし、第二次世界大戦中日系アメリカ人に対し、重大な過失が行われたことを認めるものであります。（略）

補償を求め陳謝の意を述べる法案を制定させることにより、同胞アメリカ人であるあなたがたは、真の意味において、自由と平等と正義という理想への従来の誓いを新たにしてくれまし

た。（竹沢泰子『日系アメリカ人のエスニシティ　強制収容と補償運動による変遷』東京大学出版会、一九九四年、三九頁）

戦時下で苦難を背負って生きた日系人にとって感動的な文章であったに違いない。著者の竹沢は、強制収容の被害者・体験者への補償運動をこう評している。「（補償運動は）彼らのアメリカ人としてのアイデンティティを強化し、その行動様式、規範、価値、思想の側面において日系アメリカ人のアメリカ化を進行させ、それと同時に彼らの日系アメリカ人としてのエスニック・アイデンティティを再覚醒させる役割を果たしてきた」（竹沢泰子・前掲書、二三九頁）というのである。とても、自国中心・自民族中心の日本では、想像することすらできないし、「正義」という日本語を政治家から聞く機会すらない。あるのは「経済効果」と「経済成長」だ。

ただ、この声明を日本の歴史経験の文脈に置き換えてみると、日本占領がとっくの昔に終わっているにもかかわらず、占領下同然の「行政協定」という名の Executive Agreement（行政執行協定）を押しつけられ、その後の今日でも地位協定という、民主主義のカケラすらない合意文書をコラボレーターの日本政府と一体となって変えようともしていない。

しかも、その事例をよく考えてみると、どれもが「アメリカ」そのものであることに気づくのである。と同時に、改めて「アメリカ民主主義」とともに「日米同盟という名の日・米軍同盟」であると考えれば、合点がゆくのだ。しかも、日本政府はアメリカ民主主義や人権にはさしたる関心はなく、あるのは「強いアメリカ」である。アメリカの国鳥「白頭鷲《アメリカン・イーグル》」が体現する強さと不死のイメージだ。

しかし、日本の為政者が考えなければならないことは、米国が一世紀を超えて世界の覇者であり続けているのは、力だけではなく、「アメリカ民主主義」の中核に、その民主主義を支える「理念の共和国」があり、「多様な文化」が容認され、その下で民衆は「自治」と「人権」を学んでいるからだ。これが「アメリカの強さ」だ。

最近は多方面から翳りが見えてきたが、それでも「自由なアメリカ」のイメージは変わらない。私たちは、「アメリカの強さ」を学ばず、日本政府の教え通りに日本国憲法をＧＨＱの「押しつけ」だとして検証もせずに排撃し、「強いアメリカ」ばかりを学ばされてきている。

従って、米国大統領は、アメリカ民主主義と「世界の警察官」との間でバランスをとっていると見ればいいのかもしれない。核を独占し、軍事大国を続けるオバマ米大統領が、同時に核廃絶という「偉大な矛盾」を唱え、ノーベル平和賞を手にしたが、核廃絶はみごとに手からこぼれ落ちて、露のごとく消え去った。

ブッシュ（父）米国大統領が日系人に謝罪をしていた頃、先の「ふるさと創生事業」は、バブル経済の「反射的効果」を生むことになった。日本人ビジネスマンや観光客のキーセン・パーティが問題視され始めた。まだバブルの余韻が強かった一九九一年八月には、戦時下に慰安婦にさせられた韓国人女性が、自ら慰安婦にさせられたことを名乗り出たのであった。

本書の第一章で日米の異なる安全保障観を紹介したが、日米の違いはそればかりではなかった。米国では強制収容された日系人が米大統領の謝罪を通じて「アメリカ化」を生み出し、従軍慰安婦問題を通じて日韓両首脳の「口もきかない」関係を生み出したのだ。強制収容も慰安婦も、どちらも人間の「生存」に関わる問題である。本書の第四章で紹介したベンサムは、「国家を超えた生存」と述べたが、つまりそれは本来の安全保障概念の中核にあった概念だ。

日米は共通の国家安全保障観を持つはずだが、市民レベルの安全保障観を考えると、生存、国際化、あるいは広く「人権」という人間性の本質にかかわる点では、日米は安全保障観をまったく異にしていることに気づくのである。

日韓米三国による連携

そもそも米国主導の日本の安全保障政策は、冷戦終結から三十数年を経て、地殻変動期を迎えていると言えよう。

まず、二〇二三年八月一八日にバイデン米国大統領が、岸田首相と尹韓国大統領とをワシントン郊外に招き、三か国首脳会談を開催した。隣国であるにもかかわらず、「口もきかない」関係にあった日韓の首脳が、米国大統領の下で会談をもったことは、画期的なことである。

開催後の「三か国共同声明」は、「三か国の対応を連携させるため、相互に迅速な形で協議するとのコミットメント（約束）を発表する」とした上で、「協議に関するコミットメント要旨」

については「日米韓三か国首脳は、共通の利益と安全保障に影響を及ぼす地域の挑戦、挑発と脅威への対応を連携させるため、三か国政府が相互で迅速な形で協議する。こうした協議を通じて情報を共有し、対応を連携させる。（略）このコミットメントは国際法または国内法上の権利、義務を生じさせるものではない」（『読売新聞』二〇二三年八月二〇日）。

なんとも意味不明な「声明」であるが、それぞれの複雑な国内状況を示しているのだろう。なにしろ、長年「犬猿の仲」であった日韓両国であったから、ひとまず米国中心に対中国包囲網を企図しているのだろう。ただ三か国が情報共有を通じて、抑止力強化に向けて軍事一体化が進むことに間違いないだろう。

そうとは言え、日韓の溝はいまだかなり大きい。朝鮮半島は朝鮮戦争後も停戦状態のままの、法的には戦時下だ。朝鮮戦争は北朝鮮軍と韓国軍、それに韓国側の国連軍が当事者関係にある。国連軍は事実上米軍であり、その国連軍を支えているのは、在日米軍基地なのだ。

そこで「吉田・アチソン交換公文」では、国連軍による米軍基地での施設の使用とその人件費を日本側が負担することになっており、それとともに、有事の際の朝鮮半島への国連軍の出撃には、日本政府の許可が必要と定められていた。ところが、一九六〇年の日米安保条約の改正の際に、米国側から先の「交換公文」の改正が迫られることになった。そこに「密約」が登場する。米国側のマッカーサー二世大使は、岸信介内閣の藤山愛一郎外務大臣に対して「有事に際しての朝鮮半島への国連軍の出撃に、日本政府の許可は必要でない」とするように迫り、藤山は、六〇年一月六日に密約という形で米国の要請を受け入れている（古関彰一『対米従属の構造』みすず書房、二〇二〇年、六一頁）。

つまり朝鮮有事の際には、日本政府も気づかぬうちに国連軍という名の米軍が、日本国内の基地を発って朝鮮半島を爆撃している、あるいは私たち日本人が爆撃に気づいた時には、それに対する反撃で韓国も日本も爆撃されているという可能性があるということだ。韓国は、日本とは状況が違っている。それはひとえに朝鮮戦争のためだ。その指揮権問題は複雑だが、東アジアの安全保障問題を専門にする豊田祐基子は、この韓国の指揮権問題を短くまとめている。

「朝鮮戦争勃発直後に李承晩《イスンマン》大統領が韓国軍に対する作戦指揮権をマッカーサー国連軍最高司令官に委譲して以降、韓国軍は国連軍最高司令官の指揮下で戦闘を行った。休戦後は一九五四年一一月の米韓合同議事録をもって国連軍司令官が掌握する作戦指揮権が作戦統制権に替わったほか、一九七八年の米韓連合軍司令官の創設を契機に、韓国軍に対する作戦統制権は在韓米軍司令官が兼務する米韓連合司令官が掌握する形式となった。現在は平時には韓国軍の合同参謀議長が作戦統制権を有するが、有事には連合軍司令官に権限が委譲する仕組みになっている」（我部政明・豊田祐基子『東アジアの米軍再編――在韓米軍の戦後史』吉川弘文館、二〇一二年、一九六、一九七頁。「作戦指揮権」は、指揮官が司令部と部隊の指揮権を有し、「作戦統制権」は部隊運用の権限を持つ）

韓国軍が平時の作戦統制権を持つまでには、韓国政府は米国政府（軍）と長期にわたって議論を積み重ねている。それに対して日本政府が米国政府と自衛隊の指揮権に関して公的な場で公開議論をしたとか、公式な発言に接したことは、絶えてない。

しかし、日米は平時・戦時を問わず米軍の指揮下にあり、米韓は上述のように平時にあっては韓国軍、戦時にあっては米軍の指揮下にある。しかも、日米が密約であるのに対して、米韓は正式な合意をしている。そこで日米韓の演習等が常態化することを考え、この日本と韓国との違いを日米韓で「協議」して、なんらかのcommitmentをつくっておく必要があると米国政府は考えたのではないであろうか。つまり、日米韓の首脳が会談を持つ必要性の一つは、ここにあったと見ることができよう。

日本国内の口先だけの架空の議論では隣の国も納得しない時代がやってきたということだ。小泉純一郎政権下でのイラク派遣がそうであったように、二〇二三年八月の日米韓三国の会談を通じて「自衛隊と米韓両軍の共同訓練の分野を陸海空やサイバーなどの多領域に拡大し、複数年にわたる共同訓練の計画を作る」ことが必要な時代になったとも報じられていた(『毎日新聞』二〇二三年八月一九日)。

岸田・バイデン会談――日米同盟からネットワーク安保へ

日米会談は、日本にとって「安保」といえば、「日米」を意味した時代がいよいよ終焉を迎えることを意味した。たしかに米国中心であることは一向に変わっていないが、「日米」でも「同盟」でもない時代を迎えた。

橋本・クリントンの「安保共同宣言」（一九九六年）という「日米同盟」から三〇年弱が過ぎ去り、二〇二四年四月の日米韓三か国会談を経て、新たな「自由で開かれたインド・太平洋」の時代を迎えようとしている。二五年からの二期目のトランプ時代は一層加速することになるだろう。米国一国で敵を抑止できなくなった米国の軍事状況が大きくなってきた。拡大抑止に象徴されるように、インド・太平洋諸国とともに、米国を中心にした新たな安全保障体制を打ち出したと見ることができるのではないだろうか。

それはまた米国から見れば、本書の第一章の冒頭に紹介した太平洋協定案（五一年、ダレス特使へのトルーマン覚書）の再来（と言っても七〇年前のままではないが）を迎えたことになる。日本から見れば、一貫して米国の安保政策の後追いを続けてきたという、面目のない現実を認めざるを得ない現状の到来だ。それも事実であれば率直に認める以外あるまい。

岸田文雄首相が日米会談に臨むにあたり、米国の国賓としてワシントンに到着する以前に、韓国、インド、豪州の首脳が会談を終えており、加えて岸田の後にフィリピンのボンボン・マルコス大統領も参加したことが会談の目的をよく表している。

それはまた、こうした国々となぜ一堂に会して会談を持たなかったのか、なぜ時間をずらしての会談になったのかという疑念への米国政府の回答でもあった。バイデンは、この会談に当たり、共同声明の中で会談の成果を、まるで手柄話のようにこう示していた。

地域の安全保障上の課題が展開する速度を認識し、日米の二国間同盟体制をこうした重要な変化に対応できるようにするため、我々は、作戦及び能力のシームレスな統合を可能にし、平時及び有事における自衛隊と米軍との間の相互運用性及び計画策定の強化を可能にするため、二か国間でそれぞれの指揮・統制の枠組みを向上させる意図を表明する。より効果的な日米同盟の指揮・統制は、喫緊の地域の安全保障上の課題に直面するに当たり、抑止力を強化し、自由で開かれたインド・太平洋を促進していく。我々は、日米それぞれの外務・防衛担当省庁に対し、日米安全保障協議委員会（日米「2＋2」）を通して、この新しい関係を発展させるよう求める。（外務省発表の「日米首脳共同声明」の「仮訳文」による。傍点は著者）

共同声明の最大の関心事を「日米同盟」の変化に求め、それが「指揮・統制の枠組みを向上させる」こととしている。新たな枠組みである日米豪印の「クアッド」、豪米に英国を加えたオーカス、さらには新たな円滑化協定の日比・日豪の演習・訓練を運用するに当たり必要となる指揮・統制の「向上」のためであった。ということは、日米にとって、「吉田密約」以降の様々な「密約」や「密約なき密約」という日米だけの「密約」では不十分で、韓国、インド、豪州、フィリピンの新たな「枠組み」構成国との新たな合意が必要となったと推測できる。

軍事問題とは、そもそも原理的に民主主義の対立物であるから、「万機公論に決する」わけにはゆかず、「秘密」であることが不可欠であり、それは洋の東西を問わない。機密度が高まれば、その分民主的な議論は遠のく。従って密約ばかりで、共同声明で「指揮権・統制の枠組みを向上」などというあいまいな「密約」を連想してしまう政治用語が飛び交う国には民主主義は存在しない。

岸田・バイデン会談後の七月二八日に、日本側は上川外相、木原防衛相、米国側はブリンケン国務長官、オースティン国防長官の２＋２による日米安保協議委員会が開催された。内容は予告の通り米軍のインド太平洋軍司令部（在ハワイ）の作戦指揮権を在日米軍司令部（東京・横田）に移すことになった。

２＋２の会議の翌日にはクワッド外相会議が東京で開催され、日米豪印の「枠組み構成国」の外相が参加した。それは２＋２に連動していたことは明らかに思えたが、上川外相は「法の支配」を呼びかけた。それはロシアのウクライナ侵攻を念頭に置いていたことは明白だ。

それはよしとしても、日本政府は、一連の安全保障政策はもっぱら「閣議決定」ばかりで「行政一強」であり、立法府による「法の支配」（Rule of Law）を受けていない。「法の支配」をロシアに対しても説得力を持って説きたいのであったら、まず「隗より始めよ」ではないのか。さらには「憲法九条を棚にあげて」おいて、他国に向かって「法の支配」を説く資格があるのだろうか。

それはまた、すべての構成国の軍隊は、米軍の指揮下で共同演習や訓練を通じて、練度を上げ、全構成国軍一体となって中国に対する拡大抑止効果を発揮できるようにしなければならないはずである。しかし日本だけは、憲法九条で戦力不保持と交戦権の否認を定めている。もちろん米国政府によって六五年にわたって「棚あげ」されてきているが、他の構成国にどう説明するのか。日本国内では、カンボジア派遣でもイラク派遣でも、国民からも反対勢力からも、ほとんど「棚あげ」の事実を深掘りされてこなかったし、六五年間「棚あげ」して日米間では「成功」してきた実績があるが、他の構成国が加わった場合でも成功するとは限らない。

敵国との戦闘の際に自衛隊だけが「戦闘員ではない」ことになっており、捕虜条約などの国際人道法にも加盟しておらず、そのままでは自衛隊員ばかりか友軍の兵士も安心して肩を組み合ってともに戦闘に加われなくなるだろう。

戦場で「トモダチ」になるためには、「紙と口先」のトモダチでは役に立たない。しかも自衛隊という「日本軍」にとって、戦前の「帝国陸海軍」の時代も含めて、米国の指揮下で「多国籍軍と一体の戦闘」に加わったことは、なんと有史以来一度としてないのである。

あえて言えば、日本は何らかの決断を明言することなしに、ズルズルとここまで来てしまったのだ。それは岸信介首相による「憲法九条棚あげ」という「政変《クーデター》」があったことを国民に言明することなしに今日まで来てしまったということでもあろう。

そもそも二〇二四年の日米会談の開催を必要にしたのは、従来の冷戦下の同盟関係を構成してきた「ハブ&スポークス」に代わって、多数国との「格子状」の関係を構築することであった。従来の同盟関係は米国がハブ（中心、軸）であり、二国間同盟の日本などがスポーク（ハブから放射状に出ている棒）であった。

しかし、これからの「ネットワーク構成国」（政府が「同志国」という言葉を用いる場合もある）関係は、構成国が演習や訓練を通じて「縦横かつ折り重なって」相互に結び付き、「格子状」に「相互一体」となって敵国への抑止力を強化する必要が生じたのであった。

駐日前米大使のエマニュエルは、大使としてはめずらしく軍事に関わり、対日安全保障政策について「過去七〇年間、触れられずにきた五つの政策課題を変化・転換させた」と述べ、二国間関係の外交は「二〇年前なら機能していたが、この一〇年で状況が変わった」とインタビューに答えていた（『朝日新聞』二〇二四年四月六日）。

「過去七〇年間、触れられず」とは、一九五二年に日米安保条約が発効した際には触れられてこなかった「吉田首相の指揮権密約」については直接触れてはいないが、集団的自衛権が法認され、安保（有事）法制が成立したことであり、「この一〇年」とは、「自由で開かれたインド・太平洋戦略」から「クアッド」の結成に至る、非同盟のインドを含む、「格子状」のネットワークを持つ安全保障の枠組みへの転換を意味していたと見ることができよう。

一言で言えば、首脳会談は「紙と口先」の合意から、その「実践化」であったはずだ。首脳会談と前後して既に政府は沖縄県の南西諸島はじめ全国の民間の空港・港湾施設一六か所を有事の際に米軍と自衛隊との共用を決定している（『東京新聞』二〇二四年三月二五日）。

基地の軍事施設の新設・訓練等の強化が急速度に進んでいる。その結果、米軍・自衛隊の事故も急増している。演習・訓練は従来とは質を異にして、日米地位協定のみであった軍隊駐留協定は、二二年には日豪・日英、さらには日比の円滑化協定という演習・訓練を中心に相互運用のための短期駐留軍協定が結ばれるまでになった。

統一指揮から日米連合司令部へ

こうして、抑止力強化のための各国の演習・訓練を通じて練度を上げることが必要となった。合意の「実践化」の中核には、軍隊指揮権がある。首脳会談では「指揮・統制（command & control）」と言われているが、そう言われるようになったのは、安保関連法が制定された二〇一五年の二回目のガイドライン改正からである。それ以前は「指揮・調整」と言われていた。「調整」には「強い者」が「弱い者」と相談する「余裕」があったが、安保関連法（有事法）が成立して「指揮・統制」となり「強い者」が「弱い者」を一方的・自動的に強制する内容へ変化したことを示している。

そもそも指揮は、軍隊にとって最重要事項であるので、指揮系統（chain of command）という言葉があるように指揮は複雑化して体系・階梯として理解されているようだ。たとえば、自衛隊は二四年に陸海空を一元指揮下に置くため、新たに統合作戦司令官の下に統合作戦司令部を設置した。

作戦司令部は作戦指揮権と作戦統制権を有する。作戦指揮権は司令部と部隊の指揮権を、作戦統制権は部隊運用権を有する。ここからも解るように「指揮・統制」と一体で扱われるのは、指揮とは、指揮官という言葉があるように命令が「手動」で行われるという性格を持つのに対して、統制は「自動」の性格が強いと見られているようだ。つまり、兵器・軍備の改良が進むなかで手動と自動の双方が必要になり、従って「指揮・統制」となったと見ることができよう。

従来は、自衛隊の指揮権は制服最高の地位にある統合幕僚長（統合幕僚監部）にあった。しかし、二四年五月の自衛隊法改正で、統合幕僚長は防衛大臣の補佐に専念し、それとは別にあらたに統合作戦司令官（統合作戦司令部）を置いて、自衛隊の部隊指揮にあたり、有事の際は米軍との「調整」にあたるという。

「有事の際に自衛隊が米軍と調整する」と説明を受けても、ガイドラインなどの主要政策の日本語はすべて英語の仮訳で、戦略も演習も米軍に従っている自衛隊が米軍と「調整」にあたると言われても、それを真に受ける者はいないであろう。それよりも、先の米韓両軍の例がはっきりと示している。韓国では有事の際には、韓国軍は米韓両軍による「連合司令官」（司令官は米軍）の指揮下に入ることになっている。自衛隊の場合も、新設された統合作戦司令官は、有事の際に実は米軍と「調整」するのではなく、今後新設されるであろう「日米連合司令部」（司令官は米軍）の指揮官の下に入ることが予定されていると考える方が、日米間の首脳会談がもたれた前に、日米韓首脳会談が持たれていたことでもあり、自然ではないのか。

インド太平洋軍の組織改編

ところで、米軍側は自衛隊の組織改革に倣ってインド太平洋軍の組織再編をすることになったという。なんとも不思議な話である。ここ数年、そうした日本が率先して日米の軍制改革を進め、米国が日本の後から付いてくる構図がメディアなどを通じて報じられることが多くなった。「自由で開かれたインド・太平洋戦略」は安倍首相の提案だと言われてきた。

その後バイデン政権になったと同時にクアッド、オーカス構想が出てきた。クアッドによって日米同盟が地盤沈下したことは明白だ。統合司令官の新設も、米軍が自衛隊を指揮下に置いて効率的に直接指揮を執るために、自衛隊を動かしていることも明白だ。ところが、従来は何かと率先してヘゲモニーを握ってきた米軍が、不思議なことにこのところ自衛隊に「お先にどうぞ」と米軍は自衛隊に先を譲っているのだ。

こんな事例が気になっていた筆者に、米国人がよく使う「スマート・ヤンキー・トリック」という話について米国史を専門にする松田武から聞いたことを思い出した。それは南北戦争の頃（一九世紀の中頃）から使われてきたそうだが、米国が欲しいものを、たとえば日本に要求する場合に、直接日本に要求する形をとるのではなく、米国が欲しいものが確実に米国の手に入るよう、それも相手側から米国に対して、依頼させるようにもっていく、というのだそうである（松田武『自発的隷従の日米関係史』岩波書店、二〇二二年、五七頁、傍点筆者）。

自衛隊の統合作戦司令官の設置とともに、米軍も、自衛隊の後を追ってハワイに司令部を持つインド太平洋軍に指揮権は残して、東京・横田にある在日米軍の司令部の権限を再編・強化する方向へと、まるで自衛隊の後を追って米軍の再編が行われたように、進むことになった。こうして、米軍と自衛隊の指揮権限の一体化が滑らかに一層進むことになったのだ。このようなカラクリを「自発的隷従関係」というのだそうだ。

日本の軍事化に「ご執心」で、日本軍事化の「水先案内人」でもあるアーミテージ元米国務副長官が読売新聞に寄稿し、こう述べた。「本物の戦争には常設の統合指揮系統が求められる」（『読売新聞』二〇二三年三月五日）。これは果たして何を意味するのだろうか。「統一（unify）」と「統合（joint）」の違いについては、すでに本書第三章で紹介したが、それは日米の軍の「統一」とは、日米の軍組織を別々のままに一つの指揮下に入る場合であり、「統合」は先述の通り最近の自衛隊が陸海空を一体化した際に「統合作戦司令部」と名付けたように、国内で陸海空軍を一体化した場合は「統合」であった。

ところが、今回のアーミテージの寄稿論文は中国有事、事実上は台湾有事を想定していると思われるが、それは日米という主権国家同士が国を跨《また》いで双方の軍隊を「一体」に編成するという話だ。ところがアーミテージ論文の日本語訳は「統合指揮系統」と訳されている。この訳ではどうもスッキリしない。

そこで、『読売新聞』は発行後に同紙の英字版The Japan Newsに同一記事の翻訳を掲載していることを思い出し、英字版を読んで見た。そこには、上記の「本物の戦争には常設の統合指揮系統が求められる」との日本語訳の英文は *a standing combined command* **structure is required for real warfighting** とあった。

著者が気になったのは、すでに国内の軍事組織の「一体化」という言葉の英語は **joint**、日本語では「統合」で定着しているが、主権国家を跨いだ軍隊組織の「一体化」は、アーミテージも **combine** を使っているのであるから、日本語訳は、日本国内の一体化の場合に使う「統合」（**joint**）ではなく、**combine** に対しては軍事用語で一般化されている「連合」という日本語を使うべきではないのか。日常的にも、**Combine**、**Combination** は「連合（する）」の方が、イメージがわくと思われるが。

combine は、強大な米軍の指揮の下で自衛隊が米軍の一部となって「連合司令部」を構成することを意味する。つまり、仮にアーミテージ構想が実現すれば、日本は軍事的には現在の一体化された米韓関係のなかに加わって日米韓を形成することになると考えるべきだということだ。

もちろん、政府はいまでも「日本の主体的判断」とか、「独立した指揮系統」、さらには「米軍と調整」などとあいまいなことを、「紙と口先」で答えてきたので、今後も変わることはないと思われる。ただ、事態が露呈し、現実となった際に「こんなはずではなかった」との「嘆き節」だけは誰も聴かないし、聴く手段もなくなっているだろう。日本政府がなんと言おうが、その言辞は信用されず、自衛隊が米軍に飲み込まれてしまう可能性が強くなるだろう。

そう考えると今後米国側から、このcombined commandという用語は多用されるのではないか。しかも一国の運命を左右する重大な用語であるから、「統合」とは本質的に異なる組織を意味するので、joint＝統合、combine＝連合という訳語を、日本政府はともかく、メディアや言論人はその違いを知った上で使うべきではないのか。

米国政府で日本の安全保障を担当するアーミテージのごとき高官が、それも日本の軍事化の「水先案内人」になっている高官が、日本を代表する新聞で、台湾有事の際は日米の「連合司令部」を常設司令部として設置することを考えているということは重大だ。しかも、アーミテージは先の引用の後にこう続けているのだ。「日米両国の指導者は、自国の指揮体制を更新する際に、それを最優先課題にするべきだ。」

このアーミテージの指摘を、日本の軍備強化に邁進し、日本の大国主義化を推奨してきた論者たちは、どう受け止めるのであろうか。私たちは事態がここまで切迫していることを自覚しなければならないということだろう。しかもアーミテージは米国政府のなかでそれなりの発言力のある人物だけに、米国政府周辺の了解を得ての発言とも思われる。つまり吉田首相の「指揮権密約」はこうして生き続けているということだ。

張り子の軍事大国・日本

自衛隊は、実戦経験をまったく持たない。軍備は世界の一〇番目だが、世界最強の米軍に較べれば軍事費は一八分の一に過ぎない（二〇二三年のＳＩＰＲＩ：ストックホルム国際平和研究所の調査。**Global Firepower** の二四年の軍備調査だと七番目）。その自衛隊が米軍と一体化の連合司令部の下に入れば、当然のこととして自衛隊は米軍に完全に飲み込まれ、その指揮下に入ったことがあからさまにならざるを得ない。それはまた日本国民も米国の対アジア政策に今まで以上に従属することを強いられることになろう。

米軍から見れば、自衛隊を米軍の指揮下に入れる十分な理由がある。たぶんその理由は日本政府自身がつくってきたと米国政府は主張するであろう。たとえば本書第二章で佐藤栄作首相が沖縄核密約での文書を自邸に持ち帰っていた事実を紹介した。日本ではこの佐藤首相の文書持ち帰り事件を、すでに遠い「忘却の彼方に」忘れ去っていると思われるが、米国政府にとっては、忘れることのできない事件になっているのではないのか。

米国では、トランプ大統領が二〇二一年に大統領を辞任した直後に、ホワイトハウスから機密文書を持ち出し違法に所持していたとして、裁判にかけるか否かが問われたほどである。それに比して日本では、本書の第二章で触れたごとく、佐藤栄作首相の行為に対して、密約に当たるか否かは問題にされたが、文書管理のあり方は議論にすらならなかった。

今後、日本との「信頼関係」が問われる事態が起きたら、日本と「統一指揮（司令部）」関係を維持するのか、それとも「連合指揮（司令部）」でいくか、といった二者択一を迫られた米国政府は、佐藤の核密約文書の自宅への持ち出しが、その判断基準になるのではないのか。

つまり、米国政府は日本と「統一指揮（司令部）」のごとく機密度の高い、一度密約が敵側にわたれば取り返しがつかない秘密情報をやり取りすることは、佐藤密約の扱いを考えれば危険である、従って自衛隊を直接米軍の司令部の指揮下に置くことにし、日米双方が「統一指揮（司令部）」という形を維持するより、「連合指揮（司令部）」をつくって、直接米軍の指揮下においた方が賢明であるという判断がなされても不思議ではないであろう。

日本は最高機密を扱う首相ですら、公文書は国民全体の信託を負った文書だという責任意識に乏しい。そうであるから、「文書が見つからない」とか、「出てきた」などと言うことは、国会でのやり取りで日常茶飯事だ。しかも文書が不明であることが発覚した後に調査委員会の設置も、制度改革もしていないし、罰則もない。

文書管理は、政府の、あるいは官邸の事務処理ためにあり、国民のための文書管理にはなっていない。日本は政府にかかわる秘密保護やスパイ防止には熱心だが、国民全体の利害にかかわる文書公開や情報管理はできていない国、と米国政府が日本政府を見ていても驚くには値しない。

岸田との首脳会談で、バイデンは日本の軍備強化を歓迎したが、軍備強化は財政問題だけではない。政府は首脳会談に向けて、敵基地攻撃能力（反撃能力）を認める決定（二〇二二年一二月）を行い、防衛費を二三年から五年間で四三兆円にする（二四年二月）、さらには次期戦闘機の第三国への輸出解禁を決定する（二四年三月）などと拡大抑止力強化にむけ急速度に軍事化を進めた。

すでに触れたように二四年一月、巡航ミサイル「トマホーク」を米国から最大で四〇〇発、二五年から購入配備することが発表された。トマホークは米軍により一九九一年の湾岸戦争で潜水艦から地対艦で発射され、二〇〇三年にはイラク戦争でフセイン大統領を射程に入れて発射するなど、数々の実戦で使用されてきた。

射程は一〇〇〇キロと言われ、低空で敵の地形を這うように進み、敵のレーダーをかいくぐって目標に到達する。そのため軍事的に高精度な地形データを用いて、全地球測位システム（GPS）による誘導が必要になる。従って、トマホークを購入配備しただけでは意味をなさず、実戦に使用するためには米軍のみが所有する軍事データに依存することが必須になると言われる。もちろん、自衛隊員は実戦経験すら持っていないのであるから米軍による訓練が必要となり、指揮所（東京・市谷）との連携も含め、米軍の指揮なしで発射ボタンを押すことは不可能と思われる。

つまり、トマホークを購入配備すること自体、自衛隊が米軍の従属下に自発的に入ることを日本政府が奨励しているという「論より証拠」が示されたのである。こうして米軍への従属化は軍事組織の指揮系統による日米一体化ばかりか、装備の軍事化・高度化を通じて自動的に指揮系統が日米一体化することになってしまったのである。

このような事実が報じられているにもかかわらず、「日本独自の指揮」などということは、「絵空事」というより「黒を白と言いくるめる」ペテンである。こんな答弁をここまで国会が許してきたことは、事実の検証や動かし難い事実を黙々と沈着に積み重ねることを忘れた国会全体の責任だとすら思える。

こうして私たちの見えないところで軍事化・対米従属化が完成に向かって急速度に進行している。

さらに驚いたことは、わが政府は日米共同声明が発せられた四月一〇日の翌日、東京で林芳正官房長官が記者会見をひらいて「自衛隊と米軍はおのおの独立した系統に従って行動している。自衛隊の統合作戦司令部が米軍の指揮統制下に入ることはない」（四月一一日）と述べたことである。しかもそのほんの二か月ほど後に始まった、多国間軍事演習で、防衛省は以下のような演習計画を公表した。「自衛隊は来月（二〇二四年六月）七―一八日、米軍主催の多国間演習「ヴァリアント・シールド」に始めて参加する。米国との連携を深め、有事の際の即応体制を強化する狙いがある」と発表したのだ（『読売新聞』二〇二四年五月二四日夕刊。丸カッコと傍点は著者）。「米軍主催」「連携を深め」などという表現から、即座に連想することはできないが、「米軍指揮下」以外の何ものでもない。軍事演習を「主催」と表現することは、「主催者」（スポンサー）でもいるのであろうか。今後は拡大抑止効果の強化を目指して米軍指揮下の演習・訓練が増加されるだろうが、その際は「米軍指揮下」と言わずに「米軍主催」と発表するのか。米軍指揮下の軍事演習を「米軍主催」と言い換える、これぞまさに「新しい戦前」の「大本営発表」そのものではないか。私たちは、「経済成長への夢」から醒めて、遅ればせながらも「きっぱりと冬が来た」ことを自覚すべきなのだ。

尖閣諸島についての米国の立場

本書の序章で触れたように、バイデン大統領は岸田首相との共同声明で、「日米安全保障条約五条が尖閣諸島に適用されることを改めて確認した」と述べ、この安保五条が尖閣諸島に「適用される」との米国政府の考え方は大きく報道された。それは、オバマ政権のヒラリー・クリントン国務長官が、日中両国に対し、「話し合いによる平和的解決」を求め、「主権を巡る対立では特定の立場をとらない」、つまり「中立の立場」であったことを考えると、一歩「前進」と受けとめることもできよう。しかし、バイデンは、尖閣が安保五条の適用を受けると言っているが、尖閣は日本の主権の下にあるとは言ってはいないのである。

戦後日本の主権は、ポツダム宣言によって定められたが、その第八項は「日本国ノ主権ハ本州、北海道、九州及四国並ニ吾等ノ決定スル諸小島ニ局限セラル」とされた。ところが、このポツダム宣言の「諸小島」の主権の在処は、サンフランシスコ講和（平和）条約では定められておらず、講和（平和）会議の席上で、アメリカ大統領特使のダレスが「潜在主権」があると宣言したにすぎない。こうして沖縄の主権は「潜在主権」（residual sovereignty、「残存主権」との訳語もある）とされて、事実上米軍の統治権下に置かれることになった。政府は「沖縄の住民は日本国民である」と米国の統治権下で本土の国民に答えてきたが、講和（平和）条約で「沖縄は日本の主権下にある」とは定められていなかった。

その後、一九七一年に「沖縄返還協定」が結ばれ、翌年「返還」された。しかし、それはいわば「通称」のようなもので、「返還協定」という名の協定は正式名称ではなく、「日本国に返還」とも書かれていない。書いてあるのは第一条で「アメリカ合衆国は平和条約三条の（統治権の）権利を放棄する」と書いてあるだけだ。

この点について、共同通信ワシントン支局長を務めた春名幹男は、米国務省の法務官に取材した結果をこう述べている。「日本側は、主権の回復を明記するよう主張したが、「米国は主権を保持していなかったので引き渡すことはできない。さらに米国は、どの国が沖縄の主権を持つのか決定する立場にない」との立場を示すことにしたという」（春名幹男『仮面の日米同盟　米外交機密文書が明かす真実』文春新書、二〇一五年、二三一―二三二頁）。

この「沖縄返還」に対する米国務省法務官の法的見解は、米国の対外領土への一般的見解とも一致する。アメリカ外交史を専門とする菅英輝は、かつて植民地の領土奪取を目的とした「帝国」を「公式帝国」というなら、いまの時代は「非公式帝国」である。なかでも「非公式帝国」の米国は「安全の保証や経済、軍事援助の提供を通して、対象国の外交を管理・統治する仕組みの構築を目指した」と指摘している（菅英輝『冷戦期アメリカのアジア政策』晃洋書房、二〇一九年、三二頁。傍点は筆者）。

それはまた、現代の国家安全保障の考え方とも一致する。すでに、本書の第四章で紹介したごとく、ロバート・マンデルは「国家安全保障は、対抗的な主権擁護というより、抑止的な政策立案を目指している」と述べている。

これに対して日本政府は、尖閣の場合も「尖閣諸島は日本固有の領土」と答えるばかりである。こう答えれば当該領土の関係国も「自国の固有の領土」と答えるので、何ら答えにならず、「水かけ論」になるだけである。

この点を、尖閣諸島問題を解明してきた外交史の豊下楢彦は、尖閣諸島は日本の領土であるとの立場を前提にして、米国政府の日本の主権に対する見方をこう批判している。

（オバマ政権下のヒラリー・）クリントン国務長官やパネッタ国防長官は繰り返し（日・中）両国に対し、「話し合いによる平和的解決」を求めてきたのである。しかし、そうした場合に必ず繰り返されるのが、「主権を巡る対立では特定の立場をとらない」という一節なのである。これは要するに、尖閣諸島の領有権のありかたについては「中立を守ります」ということなのである。（略）

クリントン国務長官が「尖閣は安保の対象」と発言したことに対して前原（誠司）外務大臣は「感謝の意」を表明したというのであるが、そもそも日本の外務大臣であれば、米国が領有権の問題で「中立の立場」をとり続けるというその無責任な態度を、まず正面から問い質すべきなのである。（豊下楢彦『「尖閣問題」とは何か』岩波現代文庫、二〇一二年、一六九〜一七〇頁）

つまり、バイデンに「尖閣は安保五条の適用」と言われ、岸田首相は喜び、マスメディアが大きく報じても、それは「ぬか喜び」で、さらには日本政府が「固有の領土」と叫んで日本国民が胸をなでおろしても、米国にとっても中国にとっても、痛くも痒くもないということだ。

尖閣諸島は無人島であるが、沖縄県の住民にとって、尖閣諸島がどちら側なのかは生死にかかわる問題だ。しかもいまや「厳しい安全保障」の下で基地は戦時の如き状態に置かれている。沖縄県は、一五〇万人に手が届く人口を抱えている。こんな日本の主権を守らない同盟国・米国の話をうかうか受け入れて、日本は何処へ連れて行かれるのだろうか。

ネットワーク安保の下での日本の主権

学問的には、「主権」はどう考えられているのか。きわめて通説的な考え方を紹介しよう。「主権」には、三つの意味があるという。

一つは、統治権を意味する。帝国憲法は、天皇は「統治権の総攬者」と定めていた。「統治権」とは、立法（国会）、行政（政府＝内閣）、司法（裁判所）の三権を指す。一九世紀から多くの国で憲法が誕生したが、国家と国家の関係が現代ほど緊密ではなかった当時は、主権は主として国内問題であり、統治権を意味した。もちろん現在でも主権は統治権を意味し、「政府が国民に主権行使として……」などと使われる。

帝国憲法の主権の担い手は天皇（君主）にあったので「君主主権」と言われた。現行憲法は、国民に主権があるから「国民主権」と言われ、主権の在処を示す意味で使われる。

第三は、他国との関係で主権が重要な意味を持つ近代国家にあっては、他国（とくに国境を接する国、あるいは植民地である、あった場合は宗主国）に対しての独立性を意味する、ということである。

つまり、現代にあっては一国の主権は国家と国家の関係にかかわる事例が主となり、「一国の独立性」が問われる時代になった。ということは、自国のことばかりを考え、周辺関係国の意向に「我、関知せず」で、「固有の領土だ」と叫んでいるだけでは、意味をなさないということだ。米国に対しては、日本の「同盟国」なのだから、「有事の際に米国が日本を守るだけでなく、同盟国として日本の主権を守る絆」を持っているはずだ。ところが、現代の米国政府が採用している「主権」概念は、近代国家が考えてきた「主権」とは、現実の問題として異なってしまっているのだ。

日本の主権と独立性

ところが日本は、実に有難いことに自らが植民地になった経験もなく、植民地になる心配を考える必要性もないということだ。しかも、日本には陸の国境がない。もちろん、日本国内や隣国を分断する壁はなく、バラ線（鉄条網）が米軍基地を囲んでいるだけである。それはまた、日常で「国の独立」つまり「主権」を考える必要性は極めて少ない。

ウクライナや台湾のように四六時中考えざるを得ない国とは違って、日本は、戦争や有事を、あるいは独立を考えなくて生きているということであり、現にそのようにして生きてきた。

これは、ありがたいことだが、怖いことでもある。日本国内で「独立」や「主権」が口の端にのぼることは、まずなく、議論の対象にもならず、「内向き」を享受し続けている。「自立」や「自己決定」などの議論がなされているのは、国内では沖縄の識者だけではないのか。

沖縄は琉球王国（一四二九年から一八七九年まで）から日本へと強制的に武力を用いて「処分」された（琉球処分）のだから、日本からの「独立」ばかりか、その後の日本（ヤマト）との在り方との関係で、さらには米国政府の統治下で、その後は広大な基地を抱えて、日常的に「自立」や「自己決定」といった観念が強いことは当然だ。

日本本土から見ると、沖縄の識者が「自立」や「自己決定」を論じている姿は、異様に感じられているようだが、日米同盟を脱して、ネットワーク構成国と一体になることで、日本本土で「主権」や「独立」を論じないことが「異様」にみえる、地殻変動期に入ったと見ることができよう。

バイデンが、召集したクアッド、オーカスばかりか、韓国、フィリピンを含むネットワーク構成国を考えるとその感を強くする。

それは、フィリピンはスペインや米国、さらには日本（戦時占領）から長期にわたって植民地にされ、韓国は日本から、インド・豪州は英国から植民地にされてきた。もちろん米国も英国の植民地であった。従って、独立は日本とは違って、自国の統治権を確立し、宗主国から独立・自立して、主権国家となった重要な意義を持ち、歴史の画期を意味した。

ただクアッドもオーカスも日本と米国を除いて英連邦の構成国であることを考えると、中核にあるのは米英であり、それがＮＡＴＯに連結して米国の「勢力圏」の形成を目指していることがわかる。とはいえ、インドのように非同盟の主要国であり、ロシアや中国と連携関係にある国が含まれ、さらに米国の目的は、軍事力による「抑止力」の強化である。それに対して多くのネットワーク構成国が目的としているのは、自国の統治権に基づく「領土主権」の擁護であるから、矛盾した関係にある。

それに対して、日本政府は米国の安保戦略のままに、米国の抑止戦の一翼を熱心に担うばかりで、日本の統治権は「日本政府間協議」という「行政一強」に任せ、主権概念の中核にある「独立」など、日米地位協定の改正もずっと置き去りにして議論もせず、指一本触れたこともない。独立が侵されているという自覚すらなく、その大前提には立憲主義を放棄して安保体制下に浸っているというのが現実である。つまり、日米同盟が構築してきた国家安全保障国家は、ネットワーク構成国との間で、国家の基本に横たわる「主権」を巡って米国とともに亀裂が生ずることは避けられないように思える。

こうした現実を前にすると、日本はこの有史以来の一大地殻変動期をいかに乗り越えるか、重大な試練の時を迎えていると言えよう。

終　章

立憲主義の復権を目指して

最高法規としての憲法

振り返って見れば、本書の第一章で紹介した岡崎勝男も、重光葵も、日本側は日米行政協定の米国案や日米安保条約改正の日本の構想を熱心に主張しつつも、それが憲法九条に矛盾することを意識しながら、憲法に議論が及ぶことを避けて「日米政府間の協議」を通じて軍備強化の可能性を主張してきた。

それに対して、米国政府側は、なかでもダレスは安保強化のためには、まず憲法九条の改正が必要であり、九条を改正することなしに安保を強化することは立憲主義に反すると強く主張した。立憲主義の重要性を説いたのが、かの「反共の闘士」と言われたダレスだったことには驚く。

たしかに、立憲主義は近代憲法の基礎を形づくっている。日本国憲法も九八条一項で「この憲法は、国の最高法規であつて、その条規に反する法律、命令、詔勅及び国務に関するその他の行為の全部又は一部は、その効力を有しない」と定めている。

ということは、この九八条一項に定める「法律」に日米安保条約は含まれるので、「最高法規」である憲法に反し、「効力を有しない」（無効）になる。

とはいえ、憲法改正が叫ばれた一九五〇年代から六〇年代にかけて、日本で「憲法改正」と言えば「憲法九条」であり、憲法は「国の最高法規」と規定した九八条は国民にとって、さして周知られていたわけではなかった。

それを象徴する事例がある。四五年末に日本国憲法を起草する際、日本側でGHQ案より先に、GHQ案に大きな影響を与えた憲法案に憲法研究会案があった。この会は、鈴木安蔵など少数の知識人が主体になって草案をつくり、天皇制や人権規定でGHQから高い評価を受けていた。会の中心であった鈴木は憲法学者としてその後の護憲運動にも大きな影響を与えていた。

ところが、この憲法研究会の草案を読んだGHQで帝国憲法（明治憲法）の改正準備をしていたラウエル（**M. E. Rowell**）は、この憲法研究会の草案を高く評価しつつも、いくつかの問題点を指摘した。その一つに「憲法は国の最高法規であることを明確に宣明すること」とあったのだ。憲法研究会案には、立憲主義条項がなかった。

当代きっての「民主的人士」にしても、なにしろ「軍国日本」を脱してわずか半年も経っていなかったということもあるが、立憲主義に気づいていなかったのである。事程左様に、この頃の日本における「法文化」は、米国のそれとは大きな違いがあったのである。いわんや本書第一章に登場した岡崎や重光に立憲主義という理念が定着していなかったこともうなずける。

しかもそればかりでなく、戦後民主主義は多くの欠陥を抱えた、いわば「未完の民主主義」の出発であった。たとえば、男女平等の象徴とされた、女性が得た参政権は、「婦人参政権」と呼ばれた。二〇歳の女性は「婦人」とよばれ、女性自身も疑問を感じていなかったようであった。歴史書でも「婦人参政権」を「戦後民主主義の華」のごとく扱っている。労働組合も高校を出てわずか一八歳の女性労働者を「婦人部」に勧誘し、挙句の果ては国連が一九七五年に女性の地位向上を目指した宣言を「国際婦人年」（International Women's Year）と訳していたのであった。世界第二の経済大国が、憲法上の「性の平等」を理解していなかったのだ。いまは「国際女性年」と呼び変えているようだが。

七〇年代になると日本を「高度に発達した資本主義国」などと称しながら、女性を自立した一個の「性」の対象としていなかったのだ。同じ授業科目でありながら男女で授業内容が異なる科目があり、年齢の違いや職業等で女性を見てきたにすぎなかったのである。

もちろん、高度経済成長と言われても、「成長」したのは「経済」ばかりで、「女性」も「男性」も人権などの面で「成長」したわけではなかったのだ。それはまた「戦後民主主義」の担い手が、その限界を十分に意識せず、強力な「保守反動」勢力に対峙するのが精一杯で、近代憲法どころではなく、政治意識は「前近代」のごとくであったのである。

その七〇年代に、長年にわたってフランス憲法を研究し、早い段階から立憲主義を論じてきた樋口陽一は、日本における立憲主義の課題を、未だ日本が高度経済成長に酔い痴れ、陥穽に嵌っていた当時にあって、こう論じていた。「戦後民主主義の建設期に提起された」「資本主義の半封建的性格、精神風土の前近代的性格」は、「高度成長以来、そのような問題意識はいわば「時代おくれ」的にあつかわれ」たと指摘していた。たしかに「近代をふまえているからこそ現代の積極的側面が存在しえている」との半世紀前の樋口の指摘は今も変わらず傾聴に値する。

樋口は、こうした歴史認識に立って、私たちに欠落している立憲主義の視点を、広い歴史的視野からこう指摘している。

それをより包括的にとらえるなら、日本資本主義の非自立的性格――戦前は天皇制、戦後は安保をめぐる問題――という問題にゆきつくであろう。このような観点からは、自生的資本主義への途を方向づけるべきものとしての市民革命が日本では存在しなかったことを、あらためて問題にすべきことが要請される。それは一方では、立憲主義をみずから産み落とした西欧資本主義の厚味が欠落しているという問題があり、他方で、市民革命を背景としてはじめて成立するであろうところの立憲的な精神史的伝統が民衆のがわに欠落しているという問題にほかならない（樋口陽一『近代立憲主義と現代国家』勁草書房、一九七三年、三二三―三二四頁）。

日本の天皇制から安保問題まで、さらには西欧と日本、制度と精神に至るまで、当時の日本国内で論じられていなかった論点を見事に抉り出した。なかでも、日本の立憲主義を考える際に、「戦前は天皇制、戦後は安保」との指摘は、本書の歴史叙述を振り返って見ても、不可欠と思われるが、こうした指摘を、しかも立憲主義を論ずる著作の中で「安保」を見出すことは、実に稀有なことであった。

「九条棚あげ」で失ったこと

岸・ダレスの合意は、立憲主義を放擲して、日米安保を手に入れたのであるが、それはまた、憲法九条を「棚あげ」して、「日米両政府による協議」を手に入れたことでもある。ダレスは、重光外相との会談では安保改正で安保を強化すれば、憲法を改正する必要があり、改正しなければ「立憲主義」に反すると主張していた。

ところがその後の岸首相との会談ではダレスは立憲主義に触れず、岸は安保改正をまず行って、後回しにした憲法改正は「一〇年以内」を提言した。かくして当面憲法を改正せず、安保を改正するという、憲法を国の最高法規としない政治構造が、国民代表の国会議員にも、国民にも秘したまま、しかも岸・ダレスの米国政府の公文書も公開しないままに、筆者の言葉で言う「静かな政変《クーデター》」が始まったのだ。

安保条約の下ですでに行政協定があり、岸の下での安保条約の改正で地位協定となったが、それは、民主主義のカケラもない米軍優先の協定であることは、不十分ではあったが、すでに第一章で紹介した。

行政協定から地位協定に改正された際に、条文内容も当然改正すべきであったが、それはなかった。考えてみれば、岸の方から立憲主義の放棄を提案したのであるから、憲法九条を棚にあげたばかりか、立憲主義までを棚にあげたのであるから、憲法を、なかでも基本的人権を棚にあげたことになる。その結果は、手続きとしては米大統領命令のごとくに米軍優先になり、憲法は最高法規でなくなり、安保が事実上最高法規の地位に就くことになったのである。

その後は、地位協定で立憲主義を放棄して、地位協定は憲法問題とはならず、「政府による協議」で、具体的には日米の軍と官僚による日米合同委員会ですべてを協議して、決定することになり、今日に及んでいる。議事録は公表されていないので、「闇から闇」だ。

それにしても行政協定から地位協定まで、七五年にもなる。これほどまでに長期にわたり、近代国家ではありえない一方的な米軍優先体制が続くことは、主権国家としての存在価値が問われる。

なかでも、沖縄県などに集中している日米地位協定一七条に定める刑事裁判権規定などは常識では考えられない。第一章で紹介したように、つまり、米軍の兵士などが罪を犯し容疑者（被疑者）となっても、本人が米軍の軍事警察の下にある場合は、日本の検察が本人を裁判所に訴える（起訴）までの間は、米軍の軍事警察（ＭＰ）の施設に留め置く、というのだ。

日本の警察や検察は、本人の取り調べも、証拠収集も、捜索もできないことになる。もちろん起訴するためには、本人の取り調べなどが必須であるから、起訴ができないことになる。

その一方で、日本国憲法は三一条から四〇条まで、詳細な刑事裁判権を定め、憲法とともに戦前の刑事訴訟法は全面改正されている。このような法律を前に、直近の例では岸田首相は、二〇二二年一月に国会で地位協定の改正を糺されたのに対して、「改正しない」と決然と言下に否定する答弁をした。さらに、石破茂首相は二四年一〇月の就任会見で、地位協定の改正に言及したが、翌日からはやくも言及は消えてなくなった。

こうした地位協定改正の要求は、とくに沖縄を中心に深刻な事態が全国で起きている。沖縄では、二三年末にも米兵による性的暴行事件が起きたが、米軍も日本政府も三か月という長期間にわたって、指摘されるまで県に公表も謝罪もしてこなかったことが判明した。

警察庁によると、一九八九年つまり平成以降、二〇二四年五月までの三五年間に全国で一六六件の米兵による性犯罪が摘発されたということだ。それによると、一四年以降の一〇年間では、沖縄県警管内が一六件、警視庁が一四件、山口県警が四件、神奈川県警が三件であったという(『読売新聞』二〇二四年七月二〇日)。

これでは自治体を「知らぬが仏」に追いやったことになる。政府も警察庁も、各県警を通じて、住民や関係自治体には米軍の犯罪が晒されないようにして隠し、なにも知らされない住民を犯罪の危険に晒していることになる。

立憲主義を放棄した日米安保体制、つまり岸首相の「政変《クーデター》」は、六五年経っても絶えることなく生きている証拠だと改めて実感する。ただ国内で現在進行している事態は、それを上回る事態ではないのか。

このように思案するのは、私たちはこうした刑事裁判権への侵害を日本の視点からのみ見てきているのではないのか、ということである。最近、とみに日本国内での刑事裁判権の侵害実態が表面化してきている。二〇年に会社の取締役が外為法違反で逮捕され、警察の留置場（それは代用監獄とも言われる）に留置され、その後東京拘置所に収監されて、累計の拘束は三三二日にのぼったことや、大臣経験がある元衆議院議員が公選法違反で実刑判決を受け受刑したが、実社会とかけ離れた絶対服従を強制する刑務所の実態を、収監一一六〇日の経験を通じて明らかにした（『東京新聞』二〇二四年一一月二二日）。

さらには贈賄容疑で逮捕され、保釈まで二二六日もかかって「人質司法だ」と指摘している事件、あるいは冤罪事件など、警察、検察、裁判所の被疑者、被告人に対する「人権尊重」が疑われる事件が後を絶たない。しかもこうした実態は基本的に近代以来不変である。

日本国内でのこのような刑事裁判権の扱いは、米軍関係者に地位協定規定の正当性を与える口実になっているのではないのか。米軍関係者が、こんな劣悪な司法の下にある日本の刑事施設に、米国の兵士を送り込むことはできない。「日本人は米軍が「特権」を行使していると批判するが、日米地位協定一七条のこの規定は米国の兵士の「人権擁護のため」だ」と主張されても致し方ないのではないのか。

ドイツなどは地位協定を冷戦終結後に改正したが、日本とドイツの刑事裁判権の実態を考えると、とても同一に扱うことはできない。日本は死刑（しかも絞首刑）を維持している。こんな劣悪な刑事人権が横行している国に地位協定の改正は必要ない。日本は「人権の番外地だ」、と見られても当然ではないのか。つまり、占領期同然で、起源は米大統領命令に等しい日米地位協定を日本の視点から「怒る」ばかりでなく、日本国内の刑事裁判権の貧困状態を正視して、地位協定を見る必要があるのではないのか。

このように地位協定を見たとき、岸首相の政権以来、立憲主義を放棄して日米安保体制を手にしているが、立憲主義を放棄したことは、当初の憲法九条の放棄ばかりでなく、憲法の刑事裁判権を含む人権全般を放棄してしまっているという現実を冷厳に正視して、より広い視野から、日米地位協定と同時に国内で人権が奪われている現状をともに解消する視点、つまり、国境を越えて広く「人類」という地平から、日本の人権の惨状を解消する視点を模索する必要があるのではないのか。

立憲主義の喪失

二〇二七年には日本国憲法施行八〇周年を迎える中で、憲法九条はかつての誇りを失い「矢折れ、力尽き、哀れな姿」を晒している。それはまた私たちが、眼の前に「黒い紙」を出されて、「白ですね」と言われて、「白です」と答えることにすっかり慣れ、当たり前になってしまったことでもあろう。これぞ「忖度の終着駅」だ。

ところが、それは日本国内だけの、日本国民だけの、日本国民のための「内輪の解釈」として定着してきたにすぎない。日本国内だけで「黒が白」に見えてしまっているということだ。日米同盟が地盤沈下をおこし、日米だけの阿吽の呼吸が通用しにくくなったように、冷戦下の常識が常識として通用しない事態が進行している。

軍事力一つをとってみても、日本の自衛隊は、二〇二四年の世界ランキングで第七位だ。それに比して、最近日本と共同演習・訓練を行っている豪州軍は第一六位、フィリピン軍は第三四位だ。ところが、自衛隊は「戦力」ではなくそれより低い「実力」、しかも「最小限度の実力」だと冷戦下の再軍備以来解釈されてきている。しかもその政府解釈が現時点においても唯一の解釈である。

けれど豪州軍もフィリピン軍も当然「戦力」だ。名前も豪州軍、フィリピン軍である。これが当たり前の現実だ。かつて冷戦下では日本にとって「戦力」を有する米国やソ連の軍事大国と比較して、自衛隊は「弱小」であったので、「戦力ではない実力だ」と主張しても日本国内では奇異には思われなかっただけである。

ところが、クアッドなどのネットワーク構成国と軍事演習をするなど、比較の対象が大きく変わった。自衛隊よりはるかに弱小な軍隊が「戦力」を持ち、世界七位の強大な自衛隊が「実力」しか持っていないという事態になった。これでは日本国内で「忖度して」黙認し、多くの国民は「思考停止」しているとしても、近隣諸国から見れば、理屈にならないどころか「裸の王様」に見える。

事態は一変したのだ。「内輪の解釈」は通用しないどころか、「裸の王様」であることが事実として否定し難い事態になっている。すでに、安保法制を承認し自衛隊は「災害派遣」だけではなく、「海外派遣」という名の「海外派兵」をすることになった。日本国内だけで通用してきた「内弁慶」が用いる「紙と口先」の言説は、国外では「密約」や口裏合わせをしてきた米国は別としても、それ以外の国からは、忖度なしに「黒い」ものは「黒」に見える時代に入った。しかも、多数国軍あるいはネットワーク構成国は、日米両政府の「密約」も「密約なき密約」も知られていないので、共同行動の下ではその理屈が通用しない、「普通の国」として扱われる。

もちろん、諸外国の高官は、日米の特殊な関係を知ったとしても、日本政府関係者や自衛官に面と向かった席で、自衛隊を「憲法違反の軍隊」とはまさか言わないであろう。しかし、日本は「裸の王様」との眼で見られているだろうことも間違いない。

なにしろ、依然として一九五〇年代からの政府の「密約」などが国民に知らされないままに、九条を六五年も「棚あげ」して、立憲主義を反故にしてきたのだ。九条に限らず、憲法の他の人権条項までをも全面的に失うことになってもなんの不思議でもなかろう。

日米地位協定は刑事の人権ばかりではない。沖縄はじめ基地周辺住民の様々な生活権を奪っている。さらに被爆者の生活保障も長期にわたって奪ってきている。

二〇二〇年頃から、発がん性が指摘されてきた有機フッ素化合物PFAS《ピーファス》汚染が問題になっている。当初は沖縄の基地や東京の横田基地などが対象であった。ところが、東京新聞などの追跡調査で、基地に直接隣接しない地域でも魚などから高濃度の汚染値が検出されるようになった（例えば、『東京新聞』二〇二四年一月一二日）。

こうなると地位協定の対象ではないが、基地周辺の自治体が被害住民からの訴えを国に求めても、米軍基地内にかかる自治体についても防衛大臣は、日本側が事態を知った時期すら「答えられない」と回答する（同紙、二三年七月八日）。こんな始末に負えない事態になっているということだ。

日米地位協定上の制限だけでなく、米軍の行為そのものについて、たとえば国内の環境汚染などの環境法制一般についても、あるいは民間機の安全にかかわる問題も出ているが、政府は自治体や被害住民に何も答えない事例や米軍優先の事例が生まれている。

毎日新聞は米軍の「特権を問う」という調査報道を連載してきた。その中で米軍横田基地の飛行空域との関係で民間旅客機が離着陸する羽田空港の空域が妨げになっているが、依然として返還されていないという。「外務省によると、米軍は横田基地には在日米軍の司令部があり、有事に極東地域全体の兵たんの中枢基地になるとして、横田空域を含めた「機能維持が必要」との考えを日本側に示している」という（二〇二四年四月一六日）。

また、ＰＦＡＳの汚染問題は、米国ではホノルルはじめ「米国全土で社会問題になっている」ということだ。しかも「米政府は五年間で九〇億ドル（一兆三〇〇〇億円）の予算を投じる方針」で、それによって汚染物質の削減を目指すと報じられている。そればかりか、ドイツはじめ「ベルギー、韓国などの米軍基地でも米軍はＰＦＡＳを確認し、水質検査などの対応を行っている」というのである。

こうした問題に対する日本の現状を英国人ジャーナリストのジョン・ミッチェルは、「米軍の対応が不十分な日本の状況は「例外的」との認識」を示したという（『朝日新聞』二〇二四年二月六日）。こうした報道がなされているなかで、それを上回る「例外例」が、東京新聞の一面で報道された。返還予定の沖縄の米軍普天間飛行場の日本側負担の補修費二一七億円に、「PFASの対策工事も含まれていたことが分かった。費用は一億七六〇〇万円に上る」（『東京新聞』二〇一四年八月二〇日）。日本政府は、日米政府間協議で自発的対米従属の実証例を教えているかのごとく、もはや際限を失っている。

二四年八月には、横田基地内の消火訓練場の貯水池でPFAS汚染水が周辺のアスファルト上にあふれ、雨水溝に流入することになった。ここまで隠しようがない事態が生ずると、「例外」では済まされない、「無法地帯」になってしまう。そのため米軍側が防衛省北関東防衛局に事態を報告し、東京都が知ることになったという（『東京新聞』二〇二四年一〇月六日）。

こうして横田基地の事態を防衛相と東京都が知ってから、五か月経った一二月二〇日になって、基地内の立ち入り検査が行われている（『東京新聞』一二月二〇日）。こうなると途端に四日後、環境省の専門家会議は、水道水中の濃度検査や数値の順守を義務づける化学物質審査規制法に基づく基準を引き上げることにしたという。

その結果、PFASの濃度が最も高かったのは航空自衛隊芦屋基地（福岡県）で、目標値の三〇倍だったということだ（一二月二五日、各紙）。

ところで、横田基地など米軍基地の検査結果はどうなっているのか。立ち入り検査は日米地位協定の対象だから、自衛隊とは事情がまったく異なるということか。

米軍から見るとそもそも日本は立憲主義国ではなく、先進国の「番外地」にあり、つまり、日米両政府間の「協議」で日本の根幹の人権問題を、しかも非公開で決定できるのであるから、憲法はじめ日本の国内法に従う必要はない、と見ているのではないだろうか。米国との関係では「法の支配」の埒外に置かれているということになる。

ＰＦＡＳの漏出事故が問題になり始めたのは、二〇一〇年であるから、漏出からもう一五年間が経っている。それにもかかわらず、長期間にわたって事態を無視し続け、しかも防衛省本省ではなく、基地所在の一部局に報告してきたところに、米軍が「日本は、憲法あって憲法なしの国」との烙印を押していることを無言のうちに示していると見ることができる。

つまり、「哀れな姿」は憲法九条ばかりに限った事態ではなく、いまや憲法の、なかでも人権条項全体に「哀れな姿」が及んでいると見ざるをえなくなった。どちらの政府も憲法を「棚にあげ」て、怖いものがなくなった結果、公務員の憲法擁護義務（憲法九九条）という権力側が負っている義務すら疎かにするほど、為政者の知的劣化の昂進が激しくなっていることを証明している。それはまた国民が安保を漫然と支持し、知的劣化が為政者の周辺をしっかりと支えている、ということでもあろう。

いまや日本はジェンダーや幸福観や報道の自由などの人権は、世界ランキングで最下方を低迷している稀に見る国になった一方で、GDP始め経済力と、軍事力は世界の一〇位以内であるという、きわめて異形で安定感を欠いた跛《は》行《こう》的な国勢状況を生み出した。

本書では、歴史的構造の一端の事実を紹介してきたに過ぎないが、長年の政治構造のなかで論じられてこなかった問題、安易に過ぎ去ってきた問題を、正面から根元的《ラディカル》に再検討しなければならないときを迎えているということであろう。

思い起こせば、ダレスに皮肉られた屈辱、それはまた「近代国家にとって、この上ない侮辱」でもあったはずだ。「協議すれば憲法が変るとは知らなかった！」というあの一言であった（本書第一章）。そうであるから、この一言は密約にはなっていないが、それは米国政府内の無言かつ最大の経験則に基づく「密約なき密約」、あるいは又「内なる常識」になっているに違いない。

これらの事実を今日に至るまで国民には知らせず、政府間の「協議」機関までつくり、しかも議事録の多くは非公開、公開されている文書は「仮訳」ということになっている。

さらに本書で注目してきた、イラク派遣の際に日米の「統一指揮」問題が窮地に追い込まれた際も、時の細田官房長官が「外交上の秘密だ」、「例外だ」と記者団に迫り、口を封じたことを（本書第三章）読者は思い起こされるに違いない。

まさに近代憲法の「立憲主義」に対する最大の侮蔑行為を、急逝した大平首相は別としても、そうした行為を「屈辱だった」とも「侮辱された」とも思わず、あるいは国民に公表する勇気を持たず、むしろ憲法九条を「棚にあげ」て、米国政府が九条に介在できない法構造を米国政府に納得させたことを「手柄」にして、その後の日米の政府間安保協議を乗り切ってきた自信をすら感じ取れるのである。

国民の側から見れば、立憲主義の喪失は、自らを守ってくれる「盾」を失ったことを意味する。私たちは、一九六〇年の岸首相の「政変《クーデター》」以来、「憲法九条を棚あげ」して、「脱立憲主義国」になった。かくしてこれが私たちの「戦後」の一部になってしまった。あらためて立憲主義を失ったことの大きさを考えさせられる。

岸信介は生きている

岸・ダレス会談の合意は、一枚の合意文書によっているわけではないが、いくつかの文書から判断する限り以下のようであったと思われる。

憲法九条を棚にあげて、両政府の議論のなかでは対象とせず、憲法を最高法規とする立憲主義の立場には立たず、九条を両政府の議論の争点にもせず、専ら日米両政府の協議を通じて、日米安保体制を構築していく。

筆者は、この合意が六五年間にわたって続いてきたと見てきた。そこで、その合意の担い手である両国政府の政治家や官僚の存在を検証してみる。

まず、米国政府である。ダレスはすでに紹介したごとく、一九五〇年にトルーマン大統領から、対日講和（平和）条約・日米安保条約交渉の大統領特使に任命され、翌年から訪日を重ねてきた。

そこでダレスは、昭和天皇はじめ、吉田首相など多くの政治家と会談してきた。その後、五三年から五九年までアイゼンハワー大統領の下で国務長官を務めた。ダレスの後の対日外交は、ラスクだ。ラスクは第一章で紹介したように、行政協定担当大使として訪日し、六一年から六九年までケネディ、ジョンソン両大統領下で国務長官を務めている。

本書でも触れた日米安保体制に関わった駐日大使は、吉田首相の指揮権口頭密約に関わったマーフィー大使（五二年から五三年）とアリソン大使（五三年から五七年）、岸首相の安保条約改正に関わったマッカーサー二世大使（五七年から六一年）などがいる。

このように岸・ダレス会談の合意内容は、会談に直接加わっていた高官ばかりか、そうでない場合でもラスクのように日本政府等の高官の憲法理解をよく知る米国政府の関係者は極めて多く、政府内で受け継がれてきたと見ることができる。

それとともに、日本側では岸の会談を引き継いでいると見られる後任がいないように見えるが、そうではない。日本側には政治家に代わって、外交官から最高裁判事へと、行政・司法にわたって親米タカ派の官僚がいた。その代表格が下田武三だ。

下田は長期にわたって外務官僚を務め、最後は外務官僚トップの事務次官を経て、六七年から七〇年まで駐米大使を務め、六〇年と七〇年の日米安保、沖縄返還問題を一手に引き受けてきた。なかでも佐藤政権の沖縄返還協定の際には「沖縄の核基地撤去は非現実的だ」と発言してその名を馳せたことで知られている。

その後の七一年には、佐藤栄作政権下で最高裁判事に任命された。親米外務官僚が最高裁の判事に任命されたのだ。誰から見ても日米安保担当判事だ。

下田は翌七二年の最高裁裁判官の国民審査で、罷免率一五・一七%で国民から史上最高の不信任を受けた。なかでも、沖縄県民からは先の発言もあり、罷免率が三九・六%という高率が示された。それでも七七年まで最高裁判事を務めた。この下田などは岸などを通じてダレスとの会談内容を、日米関係の公務の上でも知らされていたのではないのか。

既に本書の第一章で触れているが、八〇年代に入ると憲法学者の小林直樹は、もちろん岸・ダレス会談のことなど知る由もないにもかかわらず、「違憲・合法論」を上梓していた。たしかに岸・ダレス会談では「違憲であるから棚にあげた」のであるが、今から考えると小林の指摘は実に鋭く、かつ勇気ある指摘であった。

その後は、九〇年代に入ると、この点も第三章で触れているが、村山富市首相の「安保堅持」発言、宮澤喜一首相の「新護憲論」などが現れる。なかでも宮澤は憲法九条の是非には触れず、憲法改正とも言わず、安保法制を認め、「新護憲」などという命名は岸・ダレスの合意意図そのものである。こう見てくると宮澤は岸の衣鉢を継いで、岸の「政変《クーデター》」を継続していた証拠と見ることができる。

安保五条の下での憲法九条の改正

さらに二〇二四年四月の岸田・バイデン共同声明で、「日米安全保障条約第五条が尖閣諸島に適用されることを改めて確認した」とのみ述べた。ということは、「安保五条」とのみ述べて、条文内容は示さなかったことを意味した。バイデンは「有事の際は尖閣を守る」と言いたかったのであろう。しかし、安保五条は、単に有事を定めているわけではない。

「各締約国は、日本国の施政の下にある領域における、いずれか一方に対する武力攻撃が、自国の平和及び安全を危うくするものであることを認め、自国の憲法上の規定及び手続に従つて共通の危険に対処するように行動することを宣言する」とある。日米安保五条には、「武力攻撃」の際は、日米安保体制の下で「自国の憲法上の規定及び手続に従つて」とある。ところが、日本国憲法には、そんな「規定」も「手続」もない。

この日米安保五条こそ、岸・ダレス合意のなかで、憲法九条を「棚あげ」しつつ、その見返りに「日米両国政府による協議機関」を設置してきたのだ。「阿吽の呼吸」で無事に結ばれた「日米同盟」によって日本の「安保法制」の際には、いかなる政治勢力にも気づかれることなく、安保五条の「自国の憲法上の規定及び手続」は現状のままに存在している。

ところが、これからは「ネットワーク安保」が始まる。日米の阿吽の呼吸は万全ではなくなった。そこで、二〇二四年八月、バイデン大統領は岸田首相がすでに自民党の次期総裁選へ不出馬を決めていたにもかかわらず、出身地に招いたのだ。

帰国した岸田首相は、九月二日、「自衛隊明記」を含む「憲法改正」を自民党「憲法改正実現本部」に指示した。メディアは「憲法改正」とだけ報じたが、バイデンの本心は「日米安保五条」にあったのであろう。「ネットワーク安保」の時代にも構成国に受け入れられるためには、憲法改正が必要と考えたに違いない。憲法九条に「自衛隊」や「緊急事態」が付加されれば、日米安保五条に定める憲法上の「規定」や「手続き」として正当性を持つことになると考えたのだ。憲法改正の目的は、日本のためでも自衛隊のためでもない。実は日米安保五条の正当化のためではなかったのか。それにしても、とうに鬼籍に入った岸信介は、変わることなく生きて、今もここにいることを教えられる。

「抑止戦後」の日本

ところで、日本政府はこの三〇年、有事法制と抑止政策に目を奪われて「抑止戦の後に来るもの」を忘れてきたのではないのか。抑止力が強化された後はどうなるのであろうか。これこそが実は大問題なのである。

米国とともに抑止力を強化しているということは、「敵国」も抑止力を強化しているということだ。一言で言えば大昔と変わらずの国相互の古典的な軍備競争をしているということである。従って、一定の年限を過ぎれば抑止競争の結末が、だいぶ時間がかかったとしても現れるということだ。

次の問題はこの抑止戦はどういう結末になるのか。双方の「抑止」のバランスが崩れれば、当然のことに戦闘行為が始まる。もちろん抑止政策の当事者は誰しも、バランスが崩れて戦闘が勃発するとは考えていないだろう。それはいつの世も同じことだ。しかし、望まない事ではあっても、戦闘行為に入ることはないと誰も言い切れない。その際、本書が最大の問題関心の一つとしてきた指揮権問題はどうなるのか。

日本政府は再三再四にわたって「自衛隊と米軍は独立した指揮系統」だとか、「自衛隊は日本の指揮下」を公言してきている。そう政府の見解を聞いて多くの国民は安心しているようだ。しかし別々の指揮であれば、なぜこれほどまで頻繁に日米共同演習が必要なのか、あるいは別々の指揮でどうして共同演習ができるのか。

さらにまた日本が独自指揮をとれば、指揮官が複数いることになる。それで多数国の全軍一体の指揮が可能なのか。野球でもサッカーでも、指揮をとる監督は一人だ。複数いることはまずない。オーケストラの指揮も一人だ。地対艦の演習を日米で行っていること自体、自衛隊は米軍の指揮を必要としている証拠ではないのか。

それにもかかわらず、岸田政権になってからだけでも、首相、官房長官、防衛大臣などから公的な場で「日本の指揮下」と断言している。ところが、それは自衛隊が抑止政策を「前のめり」に推進してきた際の話であって、日本が「負け戦」になることは頭になかった。そうは言っても予想に反して、兵器の扱い方を偶発的に間違えて、あるいは医療の世界で使われるように、思わぬ「ヒヤリハット」を経験し、それがきっかけとなって平常心を失い戦闘行為に発展することもありうるだろう。

敵であろうが、味方であろうが、思わぬところで、戦闘行為に入ってしまった時、日本政府はどうするのか。その際は、敵味方の区別なく、山河は破壊され、住む家は焼失し、「前回の戦争」に倍する何十万の、さらには何百万人の人命が奪われることを覚悟しなければならない。

そればかりか、「抑止戦後」になって戦争責任が問われた場合に、日本政府はどのように対するのであろうか。あれだけはっきりと「ワン・フレーズ」で威勢よく、「指揮権は日本」と断言した小泉純一郎首相と川口順子外相の宣言を自衛隊員はもとより、日本国民も忘れることはまずない。たぶん米国を除いて日本だけが、独自に、自国の指揮権を主張してきたのであるから、この段に及んで否定は絶対にできないだろう。

実質的には「おんぶに抱っこ」で米軍の指揮権の下で行われた戦争行為であっても、日本政府は「指揮権は日本」と言ってきたのであるから、「指揮」という戦闘行為の「命令」を出した責任は、当然に日本と、その責を負わざるを得なくなる。

少なくとも、日本（自衛隊）が指揮に関わった行為は、日本の責任だ。そんな抑止戦を積極推進しておいて「日本は平和国家だ」とか、「自衛のため」などと言った甘言を誰が信じよう。あれだけ政府は「指揮権は日本」と言ってきたではないか、それは日本政府が責任を負うということだ。

抑止政策は、米国が政策をつくり、戦略を立て、指揮をとってきたことは間違いない。ネットワーク構成国は、みな米国の指揮下で行動するのである。日本以外の国は米国の責任を主張するであろう。日本は、それはできない。他国と違い憲法上「米国の指揮下」を認めることはできない。あれは吉田首相の密約なのだ。それどころか米国政府内部からは、日本政府は日本国内で「指揮権は日本」と主張してきたのだから、戦争から生じた責任を日本になすりつける絶好のチャンスだと見られたとしても不思議ではないだろう。

ＩＣＣ（国際刑事裁判所）などで、鋭い追及を受けたら、内弁慶ではとても太刀打ちできないことは論を俟たない。しかも、戦争も国際法廷で個人責任が問われる時代になった。私たちは、ここでも戦争を戦前と同様だと考えているのではないのか。つまり、「今次準備中の戦争」、あるいは「次の戦争」も、私たちは「前回同様に戦争の被害者」になるのだ、と。

戦前の戦争の統帥権（指揮権）は、主権者たる昭和天皇にあった。従って、昭和天皇の戦争責任が問われた。今回は、「指揮権は日本」ということは、戦争の責任を最終的には主権者である私たちが負うということだ。「国民主権」国家で国民が責任を負うことは当然だ。

いずれにしても莫大な戦争責任が、人命から金銭に至るまで問われることになろう。「政府一強」で進められ、しかも日本語が仮訳の「米国製ガイドライン」の下でつくられた戦略による戦争責任であっても、「政府あって、国家なし」で戦争を進めてきた政府であっても、国民主権国家であれば最後には主権者・国民にその責任が回ってくる。これが「無告の民の終着駅」の姿だ。

米インド太平洋軍司令官のジョン・アクイリーノは、退任にあたり日本人記者と懇談（二〇二四年五月）して、二七年までに中国の台湾侵攻がある可能性を表明したが、それはまた私たち日本国民にとっては、憲法施行から八〇年を迎える年である。その翌年の二八年には「戦争放棄条約一〇〇年」が巡ってくる。この戦争放棄条約（一九二八年「戦争放棄に関する条約」）の「放棄」の対象には、自衛権による戦争は含まれなかった。そのため三一年に「自衛権の維持」を掲げた日本軍は、満州事変という名の戦争を始め、泥沼の「一五年戦争」へと突き進み、敗戦を迎えることになった。

そして今、自民党は憲法を改正して「自衛隊を明記する」ことを企図している。「戦争の放棄」を六五年前に「棚あげ」されてしまった憲法九条の前で、戦争の準備が着々と始まっている。六五年前の岸首相による「静かな政変《クーデター》」は、最終段階を迎えている。

侵略なき八〇〇〇年の歴史

そう思いながら、遠くを見つめていた時、日本古代史を専門とする倉本一宏が、「日本という と、やたらと戦争ばかりしている国というイメージが強いのではないだろうか」と疑問を投げかけていた書物があったことを思い出した。

倉本から見ると、私たちが経験している「戦前」とか、「明治維新」とかは、長い歴史から見れば「きわめて例外的な時期」だという。考えてみれば、私たちは明治維新以降近代に入って、幾多の戦争を経験してきたが、それは、日本が外国に対して戦争をしてきたのであって、外国から戦争を仕掛けられ、武力侵攻を受けたことは、蒙古襲来以来おおよそ八〇〇年間一度もなかったことに気づかされる。

倉本によると「「明治維新」以前の前近代に日本（および倭国）の歴史を眺めてみると、意外なことに日本（および倭国）は、外国からの武力行使を全く経験していない」ということである（倉本一宏『戦争の日本古代史』講談社現代新書、二〇一七年、五頁）。

日本が武力行使を受けたのは「元寇来襲」あるいは「蒙古襲来」以来一度もなかった。蒙古襲来の文永の役（一二七四年）と弘安の役（一二八一年）の二度の戦いだけだという。

しかもこの戦いで勝ったわけでも、「神風」が吹いたわけでもないという。そしてその後、隣国から武力行使を受けたこともなく、なんと八〇〇年という年月を過ごしてきたというのだ。それでは、隣国から八〇〇年にわたって、侵略されてこなかったという重要な歴史的事実は、どうしてその後の日本人のなかに「平和な日本」として根付かなかったのか。

日本中世史家の新井孝重によると、日本はモンゴル軍と戦って勝利したわけではないが、「モンゴル軍撃退の「神風」を弾みとして神風思想は巨大のうねりとなって日本列島全土を覆いつくして」しまった（新井孝重『蒙古襲来』吉川弘文館、二〇〇七年、二五八―二五九頁）というのである。これには驚かされた。

「カミカゼ」は今、自衛隊とともにある

先の大戦末期に「神風特攻隊」を編成し、敵軍の米兵を恐怖に陥れ、いまだに人命を顧みない野蛮な日本帝国軍の代名詞となってきた。ところがなんとそれは、昔話ではなく現実だと知ったのである。「神風」が自衛隊の中核部隊を席巻しているのである。二〇一八年に再編強化された陸上自衛隊陸上総隊の「総隊歌」の歌詞はこうだ。

唯一無二の武士《もののふ》を　束ねて起こす　神風《じんぷう》を
嗚呼《ああ》　我らは　陸上総隊　国の守りの　使命は重し

陸上総隊は、防衛大臣の直轄部隊であり、全国五方面隊を統括・指揮し、米軍との間を「調整」する（と言われるが、事実上「米軍に指揮される」）自衛隊全体の中核的存在である。この米軍に指揮される陸上総隊が、「隊歌」で「神風」を仰いでいるというのだ。

ここでも見えないところで「日本帝国軍」が顔を出し、「日米同盟の絆」も「国際貢献」も色をなしている。これぞ「日米安保の虚構」を暗黙裡に教えてくれる。

すべてを見直さなければならない時代なのだ。それはまた時代の転換期でもあるということだ。今般の有事法制は、〇三年の有事三法の国会提出に始まったが、その一つが「武力攻撃事態法」

であった。まず「外国から攻撃される」ことを国民に周知徹底させて、国を守り、国民保護という名の防備の法律をつくり始めた。本書の第一章で紹介した岸信介の「国民精神の作興」が思い浮かぶ。たしかに、そうでもしなければ戦争の準備などできるわけがない。

そうであるから、攻撃されそうだと思ったら、いかにして攻撃されないように準備するのかが重要である。忘れてはならないことは、それは軍備によるのではなく、攻撃しそうな、膨張政策をとる国が存在した際には、日本はまず率先して、いかに対話の場をつくるのか、その準備をすることこそ、「蒙古来襲」以来八〇〇年の歴史の教訓であり、憲法九条を持つ日本が「平和国家」であることを示す第一の要諦であったはずだ。その要諦に従って憲法九条を実践すること、それは、「戦争予防策」を構築することである。

戦後八〇年を前に私たちは何をしてきたのか。政府にとっても、国民にとっても。政府は一貫して「平和」と称して、世界一の軍事力を有する米国と一体となって、「敵」の武力攻撃があることを前提に軍備拡張に向かって一意専心一直線に「ボタンの掛け違い」に勤しんできたのではないのか。神風を仰ぐ自衛隊の誕生。これぞ創立七〇年目を迎えた自衛隊の成果を象徴している。戦後八〇年を回顧してみれば、本書で指摘したごとく「軍備拡張一直線」の政治を軌道修正できる機会が何度かあったにもかかわらず、その機会をとらえる勇気を怠ってきた。

一方、軍備拡張に反対する側は、専ら軍備拡張に反対するばかりで、「戦争予防策」の構築と、そのための準備を疎かにしてきた。それはまた、憲法で戦争放棄や戦力不保持を定めている国は世界で他にはないという、従って戦争を前提にした常備軍を持つ国が圧倒的多数のなかで、日本国憲法を「誇りに感ずる」などという「優越感に浸る」ことはやめて、日本国憲法は世界のなかで「絶対的少数派」あるいは「絶滅危惧種」になりかねないという、むしろ「危機意識」を持続させなければならなかったはずである。ところが、憲法九条を六五年間も棚にあげていたという日米安保体制への政治的緊張を忘れてきた。米国とは緊張関係を持たざるを得ない環境にあるのだから、経済成長に成功しても軍事大国にはならない自覚を日頃から保持して、「戦争予防策」の構築を試みることが必須であったのだ。

二度あることは三度あると言われるが、あらためて私たちの「戦後」と、さらには「近代」を洗い出し、なんとしてでも日清、日露、太平洋から四度目の「戦争」を食い止める必要がある。ここまで軍事化を許してきたのであるから、困難が待ち受けていることを覚悟して、戦争肯定派から、反戦・平和の闘いは「虚妄」だとせせら笑われることを恐れず、反戦・平和の闘いは日米安保の虚構に勝ることを信じ、「虚妄」に賭けて平和のために生きたいと思う。

太平洋がいつまでもその名の通り、太平《パシフィック》であることを願って。

あとがき

思い起こせば、一九八〇年の夏であった。ワシントンD・Cの米国公文書館本館の一三階の西側（13－W）にあった近代軍事部門（MMB）の部屋で、吉田茂の口頭密約文書に出会った。米国では、その頃から日本再軍備や日米安保条約の日米交渉の文書の公開が始まっていた。早いもので四十数年前のことである。

幸い、当時刊行されていた週刊誌『朝日ジャーナル』に、法政大学の袖井林二郎先生の口添えをいただき掲載されることになった。うれしかった。それなりの反応があるのだろうと期待したが、結果は散々でなんの反応もなかった。いまから思えば、その頃から日本では「安保離れ」が始まっていた。

筆者自身もその頃から、関心は安保から憲法制定過程に移り始めていた。「憲法制定経過」は、それ以前に論じられてきたこととかなり異なる事実が解明されてきたことを知ったからであった。再び日米安保に関心を持ち出したのは、「有事法制」の議論が始まった九〇年代になってからであった。

時が経っても、狂乱バブル経済の後遺症はまだ続いていた。そうであったから、「安保」などへの関心は急速度に低下し、政治への無関心ぶりは眼を覆うばかりだった。それだけに、軍事基地周辺で孤立無援状態にあった住民の姿は、痛々しかった。

　安保と憲法九条の関係、なかでもその両立し得てきた謎の姿が判明し始めた二〇〇〇年頃からは、長年にわたって胸につかえていた疑問が解け出して、うれしさとともに「そうだったのか！」と人には言えない奇妙な喜びと寂しい気持ちとがないまぜになった不安感を抑えることができなかった。


　あれは九〇年代の初めであったかと思われる。憲法学者の佐藤功先生が、佐藤達夫（一九四六年の日本国憲法制定時に内閣法制局の部長として、ＧＨＱとの交渉など憲法制定過程にかかわった）の著書『日本国憲法成立史』（有斐閣、一九九四年）の第三、四巻の補訂に携わっておられた頃に、仕事上の用件で先生に初めてお会いした。よもやま話をしているなかで、先生が戦時下に大学を出て、徴兵されて中国に渡ったことなどをうかがった。

　そんな会話の流れから、自衛隊基地の違憲性を問うた恵庭事件（当時、北海道恵庭町所在）の札幌地裁判決（一九六七年）が出た際に、ＮＨＫの現地放送用の大きなテントから、先生が解説しておられた姿をテレビで見たことを、筆者が話した。すると、先生はうつむき加減に「私は、戦争末期に召集されて、恵庭にある島松演習場にいたことがあるのですよ」とおっしゃった。

　たぶん、それは旧帝国陸軍の島松演習場であったのだと思うが、これには著者は言葉を失った。先生もそんな経験をされて今があるのだ、と。

一九六〇年の安保条約改正交渉の際に、岸信介首相はダレス米国務長官と、まず先に安保改正をして、憲法九条改正は一〇年以内に後回しする（棚にあげる）ことで事実上無視、日米両政府が協議して安保問題を決定することにし、国民には公表せず軍事化を進めることに同意していた。

つまり、一九六〇年以前というとうの昔に、日米両政府の首脳が、憲法九条と日米安保条約との裏取引をして、憲法九条を形だけの無力な条項にしていたということだ。「裏金」ならぬ、「裏外交」だ。

このことを筆者は二〇一〇年代に、両政府の公文書を読みながら、信じられない気持ちで文字を追っていたのであった。たしかに解明できたことへの喜びは大きかったが、それはあっという間に深いため息に変わってしまった。

この事実を知った時、佐藤先生がその場にいなくてよかったと咄嗟《とっさ》に思った。もちろん、先生は筆者が岸の「裏取引」を知った時はすでに鬼籍に入っておられたが、戦前の辛い戦争体験を反芻《はんすう》しながら、戦後は日本国憲法の理念を一途に掲げて黙々と生きてこられた先生である。

しかし、恵庭事件の判決も憲法九条には触れず、自衛隊法違反ではないと判断して、結果的に憲法九条を「棚あげ」していたのであった。筆者はその後しばらく周りの友人にも岸の「棚あげ」の話をする気にはならなくなってしまった。筆者よりも年長者に対して、こんな「残酷な話」をして、心安らかであった人生を穢《けが》してしまうのではないかと畏《おそ》れたのだ。筆者自身も知りたくない気持ちと共に、筆者の人生は日本という「わが祖国」の政府によって、これほどまでに完全に欺《あざむ》かれていたにもかかわらず、そんなことをなに一つ知らず生きてきた。平たく言えば、「裏切られた！」という気持ちがしている。しかも、この数年は、憲法九条が棚にあげられているのみでなく、憲法全体が棚にあげられていることを、日常のなかで容易に実感できる時代を迎えることになってしまった。

本書の内容は、多くの読者にはほとんど知らされていないはずだ。筆者は自分が「絶対的少数派」であることは、長い人生で十分わかっていたが、ここまで時代が動き始めると「沈黙は禁だ」と考えるようになった。もはや、そのことを自覚すべき時なのだ。そのための努力を筆者なりにしなければならない時代だと思うようになった。

筆者は、前著『対米従属の構造』（みすず書房、二〇二〇年）を執筆中に、同時並行して **Laura Hein ed,** ***The New Cambridge History of Japan*****, Vol. III, Cambridge U.P., 2023** の一編を執筆した。編者のローラさん（**Laura Hein, Professor, Northwestern University, IL**）から、欧米でも、戦前日本の「二元統治構造」（**Structure of Dual Authority**）のことは知られていないので書いてみて欲しいと励まされて書き上げることができた。戦前から日本は、帝国憲法という天皇制の権威の下での従属構造を受け入れてきたので、日本国憲法という米国の権威・権力の下での「従属」を受け入れる素地を持っていたと、筆者は長年考えてきた。そこでこの点を寄稿したのだ。孤独な執筆作業に「朋あり遠方より来たる」だった。

思えば、本書第四章の「「セキュリティ」――原点と変遷」は、九〇年代初め頃に、赤ちゃんだったローラさんのお嬢さんがタオルをくわえていたところ、「セキュリティ・ブランケットを離さないの」とローラさんがおっしゃったことが、きっかけになっている。日本では気づかない「安全保障」の概念を考える原点になった。

そして本書は、『対米従属資料集（仮題）』（みすず書房、二〇二五年夏刊行予定）と並走しながら書いてきた。本書をつくりながら、その『資料集』共編者の明田川融さん（法政大学教授）、信夫隆司さん（日本大学教授）、豊田祐基子さん（ジャーナリスト、ロイター通信日本支局長）になにかと教えられた。

本書の刊行にあたっては、西谷修さん（東京外国語大学名誉教授）のお力添えを戴いた。また編集は、かつてちくま新書を出版する際にお世話になった松本良次さんが引き続いて担当して下さった。

お世話くださった皆様に、改めて感謝申し上げます。ありがとう。

古関　彰一

古関彰一 こせき・しょういち

一九四三年東京生まれ。早稲田大学第一法学部卒、同大学院法学研究科修士課程修了。専門は憲政史。獨協大学名誉教授。和光大学教授、獨協大学教授、和光学園理事長を歴任した。日本国憲法がGHQによる、いわゆる「押しつけ憲法」ではないことを明らかにした『新憲法の誕生』（中央公論社）で吉野作造賞受賞。著書に、『平和憲法の深層』（ちくま新書）、『「平和国家」日本の再検討』『安全保障とは何か――国家から人間へ』『憲法九条はなぜ制定されたか』（以上、岩波書店）、『対米従属の構造』（みすず書房）、『日本国憲法の誕生　増補改訂版』（岩波現代文庫）、『集団的自衛権と安全保障』（豊下楢彦氏との共著、岩波新書）などがある。

筑摩選書 0299

虚構《きょこう》の日米安保《にちべいあんぽ》
憲法《けんぽう》九条《きゅうじょう》を棚《たな》にあげた共犯関係《きょうはんかんけい》

二〇二五年三月一五日　初版第一刷発行

著　者　古関彰一《こせきしょういち》
発行者　増田健史
発行所　株式会社筑摩書房
東京都台東区蔵前二-五-三　郵便番号 一一一-八七五五
電話番号　〇三-五六八七-二六〇一（代表）
装幀者　神田昇和
印刷 製本　中央精版印刷株式会社

ISBN978-4-480-01817-5 C0331